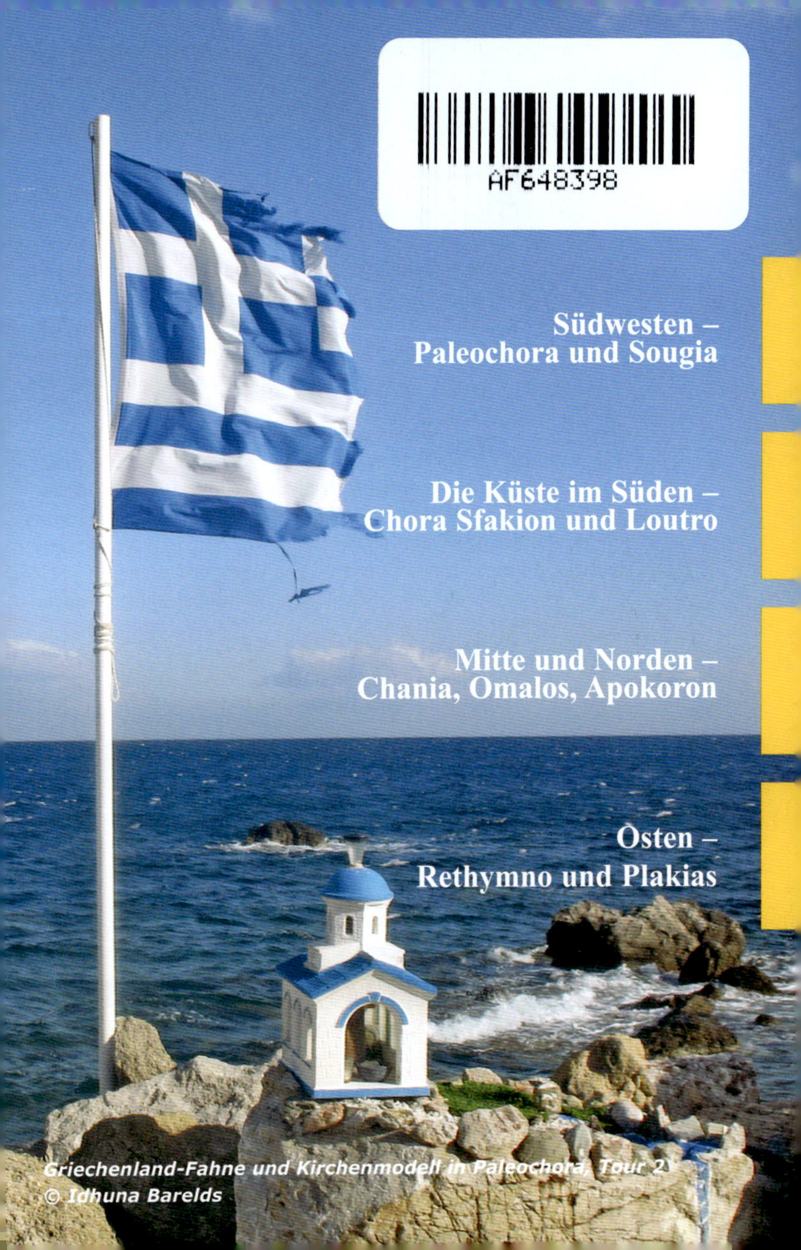

**Südwesten –
Paleochora und Sougia**

**Die Küste im Süden –
Chora Sfakion und Loutro**

**Mitte und Norden –
Chania, Omalos, Apokoron**

**Osten –
Rethymno und Plakias**

Griechenland-Fahne und Kirchenmodell in Paleochora, Tour 2

Kreta West

Alle Informationen, schriftlich und zeichnerisch, wurden nach bestem Wissen zusammengestellt und überprüft. Sie waren korrekt zum Zeitpunkt der Recherche. Eine Garantie für den Inhalt, z. B. die immerwährende Richtigkeit von Preisen, Adressen, Telefon- und Faxnummern sowie Internetadressen, Zeit- und sonstigen Angaben, kann naturgemäß von Verlag und Autoren – auch im Sinne der Produkthaftung – nicht übernommen werden.

Die Autoren und der Verlag sind für Lesertipps und Verbesserungen (besonders per E-Mail) unter Angabe der Auflagen- und Seitennummer dankbar.

Dieses OutdoorHandbuch hat 160 Seiten mit 57 farbigen Abbildungen, 32 farbigen Kartenskizzen im Maßstab 1:25.000, 1:50.000 und 1:75.000 sowie 30 farbigen Höhenprofilen und einer farbigen, ausklappbaren Übersichtskarte. Es wurde auf chlorfrei gebleichtem, FSC®-zertifiziertem Papier gedruckt,in Deutschland klimaneutral hergestellt und transportiert und wegen der größeren Strapazierfähigkeit mit PUR-Kleber gebunden.

FSC
www.fsc.org
MIX
Papier aus verantwortungsvollen Quellen
FSC® C009051

Klimaneutral
Druckprodukt
ClimatePartner.com/10951-2012-1001

Dieses Buch ist im Buchhandel und in Outdoor-Läden erhältlich und kann im Internet oder direkt beim Verlag bestellt werden.

OutdoorHandbuch aus der Reihe „Regional", Band 448

ISBN 978-3-86686-636-2 1. Auflage 2021

Text und Fotos: Berend Wolffenbuttel
Text und Übersetzung: Wolfgang Barelds
Karten: Dieter Großelohmann
Lektorat: Anna-Lena Ebner
Layout: Alexandra Sauerland

Gesamtherstellung: gutenberg beuys feindruckerei

Dieses OutdoorHandbuch wurde konzipiert und redaktionell erstellt vom:

Conrad Stein Verlag GmbH, Kiefernstr. 6, 59514 Welver,
☎ 023 84/96 39 12,
info@conrad-stein-verlag.de,
www.conrad-stein-verlag.de

Besuchen Sie uns bei Facebook & Instagram:

www.facebook.com/outdoorverlag

www.instagram.com/outdoorverlag

Titelfoto: Zwischen Chromonastiri und Prasies, Tour 28,
© Toine van der Meijden

Inhalt

Wandern im Westen von Kreta

Kreta ist ein abwechslungsreiches Wandergebiet mit vielen verschiedenen Landschaften. Der dramatische Westen von Westkreta bietet hohe Berge direkt am Meer, die von tiefen, bewaldeten Schluchten und grünen Tälern durchzogen werden. Dazu kommen traditionelle Bergdörfer, abgelegene Halbinseln sowie einladende Buchten und Strände. Für das Auge besonders reizvoll ist die Kombination der oft rot gefärbten Berghänge bzw. Felsen mit dem blauen Meer. Diese schöne, aber schroffe Landschaft war jahrtausendelang Kulisse (vor-)geschichtlicher Zivilisationen und antiker Mythen mit Heldentaten von (Halb-)Göttern. Spuren der Dorer, Römer, Venezianer und Ottomanen sind überall auf Kreta zu finden. Bei vielen der beschriebenen Wanderungen stoßen Sie auf alte Kapellen, Mosaikböden, Saumpfade oder antike Tempel.

Wandern bietet die beste Gelegenheit zum Kennenlernen von Westkreta. Die Samaria-Schlucht kennt jeder – aber es gibt viel mehr zu entdecken! Die Wanderungen in diesem Buch vermitteln Eindrücke von der Insel und ihren Bewohnern, die sich von Region zu Region unterscheiden. Die 30 beschriebenen Touren führen durch verschiedene Regionen Westkretas. Darunter sind Kreta-„Klassiker“ wie die Schluchten von Samaria oder Imbros, aber auch unbekanntere Regionen und erst kürzlich (wieder-)entdeckte Wege.

Die stellenweise schwer zugängliche gebirgige Südküste wird von dem bekannten Fernwanderweg E4 erschlossen, über den einige der Tagestouren führen – mit vielen Badegelegenheiten. Im Norden laden überraschend grüne Landschaften und schöne Dörfer zum Wandern ein. Hoch oben in den Weißen Bergen und im Ida-Gebirge erinnert der schroffe Karst an eine Mondlandschaft – mit phänomenalen Ausblicken.

Beschrieben sind bevorzugt Rundwanderungen sowie Streckenwanderungen, wenn organisatorisch möglich – an der Küste mit Schiffstransfers. Viele Schiffs- oder Busverbindungen sind nur in der Sommersaison möglich (☞ Infos bei den jeweils angegebenen Websites). Bei einigen wenigen Wanderungen gehen Sie denselben Weg hin und zurück. Genauso groß wie das landschaftliche Spektrum ist die Skala des Schwierigkeitsniveaus (Spaziergang bis Hochgebirgstour) sowie der Tourenlänge (zwischen 5 und 21 km bzw. 2 und 8 Gehstunden). Bei vielen Wanderungen finden Sie Beschreibungen für Abkürzungen, zusätzliche Abstecher oder Umgehungen von schwierigen (ausgesetzten) Stellen.

Noch ein Hinweis zu Adressenangaben: Viele (kleinere) Dörfer in Kreta haben keine Straßennamen. Die manchmal bei Google Maps angegebenen Bezeichnungen – etwa „Epar.Od. Almirou-Ksirotern“ – bezeichnen die Richtung, im Beispiel etwa „Dorfstraße von Almirou nach Xirosterni". Diese Bezeichnungen sind aber weder offiziell, noch werden sie von Einheimischen verwendet bzw. sind bekannt. Daher verzichtet dieses Buch bei Dörfern auf die Nennung von Straßen – Tavernen, Läden und andere markante Punkte sind auf dem Land allseits bekannt bzw. werden im Wanderführer auf den Karten sowie in den GPS-Tracks angegeben.

Möge dieses Buch eine Hilfe sein, die versteckten landschaftlichen Schätze Westkretas zu entdecken und damit einen lebensnahen Eindruck von der Insel und ihren Bewohnern zu bekommen.

Reise-Infos

Anreise

Die übliche Anreise nach Kreta ist per Flug nach Heraklion oder Chania (Flugzeit etwa 3 Std. bis 3 Std. 30 Min.). Vor allem in der Touristensaison (Anfang April bis Ende Oktober) gibt es viele Charterflüge bzw. Verbindungen von Billigairlines.

Außerhalb der Saison gelangen Sie am einfachsten mit täglichen Linienflügen mit Umsteigen in Athen oder Thessaloniki nach Kreta, etwa mit 💻 www.aegeanair.com von z. B. Düsseldorf.

Angesichts der großen Auswahl an oft günstigen Flügen sind Portale mit integrierten Suchmaschinen hilfreich, etwa 💻 www.expedia.de oder 💻 www.ebookers.de. Beachten Sie, dass mittlerweile bei fast allen Flügen aufzugebendes Gepäck extra berechnet wird!

Eine Alternative zum Flug ist die Kombination aus Land- und Seeweg, vor allem bei längeren Aufenthalten. Diese ist nicht nur länger, sondern in der Regel auch teurer als der Flug, dafür im Falle der Bahnanreise klimafreundlicher. Für den Landweg gibt es zwei Optionen (Bahn und Auto): über Italien oder durch die Balkanländer. Bei der ersten Option geht es meistens nach Ancona und von dort mit der Fähre nach Patras und weiter von Piräus nach Kreta. Die zweite Option wird zunehmend populär, seit die Straßen im Balkan ausgebaut wurden. Aber der Preis für den mindestens drei Tage dauernden kombinierten Land-/Seeweg ist hoch: Es fallen Kosten für Treibstoff, Mautgebühren, Fähren und Hotels an.

Unterkünfte

Auf Kreta gibt es eine große Auswahl an Unterkünften, von einfachen Familienpensionen, Apartments oder Hotels aller Kategorien bis zu privaten Villen.

Außerdem gibt es nett renovierte traditionelle Häuser, oft kombiniert mit Ökoangeboten.

⛺ Campingplätze sind eher selten auf Kreta, weil die meisten Urlauber mit dem Flugzeug anreisen. Es gibt welche in Paleochora, Chania, Rethymno und Agia Galini.

Die Aufteilung dieser Wanderungen in vier Unterregionen erleichtert die Wahl der Standorte: Für die Wanderungen 1 bis 7 sind Paleochora und Sougia erste Wahl, Ersteres mit städtischem Nachtleben. Bei den Wanderungen 8 bis 13 nächtigen Sie am besten etwas weiter östlich an der Südküste in den Orten Chora Sfakion oder Loutro. Chora Sfakion ist Hauptort der bekannten Sfakia-Region und das malerische (im Winter quasi geschlossene) Loutro erreichen Sie nur zu Fuß oder mit dem Boot. Für Wanderungen in den Bergen (Touren 14 bis 17) ist das abseits gelegene Omalos-Plateau ein guter Ausgangspunkt mit einigen Hotels im gleichnamigen Ort. Die Wanderungen sind ansonsten aber auch gut per Bus von Chania aus erreichbar. Für die Wanderungen 18 bis 22 ist die Übernachtung im Norden der Insel sinnvoll, idealerweise im Großraum Chania oder der Apokoronas-Region, etwa in Vamos, Kalyves oder Georgioupolis. Vamos ist bekannt für liebevoll restaurierte kleine Häuser, die im Rahmen eines Öko-Tourismus-Programms vermietet werden: 💻 www.vamosvillage.gr. Die Touren 23 bis 30 sind in der Präfektur von Rethymno angesiedelt; dafür nächtigen Sie am besten in der Stadt Rethymno bzw. in der Umgebung oder im südlich gelegenen Küstenort Plakias.

Kafenion – Bistro und Begegnungsort

Das Wort „Kafenion", ursprünglich „καφενές", leitet sich vom türkischen *kahvehane* oder *kahvene* (= Kaffeehaus) ab. Ein Kafenion ist in fast jedem griechischen Dorf nicht nur eine einfache Einkehrgelegenheit, sondern das soziale Zentrum, früher fast nur für Männer, zunehmend aber auch für Frauen.

Ein Kafenion ist gewöhnlich einfach möbliert, mit kleinen Tischen und seitwärts der Tische ausgerichteten Holzstühlen. Es ist kaum dekoriert, mit dem unvermeidlichen Fernseher ausgestattet und normalerweise ohne Musik! Sie können sich dort einen griechischen Kaffee oder einen Frappé (mit Eis gekühlter Pulverkaffee) bestellen, außerdem Bier, alkoholfreie Getränke, Fasswein aus der Region, Ouzo und Raki (auf Kreta: Tsikoudia). Fast jedes kretische Kafenion bietet einen kleinen „Meze" zum Getränk an: einen kleinen Teller mit etwas Gemüse, Wurst, Sardinen, Käse, Paximadi (Zwieback), Erdnüssen oder Chips.

Auch wenn sich die Anzahl der Kafenia allmählich vermindert, sind sie bis heute in den griechischen Dörfern sehr populär, ein wichtiger und einzigartiger Versammlungspunkt für die Einheimischen!

Verkehrsmittel auf Kreta

Mit einem Auto ist fast alles erreichbar, aber beachten Sie die großen Entfernungen bzw. langen Fahrzeiten! Viele Wanderungen – auch entlang der Südküste – sind mit öffentlichen Bussen möglich, in der Regel ab Chania oder Rethymno.

Mit dem Mietwagen sind die beschriebenen Touren am einfachsten zu erreichen. Es gibt zahlreiche Mietwagenfirmen. Die größten sind mit Büros an den Flughäfen vertreten, daneben gibt es viele kleinere Vermieter vor Ort. In der Regel werden gute neuere und zuverlässige Autos angeboten. Der Mietwagenpreis ist abhängig von der Saison, außerdem gilt: je länger der Zeitraum, desto günstiger. In der Regel sind die Preise bei voriger Buchung im Internet günstiger. Rechnen Sie für ein kleines Auto mit einem Tagestarif ab etwa € 30.

Mit dem Bus sind fast alle Wanderungen erreichbar. Fahrten mit den zuverlässigen Bussen auf Kreta sind günstig und unterhaltsam. Entspannt und mit besserer Sicht als aus dem Kleinwagen werden Sie über Autobahnen und Pisten durch Dörfer kutschiert. In Chania und Rethymno erwarten Sie große, gut organisierte Busbahnhöfe. Fahrkarten kauft man am Kartenschalter (bzw. der Agentur) vor dem Einsteigen, dasselbe gilt für Touristenbusse zur Samaria-Schlucht („Omalos Bus").

Unterwegs können Sie Bussen zum Anhalten zuwinken, meistens (aber nicht immer) stoppen sie dann. Signalisieren Sie auf jeden Fall deutlich mit der Hand, dass Sie mitfahren möchten – auch bei Bushaltestellen! In kleinen Dörfern halten die Busse in der Regel in der Dorfmitte (am Dorfplatz, Kirche, Taverne etc.).

Bei der Tourenplanung sollten Sie immer den aktuellen Fahrplan bzw. die Website konsultieren, denn die Fahrzeiten ändern sich je nach Saison häufig:

www.e-ktel.com (u. a. auf Deutsch).

Eine – teure – Alternative ist das Taxi. Im Trend sind feste Tarife; manche Firmen hängen an ihrem Taxistand eine Liste mit ausgewählten Zielen und den entsprechenden Preisen aus.

Klima & Reisezeit

Zum Wandern ideal ist die Nebensaison, wenn es nicht zu heiß und überfüllt ist, aber andererseits noch die Sonne scheint und der touristische Winterschlaf noch nicht begonnen hat – das wären die Monate April, Mai, September und Oktober. Das Frühjahr reizt mit blühender Vegetation, viel Grün, duftenden Kräutern und schneebedeckten Bergen. Im Herbst ist dafür die Wassertemperatur des Mittelmeers angenehmer und die Besucherzahlen gehen deutlich zurück. Dafür ist allerdings im April sowie ab Mitte Oktober die Regenwahrscheinlichkeit höher.

In höheren Zonen der Berge sollte wegen der nur langsam tauenden Schneefelder erst ab Juni gewandert werden. Dafür können Sie dann auch in den heißen Sommermonaten Juni, Juli und August wandern, wenn hier im Gegensatz zum Flachland oft eine leichte Brise weht. Im Frühjahr und Herbst kann es dagegen dort oben sehr ungemütlich werden – oft mit kühlen und starken Winden.

Ein typisches Wetterphänomen im Mittelmeer ist der „Scirocco" – ein heißer Süd(ost)wind mit viel Sand bzw. Staub aus Afrika. Angenehmer ist der „Meltemi", der in den Sommermonaten oft kühle Luft vom Meer aus nördlicher Richtung bringt. Generell gilt: Wenn der Wind an der Nordküste (zu) kräftig weht, ist es im Süden der Insel eher windstill.

Der meiste Regen fällt in den Wintermonaten. Wenn es dann mal nicht regnet, ist es nicht zu heiß mit trockener Luft und folglich toller Sicht – ideales Wanderwetter.

♦ griechische Wetter-Websites: 💻 www.poseidon.hcmr.gr, www.meteo.gr

✋ Berücksichtigen Sie immer die Wetterbedingungen: keine Bergtouren bei Gewitter und keine anstrengenden Touren im heißen Sommer!

Landkarten

Für Kreta gibt es nicht viele detaillierte Wanderkarten, aber die wenigen sind ordentlich.

Die Karten des Verlages Anavasi decken die meisten Touren in Südwestkreta, den Weißen Bergen, dem Ida-Gebirge und der Gegend um Plakias ab. Sie sind erhältlich auf Kreta im örtlichen Buchhandel oder im Internet auf 💻 www.mapfox.de oder direkt bei Anavasi, 💻 www.anavasi.gr.

▷ Topo 25, Crete 11.11/11.12: White Mountains/Sfakia/Pachnes (1:25.000), ☞ Touren 8, 9, 11, 12, 13, 17, 21

▷ Topo 25, Crete 11.13: Samaria-Sougia-Paleochora (1:30.000), ☞ Touren 2, 3, 4, 5, 6, 7, 14, 15, 16, 17

- ▷ Topo 25, Crete 11.14: Psiloritis (Mt Ida) (1:30.000), ☞ Tour 30
- ▷ Topo 25, Crete 11.17: Frankokastelo Plakias (1:25.000), ☞ Tour 23, 25, 26
- ▷ Für die Touren 20 und 21 gibt es die Apokoronas Touring Map (1:50.000) von Discover ... on foot, erhältlich im Internet auf 💻 www.discoveronfoot.com.

Folgende Karten im Maßstab 1:50.000 aus dem Verlag Nakas Road Cartography decken allen Touren ab:

- ▷ Trekking Map 401: Kissamos – Chania
- ▷ Trekking Map 402: Lefka Ori – Samaria – Sfakia, Rethimno – Plakias
- ▷ Trekking Map 403: Psiloritis – Heraklion

✋ In den Karten können die Schreibweisen von denen im Buch abweichen; teilweise sind sie dort in Griechisch oder Englisch.

☺ Die Kartenempfehlungen wurden von der Geobuchhandlung Kiel überprüft. 💻 www.geobuchhandlung.de

Wanderinfrastruktur

Westkreta ist ein Paradies für Wanderer mit vielen Möglichkeiten für Touren unterschiedlichen Schwierigkeitsgrades. Trotz der vielen Wandermöglichkeiten gibt es auf Kreta keine zentrale Stelle oder Organisation, die für Unterhalt und Markierung der Pfade zuständig ist. Diese Arbeit wird stellenweise von Alpinistenvereinen geleistet sowie lokalen Vereinigungen von Ehrenamtlichen, Hoteleignern und Wandervereinen, die ihre jeweiligen Wege pflegen, markieren und vermarkten. Entsprechend groß ist die Vielfalt der Wegweiser bzw. (Farb-) Markierungen. Angaben zu den Markierungen der beschriebenen Touren finden Sie jeweils vorne in der Übersicht der Wanderung.

Fernwanderweg E4

Stellenweise wandern Sie auf dem bekannten Fernwanderweg E4, dessen kretischer Abschnitt rund 500 km quer durch den Südteil der Insel führt. Der E4 verbindet Portugal mit Zypern und gilt mit einer Länge von 10.450 km als längster europäischer Fernwanderweg. Als Wegweiser dienen auf Kreta gelbe Markierungen bzw. Pfähle mit schwarz umrundeter gelber Raute und darin schwarz gedruckt „E4".

📖 **E4 Kreta Lefka Ori und Lasithi** von Jonas Bublak, Der Weg ist das Ziel, Conrad Stein Verlag, ISBN 978-3-86686-0-889, € 12,90

Die Wege sind großteils nicht allzu herausfordernd und verlaufen auf rauem und nicht selten steinigem Untergrund. Bei einigen Touren kommt man stellenweise nicht viel schneller als mit 2 km/h voran. Berücksichtigen Sie das bei der Planung Ihrer Gehzeit! In den Schluchten und Bergen ist Trittsicherheit erforderlich und bei einigen Wanderungen Schwindelfreiheit. Entsprechende Hinweise sind den Touren in der Übersicht vorangestellt.

☞ Wichtig ist die entsprechende Vorbereitung und Ausrüstung: geeignetes festes Schuhwerk, genug Trinkwasser sowie Sonnenschutz für Haupt (Mütze) und Haut (Creme mit UV-Filter). Im Hochgebirge ist warme, winddichte Kleidung ein Muss, bei abgelegenen Regionen ein geladenes Handy/Smartphone. Informieren Sie in letzterem Fall jemanden über Ihre Tour (Ab- und Anmeldung).

Gefahr durch Tiere

Schlangen kommen in vier Arten auf Kreta (aber eher selten) vor, die alle für Menschen ungiftig sind. Dasselbe gilt für die auf Kreta vorkommenden Skorpione, die zwar schmerzhaft stechen, sie aber nicht vergiften können. Schlangen, Spinnen und Skorpione verstecken sich oft unter Steinen. Schauen Sie also erst, bevor Sie zum Sitzen Steine zur Seite schieben.

☞ Wenn Sie allergisch gegen bestimmte Pollen oder Insekten (etwa Bienen) sind, sollten Sie entsprechende Medikamente immer zur Hand haben. Bienen sind im Sommer recht häufig, besonders bei Wassertümpeln und Thymianbüschen.

Telefon

Die internationale Vorwahl für Griechenland ist 0030. Die Festnetzverbindungen beginnen mit einer 2 gefolgt von 9 Ziffern, Mobilnummern mit einer 69 gefolgt von 8 Ziffern.

Wichtige Notrufnummern:
Notruf: ☏ 112
Feuerwehr (auch zuständig für Waldbrände und Bergrettung): ☏ 199
Polizei: ☏ 100

Wandern mit Kindern

Viele Wanderungen auf Kreta sind gut mit Kindern machbar. Kinder können sich in der Wildnis austoben, die Landschaft mit den Schluchten und Spuren alter

Gemäuer entdecken oder sich bei kleinen Kletterpartien versuchen – Abenteuer zuhauf. Viele Touren bieten Gelegenheiten für Erfrischungen am Strand beim Baden bzw. mit Verpflegung in Bars. Die Wahl der richtigen Tour mit Kindern ist nicht leicht, denn jedes Kind hat – genauso wie Erwachsene – andere Vorlieben bzw. Interessen. Besonders achten sollten Eltern auf die (auch in der Nebensaison) starke Sonneneinstrahlung sowie die oft steinigen und steilen Wege. Im Idealfall sollten Sie bei Touren mit Kindern immer eine „Exitstrategie" im Kopf haben, d. h., Touren mit Abkürzungsmöglichkeiten wählen. Für viel Schatten und Badegelegenheit sind Kinder meistens auch dankbar ...

Wandern mit Buggy

Es gibt auf Kreta so gut wie keine buggygeeigneten Wanderwege, es sei denn, man möchte entlang der Straße wandern, wofür ein Wanderführer allerdings kaum nötig wäre. Alle in diesem Buch beschriebenen Touren sind im Prinzip für Buggies ungeeignet, da sie zumindest stellenweise über steinige oder/und schmale Wege bzw. Pfade verlaufen.

Wandern mit Hund

Die meisten Kretabesucher kommen mit dem Flugzeug und wegen der aufwendigen Hundemitnahme im Flugzeug daher eher ohne eigenen Vierbeiner.

Es gibt hundefreundlichere Länder in Europa als Griechenland. Warum?

▷ Der relativ harte bis scharfe Untergrund auf Kalkstein ist oft unangenehm für Hunde(-pfoten).

▷ Das in der Nähe von Dörfern (oft nahe Müllbehältern) stellenweise ausgelegte Rattengift ist gefährlich für Hunde.

▷ Vor allem bei nicht angeleinten Hunden muss Rücksicht auf die vielerorts umherlaufenden Schafe und Ziegen genommen werden.

▷ Trinken: Fließgewässer sind selten (in der Sommersaison) und stehende Gewässer sollten nicht nur von Zwei-, sondern auch von Vierbeinern wegen der Infektionsgefahr, v. a. von Giardien, die sich in viehreichen Gebieten gut vermehren, gemieden werden. ☺ Wasser holt man sich am besten bei den 💧 genannten Quellen oder in Tavernen.

☺ Vor einer Reise nach Griechenland empfiehlt sich eine Beratung durch den Tierarzt über mögliche weitere Krankheitserreger im Mittelmeerraum bzw. empfehlenswerte Impfungen.

Kreta und seine Hunde

Kreta ist zwar einerseits touristisch, ist aber andererseits von Viehhaltung mit vielen frei laufenden Schafen und Ziegen geprägt. Hirten sehen Hunde eher als Arbeits- und weniger als Kuscheltiere. Angeleint sollen sie dann etwa Hühner gegen Marder oder das Haus gegen Einbrecher verteidigen. Bei Schotterstraßen begegnen Sie oft angeleinten Hunden, die das Flüchten von Schafen verhindern sollen. Mit diesen Vierbeinern ist eher nicht gut Kirschen essen! Besser dran sind die gut gepflegten Jagdhunde, die manchmal – bei der Jagd – frei laufen dürfen.

☺ Falls Sie sich gegen frei laufende aggressive Hunde verteidigen müssen, nehmen Sie am besten einen Stein und imitieren Sie einen Wurf. Diese Bewegung bzw. Drohgebärde reicht in der Regel, um ungebetene Vierbeiner zu vertreiben.

Websites

Im Internet gibt es gute Websites mit vielen Infos über Geschichte, Flora und Fauna sowie Sehenswürdigkeiten von Kreta:

www.cretanbeaches.com, www.explorecrete.com (beide u. a. auf Deutsch)

GPS

Die GPS-Tracks zu den beschriebenen Wegen können Sie auf der Internetseite des Verlags (www.conrad-stein-verlag.de) herunterladen.

GPS *Grundlagen · Tourenplanung · Navigation* von Michael Hennemann, Conrad Stein Verlag, Basiswissen für draußen, ISBN 978-3-86686-495-5, € 9,90

Updates

Der Conrad Stein Verlag veröffentlicht Updates zu diesem Buch, die direkt von den Autoren oder von den Lesern dieses Buches stammen. Sie finden diese auf der Verlagshomepage www.conrad-stein-verlag.de. Der abgebildete QR-Code führt direkt dorthin.

Südwesten – Paleochora und Sougia

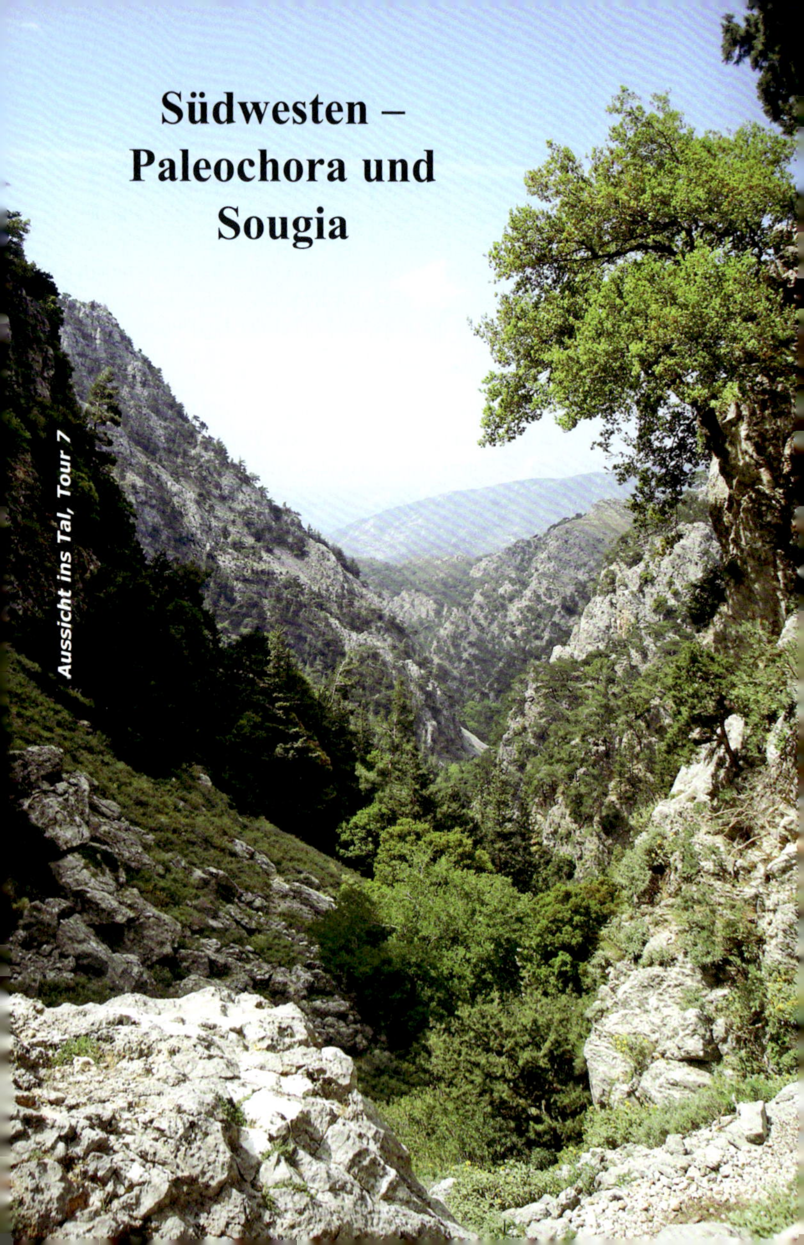

Aussicht ins Tal, Tour 7

1 Vom Krios-Strand zum Traumstrand von Elafonisi

Tour für Landschafts- und Badefreunde

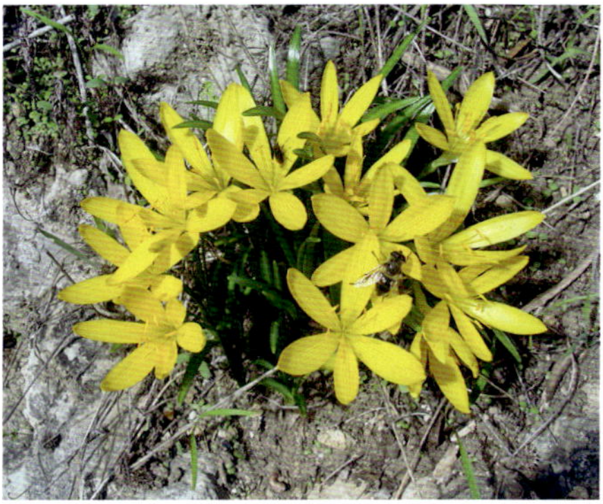

Goldkrokus am Wegesrand

Diese Küstenwanderung verbindet zwei schöne Strände miteinander, akustisch untermalt vom Rauschen des Meeres. Als Teil des bekannten E4-Weges ist diese Tour durchgehend gut markiert. Den Startpunkt Krios erreichen Sie einfach von Paleochora per Auto oder Taxi. Von Krios führt Sie der E4 zuerst zum alten Hafen von Viena-Strand. Für Pausen bieten sich die Kapelle von Agios Ioannis sowie der Strand von Kedrodasos mit seinen Wacholderbäumen an. Wendepunkt ist der feinsandige Strand von Elafonisi.

- ⇆ Start/Ziel: Parkplatzende, Krios-Strand mit Restaurant, GPS N 35°14.204' E 023°35.701'
- 19,2 km
- 8 Std.
- ↑↓ 700 m/700 m
- ⇧ 0-88 m
- E4-Schilder und gelb-schwarze Markierungen
- Der Weg ist gut unterhalten. Zwischen dem Strand von Viena und der Kapelle Agios Ioannis erwartet Sie ein kurzes leicht ausgesetztes Stück. Das größere Obstakel ist die Sonne: Es gibt nur wenig Schatten, von daher kann es recht heiß werden!
- Am Start/Ziel einfache Einkehrgelegenheit, in Elafonisi mehrere Bars und Tavernen, 100 m von der Kapelle entfernt ist Trinkwasser verfügbar (nahe km 3,3).
- Ein netter Pausenplatz ist die Kapelle Agios Ioannis (km 3,3). Auch der Kedrodasos-Strand ist wegen seiner Schatten spendenden Bäume gut geeignet für eine Pause (km 7).

Bademöglichkeiten an den Stränden von Viena (km 1,8), Ammolophoi (km 5), Kedrodasos (km 7) und Elafonisi (km 9,6)

Für etwas ältere Kinder geeignet. Ein Plus sind die vielen Badegelegenheiten, die bei der häufigen Hitze infolge Schattenmangels auch nötig sind ...

Der Mangel an Schatten erfreut auch Hunde nicht, zumal die Pfade recht steinig sind. Dafür gibt es unterwegs eine Trinkgelegenheit (kleine Quelle bei Agios Ioannis).

freies Parken beim Krios-Strand (Start)

Von Chania nach Paleochora fahren täglich Busse um 7:30, 11:00, 15:30 und 18:15, zurück von Paleochora nach Chania um 5:15, 8:45, 12:45 und 16:00 (zwischen Paleochora und dem Startpunkt müssen Sie mit dem Taxi fahren). In der Hauptsaison (Juni-September) fährt um 16:00 auch ein Bus zurück von Elafonisi nach Chania, www.e-ktel.com.

Paleochora Taxi, 69 79 59 46 67, ☏ 28 23 04 11 28, www.paleochora-taxi.com (einfache Fahrt von Paleochora nach dem Krios-Strand etwa € 10).

Bis 2020 verkehrte eine kleine Fähre zwischen Elafonisi und Paleochora, die aber 2020 infolge eines Bankrotts ihren Betrieb einstellte. Fragen Sie ggf. beim Psarakis-Touristbüro, ob die Fähre wieder fährt, ☏ 28 23 01 11 28.

☺ Am einfachsten ist es, von Paleochora mit dem Taxi zum Startpunkt zu fahren (etwa 9 km,). Oder Sie fahren mit dem Auto zum Krios-Strand und später mit dem Taxi von Paleochora dorthin zurück.

Sollte die Strecke zu lang sein, gehen Sie nur einen Teil der Strecke und drehen dann wieder um, z. B. hin und zurück zur Kapelle Agios Ioannis (➲ 6,6 km) oder zum Kedrodasos-Strand (➲ 14 km).

Sie verlassen den **Krios-Strand** mit der Einkehrgelegenheit zur Rechten und ignorieren zwei rechts zu einer Kapelle führende Wege.

einfache Strandbar beim Krios-Strand, in der Saison (Mitte Mai-Mitte Oktober) täglich 10:30-20:00

Sie wandern westwärts über den Strand auf die Landzunge zu, wo Sie beim ersten E4-Pfosten über einen kleinen Felsen klettern. Weiter geht es auf dem felsigen Pfad aufwärts am Hang, gelb und mit E4-Pfosten markiert. Sie folgen dem Pfad aufwärts, bald parallel zu einer Schotterstraße. Diese erreichen Sie schließlich (km 0,8) und wandern auf ihr in derselben Richtung weiter. In der Ferne erkennen Sie die Halbinsel von Elafonisi. Nach 130 m biegen Sie links ab und gehen auf einem mit gelben Punkten markierten Pfad abwärts zu einem kleinen Strand. Hier folgen Sie dem Pfad entlang der Küstenlinie zur antiken Küstensiedlung **Viena** mit Strand ❶ (km 1,8).

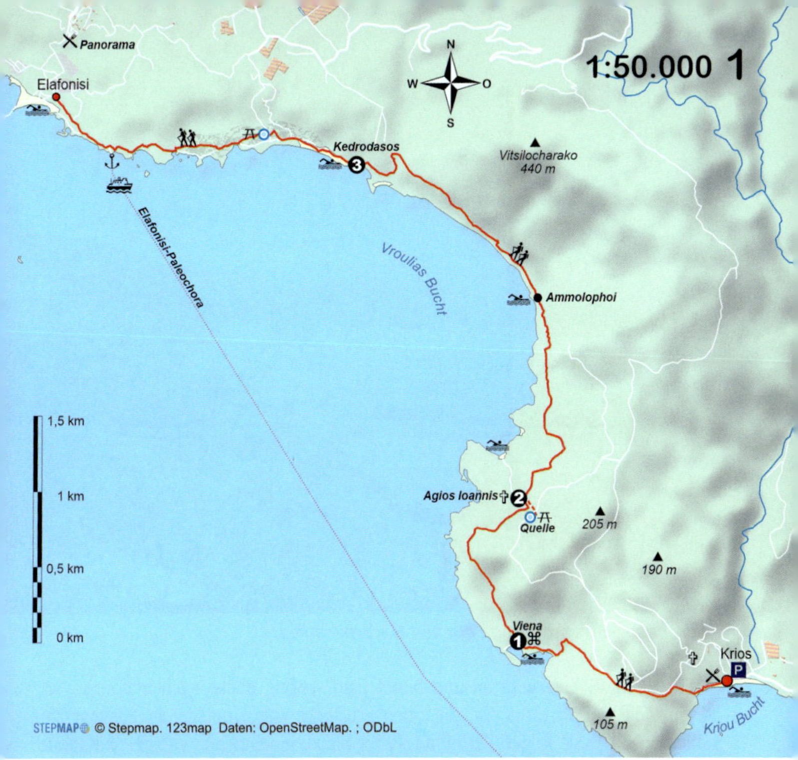

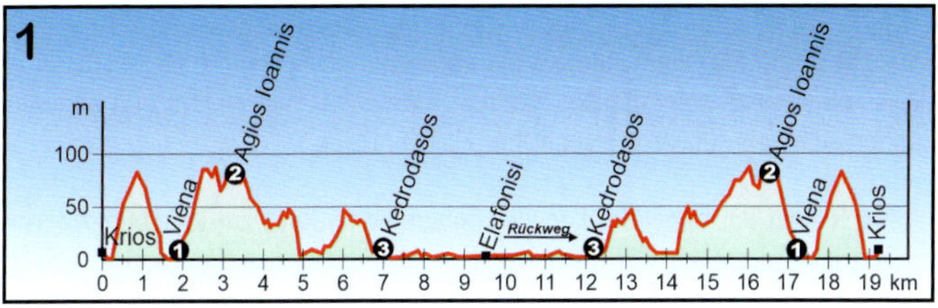

Antike Küstensiedlung Viena

Dieser kleine Strand liegt genau an der Stelle der hellenistischen und römischen Küstensiedlung Viena – in anderen Quellen auch Lymnaki, Viennos oder Vienna genannt. Von der alten Siedlung sind der rechteckige Grundriss des alten Heiligtums sowie am Strand verstreute Säulenreste erkennbar.

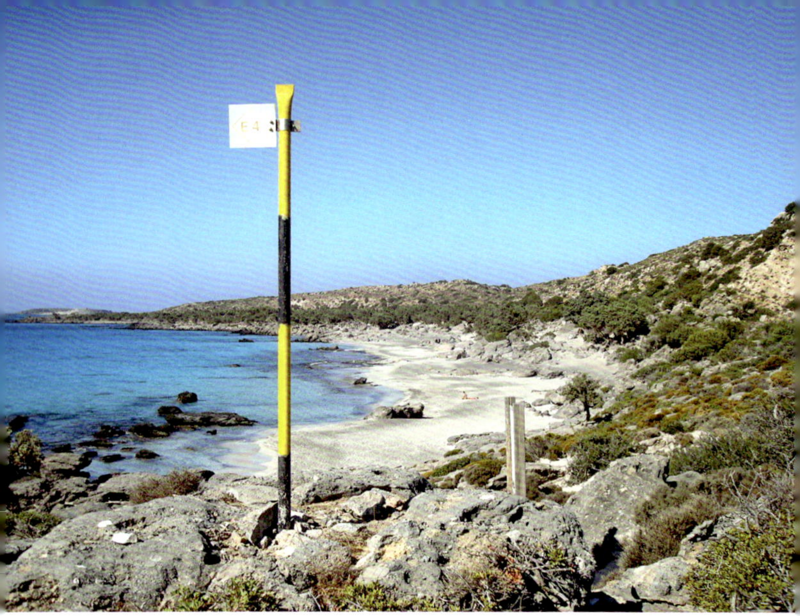

Kedrodasos-Strand – abgelegenes Naturparadies

Der Pfad steigt erneut an und bietet bald schöne Blicke nach Elafonisi. Auf diesem Teilstück erwartet Sie die oben erwähnte kurze und leicht ausgesetzte Stelle (km 2,6). Sie folgen dem Pfad weiter bis zu einem Zaun vor der ✝ **Kapelle Agios Ioannis ❷** (km 3,3).

Wenn Sie beim Zaun rechts abbiegen, erreichen Sie nach 100 m eine Wasserquelle und einige Bänke. Meistens müssen Sie hier einen Zaun öffnen und können sich beim Plastikschlauch Ihre Flasche füllen.

Nach einer Pause bei der Kapelle können Sie optional zurückkehren oder weiter auf dem E4 entlang der Küste wandern; dann erreichen Sie nach 30 Min. den abgelegenen Sandstrand von Ammolophoi (km 5), den Sie queren, um auf der anderen Seite dem Pfad aufwärts zu folgen. Nach etwa weiteren 30 Min. (km 6,5) gehen Sie nach einer Linkskurve auf dem Pfad abwärts in eine kleine Schlucht mit einem trockenen Flussbett, wo Sie stellenweise etwas klettern müssen (über Steine). Der Schluchtweg endet am schönen Strand von **Kedrodasos ❸** (km 7), ein schöner Pausen-/Badeplatz!

Kedrodasos-Strand – abgelegenes Naturparadies

Kedrodasos mit seinem weißen Strand und glatten Felsen erscheint wegen seiner abgelegenen Lage und dem Fehlen jeder Infrastruktur wie eines der letzten unberührten Paradiese Europas. Der empfindliche Wald besteht aus dem Zypressengewächs *Juniperus macrocarpa*, im Deutschen als „Großfrüchtiger Wacholder" bezeichnet. Einige der sehr langsam wachsenden Bäume sollen älter als 300 Jahre sein!

Sie folgen den E4-Markierungen über den Strand und durch den beeindruckenden Wacholderwald. Sie erreichen im Wald unter Schatten spendenden Bäumen Bänke mit einem Wasserbrunnen (km 7,8).

An einigen Stellen erfordert die Suche nach E4-Pfosten einige Aufmerksamkeit, aber der Wegverlauf ist gut erkennbar. Nach dem Wald wandern Sie durch eine felsige Landschaft mit links dem Anleger für das Schiff zurück nach Paleochora (km 9). Zum Strand von Elafonisi folgen Sie dem Pfad weiter entlang der Küste. Schließlich erreichen Sie den Parkplatz von **Elafonisi** (km 9,6) mit links dem schönen Strand.

Elafonisi – einer der schönsten Strände Kretas

Der weiße Strand von Elafonisi mit seinem türkisblauen Wasser zieht in der Hauptsaison täglich Tausende Touristen an. Der an beiden Seiten der Halbinsel abgelagerte Sand erscheint stellenweise rosafarben – durch Millionen zerkleinerte Muschelschalen. An der Spitze der Halbinsel ist das Wasser weniger als 1 m tief – ein ideales Baderevier für Kinder!

Am Strand von Elafonisi finden Sie nur einfache Strandbars, die zur Sommersaison aufgebaut werden. Etwas weiter zum Ort hin gibt es ganzjährig geöffnete Tavernen. Dazu gehen Sie vom Parkplatz rechts und folgen der Straße 500 m zur Taverne Panorama mit schöner Sicht auf Elafonisi. 200 m weiter auf der Straße erreichen Sie die Taverne Innachorion.

✕ Taverne Panorama, ☏ 28 22 06 18 48, ganzjährig täglich 9:30-23:00

♦ Taverne Innachorion, ☏ 28 22 06 11 11, ganzjährig täglich 8:00-22:00

Zurück geht es auf demselben Weg, den Sie gekommen sind.

❷ Von Azogires durch die Anidri-Schlucht nach Paleochora

Wanderung für Landschaftsgenießer

Ein Besuch des Dorfes Azogires, nur 8 km entfernt von Paleochora, gleicht einer Reise in eine andere – ruhige – Welt, gelegen in einem schönen grünen Tal. Von hier passieren Sie das Kloster der 99 heiligen Väter und nähern sich dem Dorf Anidri oberhalb eines weiteren grünen Tals. In einem früheren Schulgebäude können Sie sich mit Kaffee oder einer Mahlzeit stärken. Durch die Anidri-Schlucht wandern Sie abwärts zum Strand von Gialiskari. Das letzte Stück nach Paleochora bedeutet (langes) Auslaufen auf einer Schotterstraße entlang der Küste nach Paleochora, was sich auch durch eine Alternative auf einem beschriebenen Panoramaweg vermeiden lässt, dann aber ohne Anidri-Schlucht und Gialiskari-Strand.

→ Start: Dorfeingang von Azogires beim Schild zum Kloster der 99 heiligen Väter („Monastery of the 99 Holy Fathers"), GPS N 35°16.315' E 023°43.132'; Ziel: Hafen von Paleochora, GPS N 35°13.842' E 023°40.983'

11,3 km

3 Std. 30 Min.

↑↓ 130 m/495 m

⇧ 1-365 m

von Azogires nach Anidri hölzerne Wegweiser, in der Anidri-Schlucht und bei der beschriebenen Panorama-Variante orange Punkte

Wanderpfad von Azogires nach Anidri (i in Azogires), Pfad und Flussbett durch die Anidri-Schlucht, vom Strand Gialiskari nach Paleochora Schotterstraße und wenig befahrene Asphaltstraße

in Azogires Café, in Anidri Taverne/Café (km 4,3), am Strand von Gialiskari Taverne/Café (km 7) und am Ziel in Paleochora große Auswahl an Tavernen und Cafés

Pausenplatz – etwas zu früh (km 0,5) – beim Kloster der 99 heiligen Väter mit Bänken unter Schatten spendenden Platanen

Strand von Gialiskari am Ausgang/Ende der Anidri-Schlucht (km 6,8)

Kinderfreundliche Tour, zumindest bis zum Strand von Gialiskari. In der Schlucht sind leichte Klettereien eine nette Abwechslung. Unterwegs gibt es mehrere Einkehrgelegenheiten (Anidri, Strand) und Gelegenheit zum Schwimmen (Strand). Die rund 4 km lange Passage vom Strand nach Paleochora ist aber etwas langatmig und hat keinen Schatten!

Diese Tour ist möglich mit Hunden. Hechelnde Hunde erhalten auf Nachfrage Wasser in den Tavernen von Anidri oder dem Strand Gialiskari. Die schattenlose Schlusspassage nach Paleochora könnte für Hunde etwas (zu) heiß sein.

P In Azogires Parkmöglichkeiten am Eingang des Dorfes. In Paleochora können Sie an vielen Straßen parken oder einen der Parkplätze in der Stadt nutzen (gratis).

Von der Busstation in Paleochora (Hauptstraße am Rand des Ortes) fahren in der Sommersaison (Mai-Oktober) 3 x täglich Busse nach Sougia mit Halt in Azogires (Dorfmitte): täglich um 6:15, 13:00, 17:15. www.e-ktel.com

Paleochora Taxi, ☏ 28 23 04 10 61, www.paleochora-taxi.com, Tarif von Paleochora nach Azogires: € 14

Am (westlichen) Ende von **Azogires** erkennen Sie den Wegweiser zum Kloster der 99 heiligen Väter („Monastery of the 99 Holy Fathers").

50 m weiter entlang der Straße in nordöstlicher Richtung ist eine Einkehrgelegenheit.

Taverne/Café Alfa, ☏ 28 23 04 16 20, täglich 10:00-19:00

Kloster der 99 Heiligen Väter

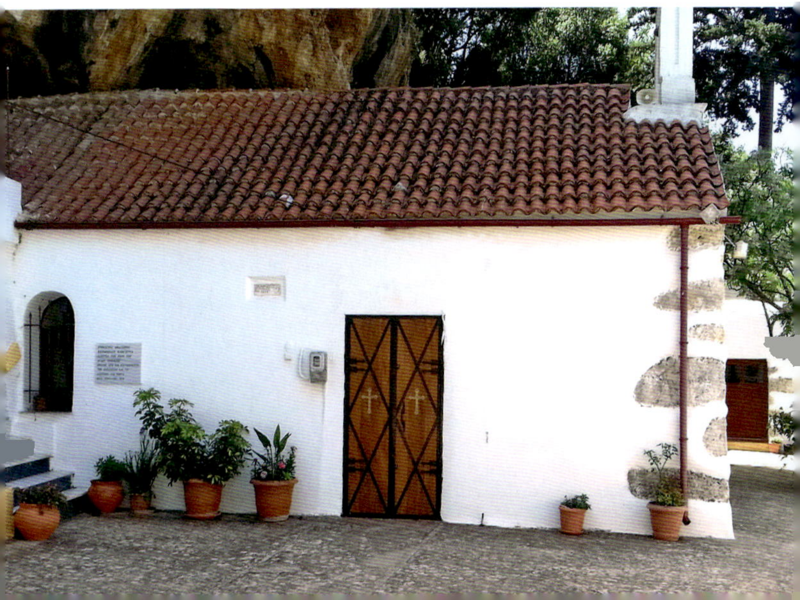

Sie folgen dem Wegweiser und gehen die asphaltierte Straße in Kurven abwärts entlang alter Oliven- und Obstbäume. Sie passieren einige Häuser und erreichen nach 450 m das Flussbett des Azogirianos mit netten, Schatten spendenden Platanen. Sie gehen über die Brücke und erreichen einige ⛼ Bänke und den gepflasterten Weg mit Zypressen und Bänken zum Kloster. Kurz darauf erreichen Sie das ✞ **Kloster der 99 heiligen Väter ❶** (km 0,5). Die meisten Gebäude sind geschlossen, aber das Gelände kann für einen kleinen Rundgang betreten werden.

Kloster der 99 heiligen Väter

Das Kloster der 99 heiligen Väter wurde 1864 von Konstantinos Kriaris an der Stelle erbaut, wo einer Legende nach die 99 heiligen Väter gelebt haben sollen – Missionare, die im 12. Jh. über Kleinasien nach Kreta gekommen waren und hier den Rest ihres Lebens verbrachten und gemäß einem Eid alle am selben Tag sterben sollten. Von den 99 Eremiten sonderte sich einer ab, der heilige Johannes aus Ägypten, um isoliert in vollständiger Askese im Norden der Halbinsel Akrotiri zu leben. Er gilt heute als einer der bekanntesten Heiligen Kretas und Begründer des Asketentums auf Kreta. Die Kirche der 99 Mönche wurde in den Felsen gebaut. Es findet jährlich am 7. Oktober ein Gottesdienst statt.

⌘ In dem Kloster befindet sich ein kleines Museum mit religiösen Reliquien sowie bedeutenden Exponaten zur Folklore und (jüngeren) Geschichte, ⍈ immer zugänglich.

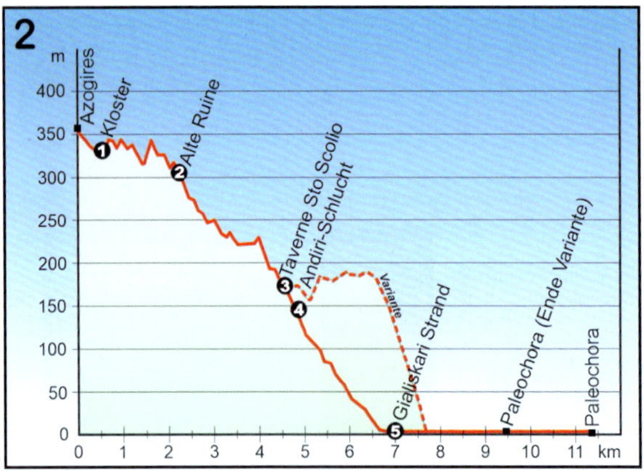

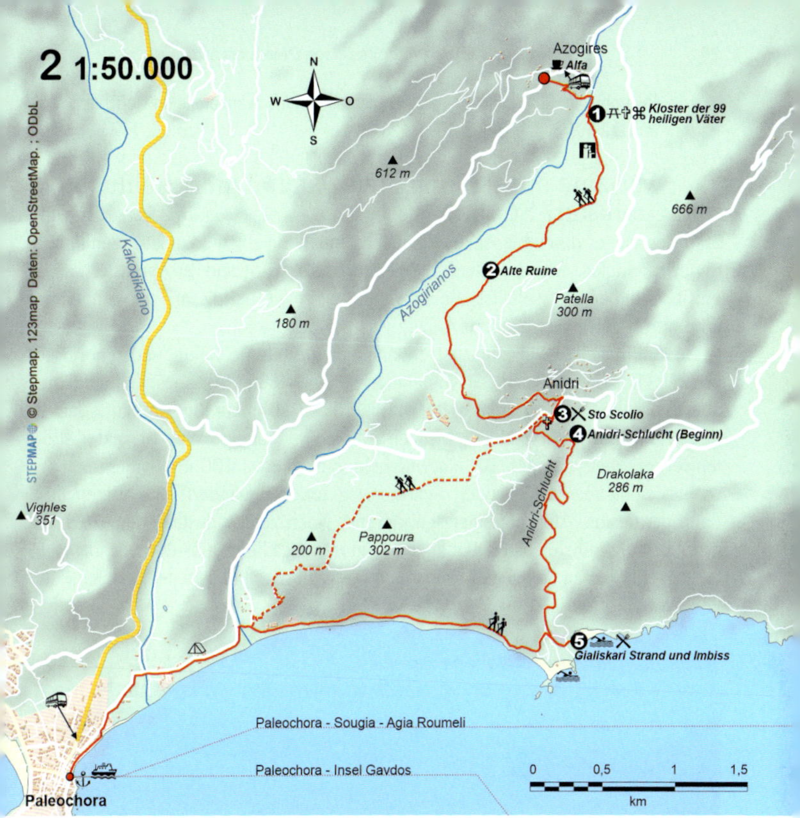

Der Pfad führt weiter entlang des Klosters, kurz darauf vorbei an einer Ruine und durch ein Gatter (hölzernes Schild Richtung Anidri). Nach 80 m erreichen Sie einen unbefestigten Fahrweg und folgen ihm nach rechts und gleich darauf einem Pfad nach links (Wegweiser). Nach etwa 1,5 km passieren Sie eine alte Ruine und einen alten, runden Dreschplatz, auf Griechisch *aloni* ❷ (km 2,2).

Der Pfad führt vorbei an einigen Gattern. Nach etwa 1 km erreichen Sie eine unbefestigte Straße (km 3,2), der Sie links folgen (Wegweiser nach Anidri und zum Café Sto Scolio), nach 30 m vorbei am Haus Caminada. Nach etwa 10 Min. wird die Straße asphaltiert und Sie passieren die ersten Häuser von Anidri. Bei der kurz darauf folgenden Gabelung gehen Sie rechts abwärts und erreichen eine T-Kreuzung mit der Hauptstraße des Dorfes. Hier gehen Sie rechts 100 m bis zur **Taverne/Café Sto Scolio** ❸ (km 4,3).

Taverne/Café Sto Scolio mit hausgemachten und frisch zubereiteten Gerichten, ☏ 28 23 08 30 01, täglich 9:00-23:00

Variante auf Panoramaweg statt Anidri-Schlucht und Gialiskari-Strand (➲ 2 km kürzer)

Statt des Weges durch die Anidri-Schlucht können Sie einen 2 km kürzeren Panoramaweg wählen. Sie versäumen dabei den Gialiskari-Strand, ersparen sich aber großteils die lange Asphaltstraße am Schluss, der Sie bei dieser Panorama-Variante nur 1 statt 3 km bis zum Anfang von Paleochora folgen.

In Anidri gehen Sie zunächst entlang der Dorfstraße weiter und ignorieren abzweigende Wege. Nach 250 m nehmen Sie nach dem Ortsendeschild den links abwärtsführenden Weg, anfangs auf Asphalt, nach 10 m auf Kies und kurz darauf durch eine Rechtskurve. Der zwischen Zäunen verlaufende Weg ist später stellenweise orange markiert. Bei einer Gabelung nach etwa 200 m nehmen Sie den rechts leicht abwärtsführenden Schotterweg (orange markiert) und folgen ihm dann geradeaus, Abzweigungen ignorierend. Nach zuletzt ansteigender Passage erreichen Sie am höchsten Punkt den panoramareichen Pass, etwa 2 km nach Anidri. Hier haben Sie einen schönen Blick auf die Südküste mit der Halbinsel von Paleochora.

Panorama-Variante, © Idhuna Barelds

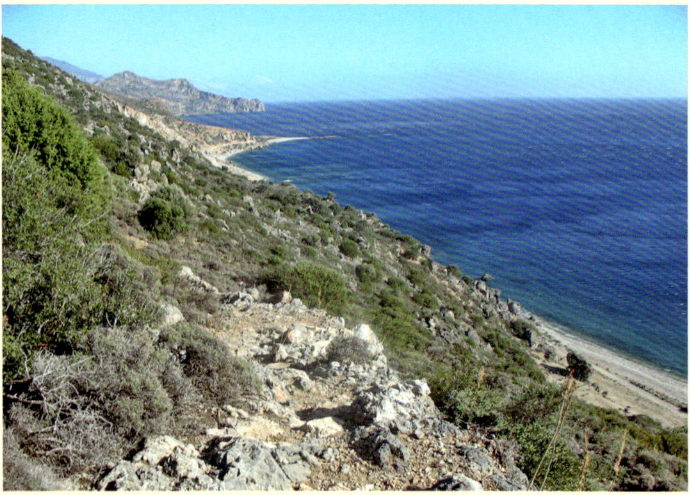

Sie wandern geradeaus weiter und halten sich nach 300 m vor einem Gatter links, passieren einen Zaun (orange Markierung, Schild: „Paleochora Nature") und folgen dem aussichtsreichen Pfad abwärts.

Unten angekommen folgen Sie nach dem Passieren eines Zauns dem betonierten Weg nach links bergab und erreichen nach 10 m in einer Rechtskurve die Straße vom Gialiskari-Strand und damit wieder die beschriebene Hauptroute. Hier gehen Sie rechts Richtung Paleochora und erreichen nach 100 m den bei der Route beschriebenen Asphaltbeginn bei km 9,6, wo Sie sich links halten.

Neben der Taverne erkennen Sie Schilder zur Anidri-Schlucht und zur Kirche Agios Georgios. Sie gehen hinter der Kirche abwärts, vorbei an einem Metallgatter. Hier biegen Sie links ab und folgen dem anfangs betonierten Weg vorbei an einigen Häusern und dann rechts abwärts über steile Stufen hinunter in die **Anidri-Schlucht** ❹ (km 4,8). Dort halten Sie sich rechts und folgen dem oleanderbewachsenen und meistens trockenen Flussbett. Unterwegs erschweren einige Felsblöcke, die mit leichter Kletterei gemeistert werden können, das Vorankommen. An einer Stelle erleichtert eine etwa 2 m lange Strickleiter das Herunterkommen. Die Wegmarkierung hilft beim Finden der idealen – leichtesten – Route. Am Ende der Schlucht weitet sich diese und Sie erreichen einen breiten Weg (km 6,8), dem Sie zum großen Sandstrand von **Gialiskari** nach links und durch eine Linkskurve folgen. Vor dem Strand bietet ein Imbiss Erfrischungen ❺ (km 7) – ein idyllischer Platz zum Entspannen unter Tamarisken und mit der Möglichkeit zu einem erfrischenden Bad.

Imbiss-Taverne Anidri am Strand Gialiskari, Sommersaison (Mitte April-Anfang November) täglich 8:30-18:00

Vom Strand gehen Sie auf derselben Straße zurück, auf der Sie gekommen sind. Sie folgen der unbefestigten und unbeschatteten Straße weiter entlang des Ufers (Teil des Fernwanderweges E4, ☞ Tour 3) nach Paleochora. Nach 2,7 km wird diese asphaltiert (km 9,6) und Sie halten sich links Richtung **Paleochora**. Sie passieren einen Campingplatz und kurz darauf einen Friedhof. Kurz nach dem Friedhof sehen Sie links den Küstenboulevard von Paleochora mit zahlreichen Tavernen und Cafés. Sie schlendern entlang dem Boulevard und erreichen an dessen (Süd-)Ende den zentral gelegenen Hafen, das Ziel dieser Tour.

3 Von Paleochora nach Sougia

Tour für Landschafts- und Badefreunde

Auch diese Küstenwanderung folgt dem Fernwanderweg E4, vorbei an mehreren Buchten und Stränden mit idealen Badegelegenheiten. Kulturelles Highlight ist die dorische/römische Stadt Lissos mit dem Mosaikboden eines Asklepios-Tempels. Am Schluss wandern Sie durch die kleine Lissos-Schlucht (☞ Tour 5) nach Sougia.

→ Start: Hafen an der Promenade von Paleochora, GPS N 35°13.822' E 023°40.981'; Ziel: Bushaltestelle in Sougia, GPS N 35°14.868' E 023°48.505'

15,1 km

5 Std.

↑↓ 570 m/570 m

⇧ 0-260 m

E4-Markierungen: Pfosten und gelb-schwarze Markierungen

Der E4 wird gut unterhalten und ist prima markiert. Die erste Stunde wandern Sie auf Asphalt- und Schotterstraßen zum Gialiskari-Strand, danach auf steinigen Pfaden. Es gibt nur wenig Schatten, lediglich am Ende in der Lissos-Schlucht.

Café/Taverne beim Gialiskari-Strand (km 4,2) sowie zahlreiche Einkehrgelegenheiten am Start in Paleochora und am Ziel in Sougia; Brunnen mit Trinkwasser in Lissos (km 11,2)

schattiger Platz mit Bänken in Lissos (km 11,2)

Gialiskari-Strand (km 4,2), kleiner, abgelegener Strand danach (km 7) sowie Strände bei Lissos (km 11,2) und am Ende in Sougia

Diese lange und großteils schattenlose Tour ist für ältere Kinder möglich. Unterwegs gibt es Bademöglichkeiten. In Lissos könnte die Tour optional mit dem Wassertaxi beendet werden.

Für Vierbeiner ist die Tour wegen der steinigen Pfade und des Mangels an Schatten keine Freude. Allerdings gibt es unterwegs Trinkmöglichkeiten: bei der Bar am Gialiskari-Strand und beim Brunnen in Lissos.

P freies Parken nahe dem Hafen von Paleochora entlang der Straße (Start)

Dank guter Verbindungen können Sie ab Chania mit dem Bus zum Ausgangspunkt fahren: Start mit dem frühen Bus nach Paleochora um 7:30 und Rückfahrt mit dem Abendbus ab Sougia um 18:30. www.e-ktel.com

Die Fahrt zurück mit dem Taxi kostet von Sougia nach Paleochora € 50; Taxi Selino, 69 40 85 98 60, www.taxi-selino.com.

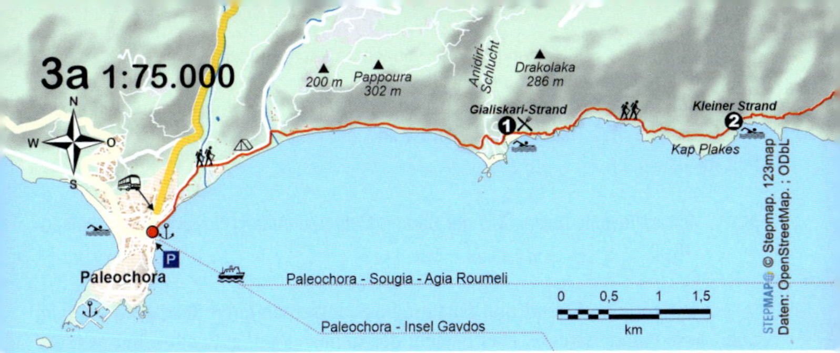

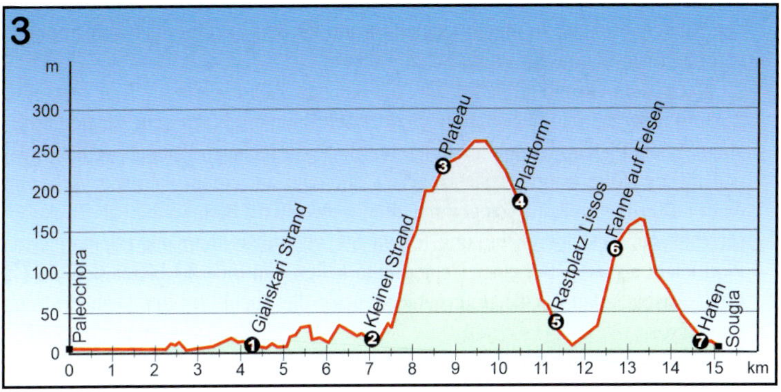

Fähre zwischen Sougia und Paleochora in der Sommersaison (Anfang April-Ende Oktober), ab Sougia um 18:15 oder ab Paleochora um 8:30 – falls Sie die Tour andersherum gehen (einfache Fahrt € 11,20 p. P.). www.anendyk.gr

Optional können Sie die Wanderung schon in Lissos beenden und von dort mit dem Taxiboot nach Sougia. Sie können die Tour auch in umgekehrter Richtung gehen, indem Sie morgens die Fähre von Paleochora nach Sougia nehmen (täglich 8:30).

Vom Hafen bzw. dem Anleger des Fährschiffes in **Paleochora** schlendern Sie nordwärts entlang der breiten Promenade bis zur Taverne Kyma mit einem Kieselstrand zur Rechten. Hier gehen Sie links zur asphaltierten Straße und folgen dieser rechts (E4, Wegweiser „Camping Paleochora"). Vorbei an Olivenhainen und einem Friedhof verlassen Sie die Stadt und passieren 5 Min. nach dem Friedhof den Campingplatz Paleochora (km 1,3). Nach weiteren 5 Min. folgen Sie bei einer Gabelung der Asphaltstraße nach rechts (Richtung „Gialiskari Beach") und ignorieren sofort danach eine Linkskurve, um geradeaus der Schotterstraße für etwa 45 Min. entlang der Küste mit einem lang gestreckten Kiesstrand zu folgen.

Beim Parkplatz vom Gialiskari-Strand führen Sie die E4-Markierungen und der Wegweiser „Sandy Beach" zum Sandstrand mit einer einfachen Einkehrgelegenheit ❶ (km 4,2).

✕ Imbiss/Taverne Anidri, in der Saison (Mitte April-Anfang November) täglich 8:30-18:00

Sie queren den Strand und passieren auf dessen anderen Seite eine Infotafel über diese Wanderstrecke. Hier beginnt der steinige Pfad, gut gelb-schwarz sowie mit E4-Pfosten markiert. Etwa eine Stunde führt Sie dieser Pfad über einen schönen Küstenabschnitt zu einem kleinen Strand ❷ (km 7). Oberhalb des Strandes sorgen einige Bäume für etwas Schatten.

Nach dem Strand erwartet Sie der längste Anstieg dieser Tour (↑ etwa 250 m), eher selten mit Schatten spendenden Bäumen. Nach dem Anstieg erreichen Sie ein Plateau ❸ mit einem letzten Blick zurück nach Paleochora (km 8,6). Auf dieser Höhe wandern Sie längere Zeit, bald auf einem Fahrweg vorbei an einer Fütterungsstelle für Ziegen mit alten (recycelten!) Badewannen als Trinkwasserreservoir. Bei einer Kreuzung folgen Sie geradeaus dem mit E4 markierten Pfad leicht abwärts. Bei einer kleinen natürlichen Plattform ❹ bietet sich ein toller Ausblick (km 10,4). Unten erkennen Sie die Bucht und den kleinen Strand von Lissos.

Anschließend führt der Pfad recht steil abwärts über Steine. Nach 700 m taucht vor Ihnen ein runder Dreschplatz auf (*aloni* im Griechischen), links eine Ruine und kurz darauf ein Eukalyptusbaum bei **Lissos** ❺ (km 11,2). Beim Eukalyptusbaum laden Bänke mit einer Wasserquelle zur Pause ein.

Antike Hafenstadt Lissos

Lissos war ein Hafen der dorischen Stadt Elyros, nahe dem heutigen Rodovani. Elyros und seine beiden Häfen Syia (Sougia) und Lissos boomten in der hellenistischen, römischen und ersten byzantinischen Epoche, ehe sie von Arabern zerstört wurden, die in großer Zahl aus Spanien gekommen waren. In der Antike war Lissos bekannt für den berühmten **Asklepios-Tempel**, den Insulaner aus ganz Kreta wegen seines Wassers mit angeblicher Heilwirkung aufsuchten. Der Tempel wurde bei einem Erdbeben zerstört, aber der Mosaikboden mit seinen Tiermotiven und geometrischen Mustern blieb erhalten. Dutzende Statuen und viele Münzen aus Lissos wurden in der Region gefunden – Beweis für eine einst blühende Zivilisation. Die wichtigsten Statuen – von den Göttern Hygeia (Gesundheit, Pharmazie), Asklepius (Heilkunst) und Pluto (Tote, Unterwelt) – stehen heute im Archäologischen Museum von Chania.

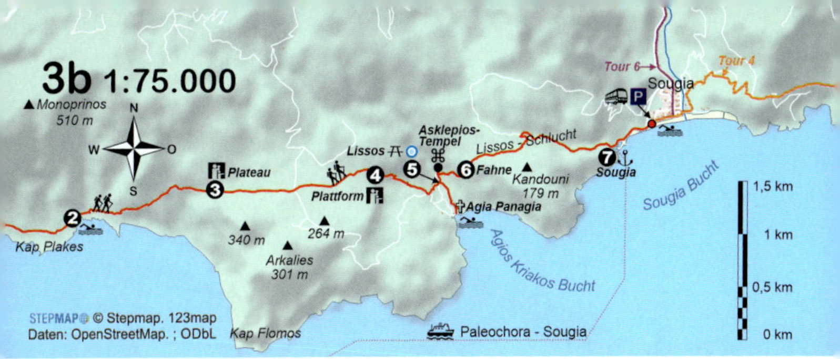

Die kleine Panagia-Kapelle an der Küste wurde im 14. Jh. an der Stelle einer älteren christlichen Basilika erbaut. In ihren Mauern sind noch Marmor- und Kalksteinfragmente der frühchristlichen Basilika erkennbar wie auch Überreste älterer öffentlicher Gebäude von Lissos.

Vom Pausenplatz sollten Sie sich einen Abstecher nach rechts zur Kapelle Agia Panagia und dem Strand, wo das Taxiboot anlegt, nicht entgehen lassen: Hinter dem hölzernen kleinen (Ex-)Kiosk folgen Sie dem Pfad 5 Min. Richtung Meer bis zur Kapelle und wenige Meter weiter zum Strand von Lissos (km 11,6).

Beenden der Tour in Lissos

Hier können Sie die Tour beenden, indem Sie mit dem Wassertaxi nach Sougia fahren. Damit sparen Sie sich die letzte 1 Std. 30 Min. mit einem steilen Anstieg nach Lissos.

☺ Allerdings empfiehlt es sich, vor Abfahrt des Schiffes den Asklepios-Tempel mit seinem schönen Mosaikboden zu besuchen (wenige Meter oberhalb des Pausenplatzes).

Das Sougia taxi boat von Vassilis fährt in der Saison (Ende April-Ende Oktober) täglich um 15:30 von Lissos nach Sougia (€ 10 p. P.), außerhalb dieser Zeiten kostet die Fahrt € 40 für das Boot (bzw. bei mehr als 4 Pers. € 10 p. P.), 69 34 07 86 84.

In Lissos orientieren Sie sich wieder zum Pausenplatz beim Kiosk hin und setzen den Weg Richtung Landesinnere mit dem Asklepios-Tempel fort (Schild: „Ancient Lissos"). Der Tempel ist eingezäunt (wegen des Viehs), aber (frei) zugänglich (km 12, 1). Wenn Sie die hohen Stufen erklimmen, können Sie den Mosaikboden erkennen!

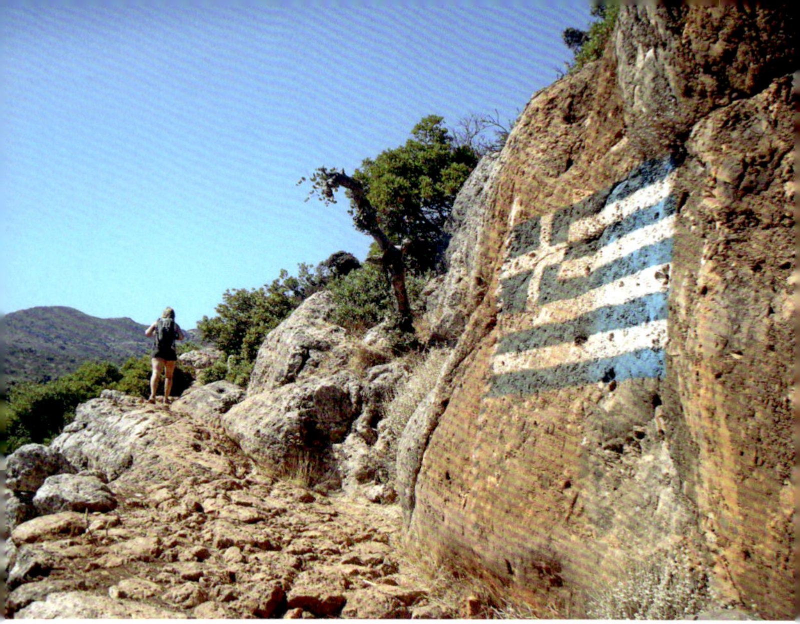

Griechische Flagge am Ende des Anstiegs

Vom Tempel gehen Sie einige Schritte zurück und halten sich etwas links (den Tempel im Rücken), um rechts am Zaun entlang aufwärts Richtung Sougia (mit dem Tempel zur Linken) zu gehen. Der Pfad führt steil aufwärts entlang alter Terrassen mit Olivenbäumen. Oben werden Sie von einer griechischen Fahne empfangen, gemalt auf eine Felswand ❻ (km 12,6).

Weiter geht es leicht aufwärts über eine Hochfläche zu einem kleinen Pinienwald. Hier beginnt der Abstieg hinunter in die Lissos-Schlucht. Am Talgrund dieser kleinen Schlucht halten Sie sich rechts und folgen dem Flussbett abwärts. Sie passieren eine schöne überhängende Felswand. Nach fast 1 km des Wanderns durch die Schlucht erreichen Sie die Küste beim kleinen Hafen von Sougia ❼ (km 14,6).

Hier halten Sie sich links entlang des kleinen Hafens. Nach 200 m sehen Sie zur Rechten das Kassenhäuschen mit dem Anleger für das Fährboot (km 14,8). Vor Ihnen erstreckt sich der breite Strand von **Sougia**. Die Straße führt in das Dorf hinein, bis Sie 300 m nach dem Fähranleger zur Linken das kleine Kassenhäuschen für den öffentlichen Bus erreichen (km 15,1). Sougia bietet eine große Auswahl an Einkehrgelegenheiten.

4 Von Tripiti nach Sougia

Tour für Landschafts- und Badefreunde

Diese Wanderung entlang eines der schönsten Küstenabschnitte Kretas mit viel Schatten führt zu einem steilen Berg, der vom Osten Sougias aus zu sehen ist. Der Hin- und Rückweg wäre recht lang und ermüdend, daher ist hier die einfache Tour mit einem Transfer per Taxiboot zum Start nach Tripiti beschrieben, sodass Sie von dort nach Sougia laufen. Höhepunkte sind beeindruckende Landschaften wie der Ausgang aus der Tripiti-Schlucht, die Ruinen einer türkischen Festung, tolle Blicke von der 400 m hoch gelegenen Kapelle des Propheten Elias und ein schöner, Schatten spendender Kiefernwald.

→ Start: Anfang der Tripiti-Schlucht, GPS N 35°14.191' E 023°52.431'; Ziel: Bushaltestelle und Fahrkartenschalter in Sougia, GPS N 35°14.886' E 023°48.547'

⊃ 10,2 km

⧗ 4 Std. bis 4 Std. 30 Min.

↑↓ 640 m/640 m

Ausgang der Tripiti-Schlucht

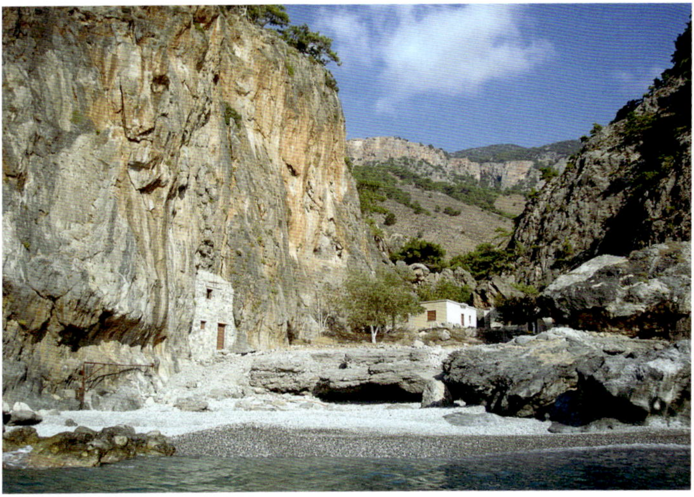

⇧ 2-387 m

Die ganze Route verläuft entlang des Fernwanderweges E4 und ist entsprechend markiert: gelb-schwarze Markierungen sowie Pfähle mit der Aufschrift „E4“ und Steinhaufen.

Großteils gut unterhaltener Pfad. Der erste Teil von Tripiti zur türkischen Festung ist ziemlich steil und steinig. Am Ende gehen Sie kurzzeitig über einen breiten Schotterweg und in Sougia kurz über Asphalt.

In Sougia gibt es viele Cafés und Restaurants, unterwegs keine Einkehrgelegenheiten. Nehmen Sie daher Proviant (und vor allem Wasser) mit!

Entlang der Tour finden Sie viele schattige Stellen. Sehr schön für eine Pause ist die Kapelle des Propheten Elias mit tollen Ausblicken (km 2)!

zwei Minimärkte am Ende der Wanderung in Sougia

am Ende der Tour schöner weiter Strand in Sougia

geeignet für ältere Kinder mit Bergwandererfahrung

Hunde können mit, aber es ist kein „Hundegenuss“: wenig Wasser, dafür viel Hitze und Steine.

P freies Parken entlang der Küste nahe dem Tickethäuschen für die Busse in Sougia

Busverbindungen in der Sommersaison (April-Oktober) von Chania nach Sougia Mo-Sa um 5:00 und 13:45, So um 7:45, von Sougia nach Chania täglich um 7:00 und 18:30, www.e-ktel.com

Um zum Startpunkt an der Tripiti-Schlucht zu kommen, nehmen Sie von dem kleinen Hafen in Sougia ein Taxiboot: Sougia taxi boat von Vassilis, 69 34 07 86 84, Sommersaison (Ende April-Ende Oktober) täglich ab 8:30 (einfache Fahrt € 10). Zu abweichenden Zeiten kostet das Boot € 40 bzw. bei mehr als 4 Personen € 10 p. P.

Die Tripiti-Schlucht gilt als eine der unzugänglichsten Schluchten Kretas. Daher sollten Sie die gesamte Schlucht nur mit erfahrenen Bergführern begehen, die die Schlucht und ihre Tücken kennen. Der beschriebene Abschnitt am Ende der Schlucht lässt sich allerdings auch alleine – ohne Bergführer – erwandern.

Nach der etwa 20-minütigen Bootsfahrt nach Tripiti starten Sie die Tour am Ausgang der gleichnamigen Schlucht, die ihren Namen den vielen Höhlen verdankt (*tripes* bedeutet „Löcher“ – im Fels). Vor Ihnen tauchen zwei kleine, umzäunte Häuser auf und nach einigen Schritten hinein in die Schlucht rechts Ziegen-/Schafställe und die kleine Kapelle Agios Nikolaos. Sie gehen an den Häusern vorbei hinein in die Schlucht (E4-Markierungen).

Nach 15 Min. nehmen Sie den Pfad links (km 0,6) den steilen Schotterhang hinauf! Stellenweise ist der Pfad etwas undeutlich; achten Sie auf die E4-Markierungen und Steinmännchen!

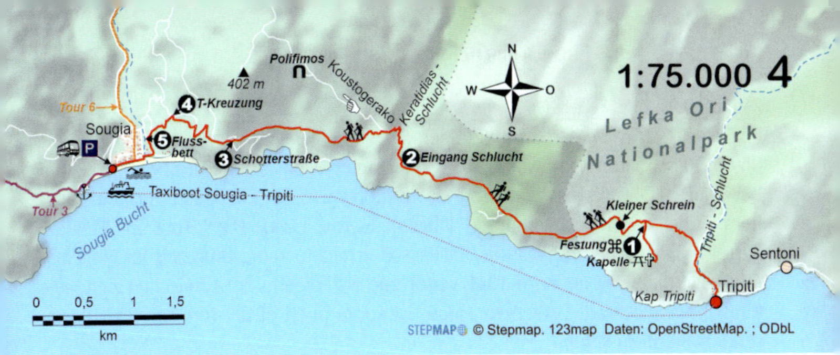

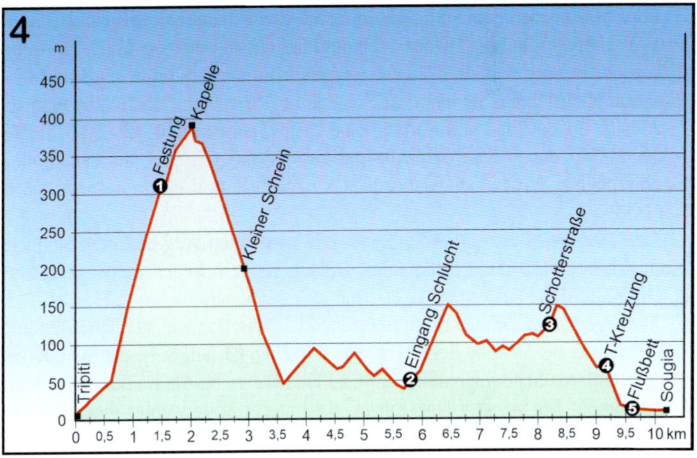

Nach steilem und anstrengendem Anstieg in Serpentinen erreichen Sie den mit einer Steinsäule markierten Sattel mit schönem Panorama auf die Bucht von Sougia. Der E4 führt weiter geradeaus. Sie ignorieren den Weg (dem E4 folgen Sie später) und gehen zunächst nach links zur türkischen **Festung** ❶ (km 1,5), auch „Koules" genannt. Nach der Festung führt Sie der Pfad weiter aufwärts (Markierung mit roten Punkten), bis Sie nach 500 m und 70 Höhenmetern Anstieg die ✞ Kapelle des Propheten Elias erreichen (km 2). Hier ist ein ⩚ schöner, aussichtsreicher Pausenplatz bei der Kapelle. Am Feiertag von Elias (19.-20.7.) pilgern viele Leute aus Sougia per Boot oder zu Fuß zur Kapelle.

Von der Kapelle gehen Sie zurück zur Festung, biegen links ab und folgen dem E4 abwärts. Bei genauem Hinschauen lassen sich alte Terrassen erkennen, Reste der antiken Stadt von **Pikilassos**.

Antikes Pikilassos

Pikilassos war wie Syia (beim heutigen Sougia) einer von vielen kleinen selbständigen Stadtstaaten. Ab etwa 300 v. Chr. formten sechs Städte des heutigen kaum bevölkerten Südwestens von Kreta das Bündnis von Oreioi, später verbündet mit dem König von Kyrene (heutiges Libyen): Elyros, Lissos (☞ Tour 2), Irtakina, Tarra, Syia und eben Pikilassos. Pikilassos erreichte seine Blütezeit im Hellenismus, ehe die Stadt an Bedeutung verlor und als Folge in der römischen Zeit viele Einwohner die Stadt verließen. Heute ist kaum noch etwas von der einst florierenden Stadt zu sehen.

Etwa 400 m nach dem Sattel passieren Sie einen steinernen Schrein (km 2,9). Es wird schattiger und bald flacher, ehe der Pfad etwas weiter westwärts führt und sich an einem Berg vorbeischlängelt. Sie gehen auf und ab, ohne ganz auf Meeresniveau abzusteigen. Sie ignorieren eine linke Abzweigung und folgen dem E4 geradeaus, bis der Pfad nordwärts in eine kleine Schlucht führt ❷ (km 5,8). Sie gehen 200 m durch diese Schlucht und auf der anderen Seite auf einem alten Maultierpfad in Serpentinen wieder hinaus bzw. hinauf zu einem weiteren Sattel (km 6,5).

Den hier rechts abzweigenden, blau-weiß markierten Weg beachten Sie nicht (nach Koustogerako und zur Polifimos-Höhle), sondern folgen weiter geradeaus dem Pfad mit E4-Markierungen, jetzt mit weniger Schatten.

Sie begegnen zunehmend Spuren früherer Zivilisation wie alte Terrassen und Olivenbäume, bis Sie eine Schotterstraße erreichen ❸ (km 8,2), die Sie queren. Auf der anderen Seite folgen Sie dem E4-Pfad 200 m, bis Sie wieder dieser Straße begegnen, der Sie jetzt links folgen. Bald taucht Sougia unter Ihnen auf. Bei einer Gabelung halten Sie sich links bzw. in Gehrichtung geradeaus und folgen der Straße abwärts.

Sie ignorieren eine scharfe Abzweigung nach links und nehmen 100 m danach den links abzweigenden, mit Steinhaufen markierten Pfad (km 8,9) – eine Abkürzung zur Straße. Bei einer T-Kreuzung mit der Straße ❹ (km 9,1) gehen Sie links und folgen der Straße 100 m, um bei einem E4-Pfahl wieder links abzubiegen.

Der schmale Pfad führt Sie entlang eines Zauns und dahinter eines großen Hühnergeheges zu einem Haus auf der linken Seite. Sie passieren das Haus, um vor dem weiten trockenen Flussbett ❺ (km 9,6) links Richtung Küste zu gehen. Nach 160 m biegen Sie nach rechts und queren das Flussbett. Bei den Häusern halten Sie sich links und folgen der Küstenstraße entlang Restaurants und des Strandes zur Bushaltestelle und dem Parkplatz von Sougia, dem Ende dieser Tour.

5 Rundwanderung von Sougia durch die Lissos-Schlucht

Tour für Naturliebhaber

Diese kurze Rundwanderung beginnt in Sougia und führt Sie zunächst durch die schattige Lissos-Schlucht und weiter oberhalb durch eine schöne, hügelige Landschaft und schließlich zurück nach Sougia. Sie passieren die alte Kapelle Agia Irini, die einen schönen Rastplatz mit tollem Blick auf die Küste und das Meer bietet.

- Start/Ziel: Bushaltestelle und kleines Tickethäuschen in Sougia, GPS N 35°14.875' E 023°48.526'
- 6 km
- 2 Std. 30 Min.
- 260 m/260 m
- 1-236 m
- erster Teil der Schlucht E4-Markierungen, später Steinhaufen und rote Punkte
- Durch die Schlucht wandern Sie über das Flussbett und einen Pfad, bei zwei Stellen ist leichtes Klettern nötig. Aus der Schlucht hinaus führt Sie ein schmaler Pfad. Am Schluss wandern Sie über einen breiten Schotterweg.

Ein schöner Platz für eine Pause – die Kapelle Agia Irini am Wegpunkt 3

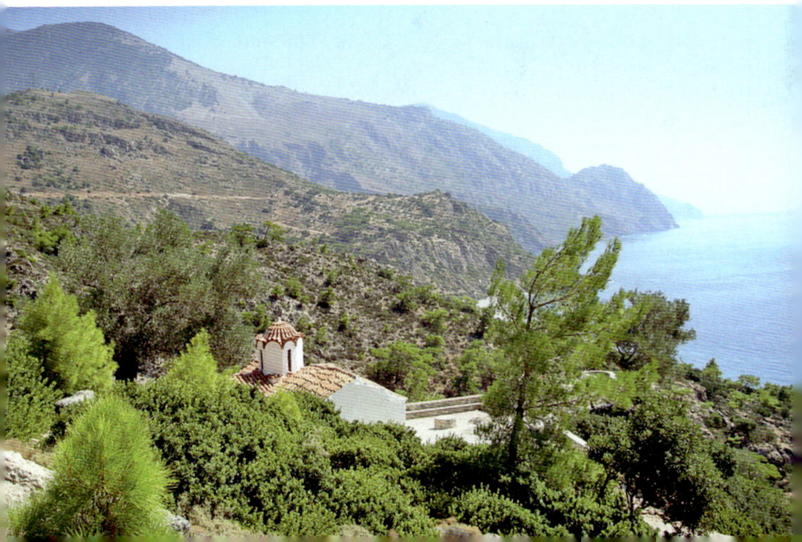

In Sougia gibt es viele Cafés und Restaurants, Sommersaison (Ostern-Ende Okt).

In der Schlucht laden einige beschattete Stellen zu einer Rast ein, bei der Kapelle Agia Irini ein Rastplatz mit Bank und schönem Blick (km 4,7). Trinkwasser unterwegs: Fehlanzeige!

In Sougia sind in der Saison zwei Minimärkte und eine Bäckerei geöffnet, Ostern-Ende Oktober.

schöner Strand in Sougia, ideal zum Schwimmen

Kinder bietet die abwechslungsreiche Tour einige Höhepunkte, etwa das leichte Klettern in der Schlucht.

Diese Tour ist mit Hunden machbar. Allerdings sollten Sie Wasser für Ihren Vierbeiner mitnehmen.

freies Parken entlang der Küste nahe dem Tickethäuschen für Busse

Busverbindungen in der Sommersaison (April-Oktober) von Chania nach Sougia Mo-Sa täglich um 5:00 und 13:45, von Sougia nach Chania täglich um 7:00 und 18:15, optional per Boot von Paleochora um 8:30 und zurück von Sougia nach Paleochora um 18:15 (einfache Fahrt € 11), täglich in der Sommersaison (Ostern-Ende Okt), sonst gelegentlich, www.anendyk.gr

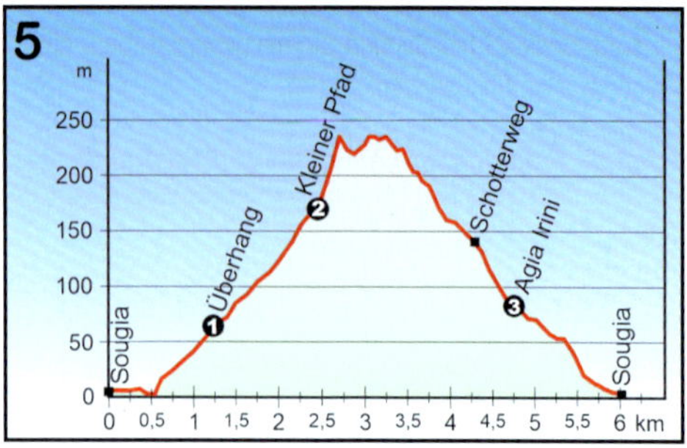

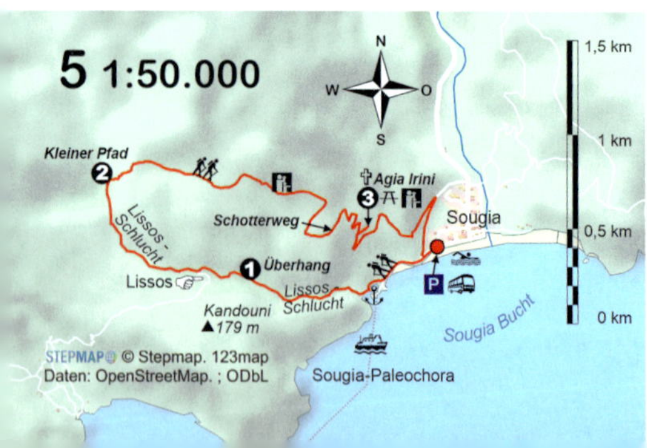

Vom Parkplatz bzw. der Bushaltestelle in Sougia folgen Sie der Küstenstraße südwestwärts zum kleinen Hafen von Sougia (Wegweiser). Beim kleinen Kassenhäuschen für die Fähre gehen Sie rechts und passieren den kleinen Fischerhafen. Nach 120 m beginnt bei einer Infotafel die Lissos-Schlucht (km 0,5), der Sie landeinwärts folgen, mit einigen Kletterpartien. Nach 800 m durch die an Oleandersträuchern reiche Schlucht erreichen Sie einen schönen Überhang ❶ (km 1,2). 300 m danach führt der E4 links aus der Schlucht hinaus nach Lissos (km 1,6), aber Sie ignorieren diese Abzweigung und gehen weiter geradeaus in die Schlucht. Der Weg ist jetzt mit Steinhaufen und roten Punkten markiert. In der Schlucht erwarten Sie einige kleine Klettereien. Nach etwa 25 Min. verlassen Sie rechts auf einem kleinen Pfad die Schlucht ❷ (km 2,4), markiert mit roten Punkten.

Der Pfad führt recht steil aufwärts zum höchsten Punkt dieser Tour (km 2,7). Danach wandern Sie leicht abwärts und genießen zunehmend bessere Blicke zum Meer und in östlicher Richtung der Küstenlinie bis nach Tripiti (☞ Tour 4). Der Pfad steigt erneut an, bis sich nach 20 Min. der erste Blick auf den Strand von Sougia bietet (km 3,6). Ab hier steigen Sie ab und erreichen nach 250 m eine T-Kreuzung mit einem anderen Pfad, der mit roten Punkten markiert ist (km 3,9). Hier gehen Sie rechts abwärts (Steinhaufen und rote Punkte) in südwestlicher Richtung auf einen Zaun zu, begleitet von viel Thymian.

Überhängende Felswand

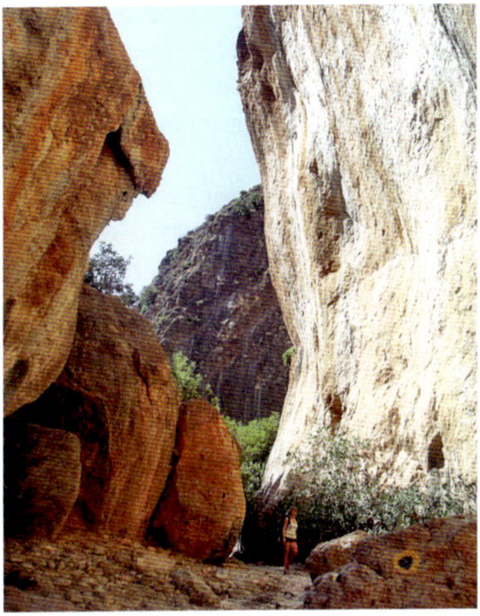

Thymian

Thymian (*Thymus capitatus*) gedeiht auf Kreta wild und in großer Zahl zwischen Meeresniveau und 1.000 m Höhe. Er gilt als eine der beliebtesten Heilpflanzen der Geschichte: Blüten, Blätter und Öl des Thymians wurden/werden häufig verwendet bei Durchfall, Magenproblemen, Arthritis, Koliken, Halsschmerzen, Erkältung, Bronchitis ... Der auf trockenen, felsigen Böden Südeuropas besonders gut gedeihende Thymian ist eine wichtige Nektarpflanze für Honigbienen; Griechenland, und vor allem Kreta, ist bekannt für seinen aromareichen Thymianhonig. Daneben wird Thymian auch zum Würzen von Speisen wie Fleisch oder Suppen verwendet.

Am Zaun halten Sie sich links und gehen an ihm entlang abwärts. Sie erreichen einen breiten Schotterweg (km 4,3) und folgen ihm abwärts zur Kapelle Agia Irini (km 4,7) ❸ – ein schöner Platz für eine Pause! Weiter geht es auf dem Schotterweg, der nach 900 m am Rand von Sougia eine Asphaltstraße erreicht, der Sie nach rechts folgen, um zurück zur Küste und dem Start der Wanderung zu gehen.

6 In die Irini-Schlucht

Tour für Landschaftsgenießer

Verglichen mit Samaria und Aradena ist die Irini-Schlucht mit ihrer grünen Vegetation und einem gut ausgebauten Pfad lieblicher bzw. einladender. Unterwegs laden Rastplätze mit Trinkwasserbrunnen zur Pause ein. Besonders bei frühem Start begegnen Sie mit einiger Wahrscheinlichkeit der kretischen Wildziege Kri-kri. Am Ende der Schlucht können Sie sich in der Oasis-Bar/-Taverne stärken, ehe Sie zurück nach Sougia wandern.

→ Start: Café/Taverne Porofarago am Südende des Dorfes Agia Irini mit kleinem Parkplatz und Bushaltestelle, GPS N 35°19.755' E 023°50.219'; Ziel: Bushaltestelle am Strand in Sougia, GPS N 35°14.843' E 023°48.474'

12,3 km

4 Std.

↑↓ 108 m/665 m

⇧ 1-561 m

in der Schlucht stellenweise rote und blaue Punkte

Sie wandern auf steinigem Pfad durch die Irini-Schlucht, die stellenweise leichte Klettereien über große Steine abverlangt. Vom Ende der Schlucht bei der Oasis-Bar bis nach Sougia wandern Sie entlang einer ruhigen Straße.

In Agia Irini Café/Taverne Porofarago (Start) und Kri-Kri (unterhalb der Straße), am Ende der Schlucht Oasis-Bar/-Taverne (km 7,1) und am Schluss in Sougia große Auswahl an Cafés und Restaurants. An drei Rastplätzen gibt es Brunnen und Trinkwasser (km 2,5, 3,5 und 4,7).

Die Schlucht bietet drei Rastplätze mit Bänken (km 2,5, 3,5 und 4,7).

WC an zwei Rastplätzen (km 2,5 und 3,5)

Minimarkt in Sougia am Tourenende

Badegelegenheit an schönem weißem Strand in Sougia am Tourenende

Diese nicht allzu lange Wanderung durch die schattige Schlucht ist ideal für Kinder, zumal sie eine Abkürzungsmöglichkeit bietet, indem Sie von der Oasis-Bar (mit dem Taxi) zurückfahren.

Hunde müssen in der Schlucht an der Leine geführt werden.

P kleiner Parkplatz nahe der Taverne Porofarago und unterhalb der Straße beim Café/Taverne Kri-Kri

Der von Sougia nach Agia Irini (und weiter nach Chania) fahrende Bus hält am Startpunkt der Wanderung, der Taverne Porofarago: von Sougia täglich um 7:00 und 18:15, von Chania täglich um 5:00 und 13:45. www.e-ktel.com

☺ Der Zugang zur Schlucht kostet in der Sommersaison (Mai-Ende Oktober) € 2, Kinder unter 8 Jahren frei.

Optionen: Sie können die Tour an der Oasis-Bar/-Taverne am Ende der Schlucht beenden und mit dem Taxi nach Sougia fahren (ca. € 15) und damit den letzten Teil entlang der Asphaltstraße meiden (Taxi zurück zum Start wäre deutlich teurer, ca. € 35; zurück zum Start kommen Sie von Sougia mit dem Bus); dadurch sparen Sie 5,3 km; Taxi Selino, 69 40 85 98 60, www.taxi-selino.com. Oder Sie können die ganze Tour in anderer Richtung mit Start in Sougia. bzw. ggf. bei der Oasis-Bar machen. Außerdem können Sie diese Tour durch die Irini-Schlucht mit Tour 7 kombinieren, mit der Sie dann anfangen.

Die Tour beginnt bei der Taverne/Café Porofarago in **Agia Irini** an der Hauptstraße Chania – Sougia.

Taverne/Café Porofarago, 69 73 72 86 18, täglich 7:30-23:00

Schlucht von Agia Irini

Die Schlucht von Agia Irini bietet mit ihren vielen verschiedenen Lebensräumen eine große Vielfalt an Pflanzen, darunter Bäume (Zypressen, Kiefern, Walnussbäume, Platanen, Steineichen), Sträucher und Kräuter wie Salbei, Thymian oder Pfefferkraut. Ebenso lebt hier die kretische Wildziege Kri-kri (*Capra aegagrus cretica*), die nach molekulargenetischem Untersuchen von früheren Hausziegenrassen abstammt. Die Schlucht Agia Irini ist aber nicht nur wegen ihrer großen Artenvielfalt bedeutend, sondern auch in historischer Hinsicht: In der Zeit der türkischen Besetzung verschanzten sich hier Rebellen und nutzten die versteckte Lage als Fluchtroute vor den Türken. Von der Irini-Schlucht flohen sie über den Pfad in die Figuo-Schlucht und weiter in das Gebiet von Omalos.

Steine und Oleander in der Schlucht

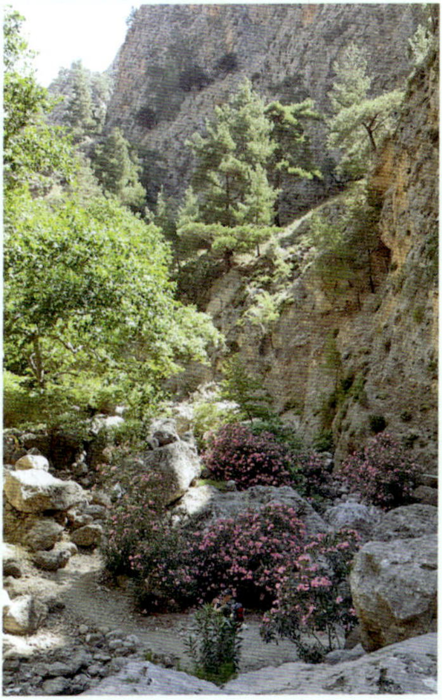

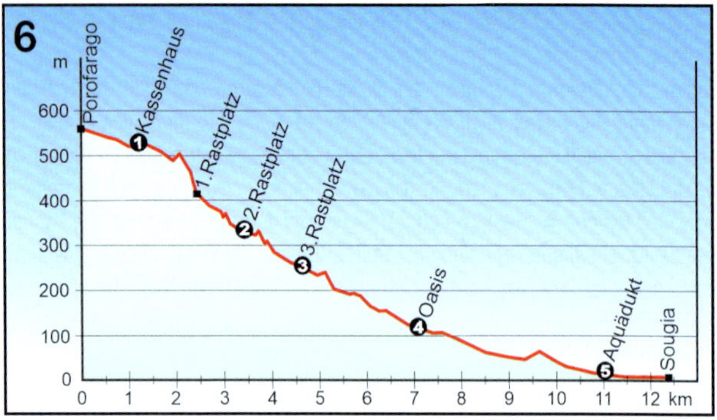

Von der Hauptstraße gehen Sie zum Betonweg (Wegweiser „Entrance Agia Irini Gorge" und E4-Schild). Sie ignorieren den links abzweigenden Pfad, bei dem Tour 7 startet, passieren die kleine Bar/Taverne Kri-Kri und folgen dem Schotterweg.

✕ Taverne/Café Kri-Kri, Agia Irini, unterhalb der Hauptstraße am Eingang zur Schlucht Agia Irini, ☏ 28 23 05 15 50, Ende April-Anfang November täglich 7:30-19:00

Links liegt das Flussbett. Sie passieren einen Olivenhain mit alten Bäumen und erreichen kurz darauf das steinerne Kassenhäuschen zur Schlucht (km 0,5), wo in der Sommersaison die geringe Eintrittsgebühr (€ 2) zu zahlen ist (oder im folgenden hölzernen Häuschen).

Der Pfad verengt sich anschließend, führt auf einer kleinen Holzbrücke über das Flussbett und weiter auf der östlichen Seite der Schlucht unter Schatten spendenden Platanen entlang. Kurz darauf erreichen Sie ein weiteres Kassenhäuschen ❶ (km 1,3), dieses Mal aus Holz. Manchmal wird hier und nicht weiter vorne der Eintritt kassiert. Von links mündet der Pfad aus der Figou-Schlucht ein (☞ Tour 7).

Sie wandern weiter geradeaus durch die Schlucht und passieren nach 100 m eine große Zisterne und einen Brunnen mit Trinkwasser. 15 Min. später erreichen Sie nach einem Zwischenabstieg mit Serpentinen einen beschatteten Rastplatz mit Bänken, Trinkwasserbrunnen und Toiletten (km 2,5).

Im weiteren Wegverlauf queren Sie mehrmals das Flussbett und müssen dabei stellenweise vorsichtig von Stein zu Stein balancieren bzw. springen. Die Schlucht verengt sich zusehends, ehe Sie einen weiteren Rastplatz mit Bänken, Trinkwasserbrunnen und Toiletten erreichen ❷ (km 3,5).

Anschließend weitet sich die Schlucht etwas und Sie passieren große Felsbrocken, bevor der dritte ⛩ Rastplatz mit Bänken und 💧 Trinkwasserquelle zur Pause einlädt ❸ (km 4,7). Der folgende Abschnitt ist besonders abenteuerlich: Nach 30 Min. erwartet Sie die schmalste Stelle der Schlucht mit überhängenden Felsen. Hier ist stellenweise leichte Kletterei mithilfe der Hände erforderlich. Der Pfad führt Sie um einige Felsen herum, ehe Sie auf Holzstufen abwärtsgehen (km 5,9). Kurz darauf führt der Pfad erneut über Holzstufen herunter von einem Felsen. Weiter unten verbreitert sich die Schlucht und Terrassen mit Oliven kündigen den Beginn der Zivilisation an. Sie folgen dem linken Wegweiser nach links (km 7,1) zu einer Straße mit der Bar/Taverne Oasis ❹.

✕ Bar/Taverne Oasis am unteren Ende der Irini-Schlucht, ☏ 28 23 05 16 47, 🚪 Sommersaison (April-Ende Oktober) täglich 8:00-20:00

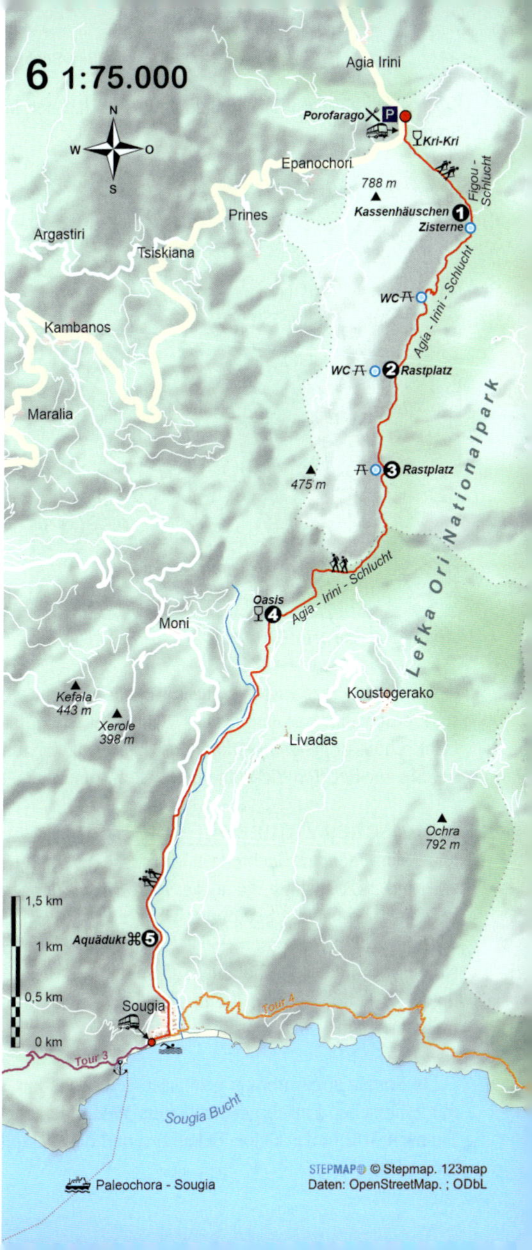

☺ ⇨ Von hier können Sie die letzten 5,3 km per Taxi abkürzen (ca. € 15 nach Sougia).

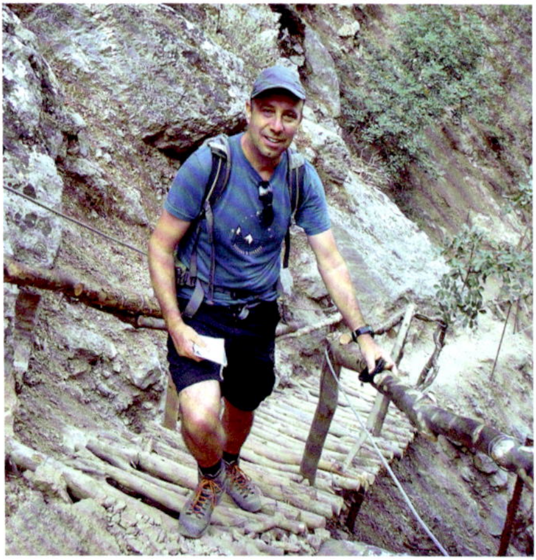

Abstieg in die Irini-Schlucht

Von der Bar gehen Sie zum sichtbaren Parkplatz und folgen der kleinen, asphaltierten Straße links des Flussbetts. Nach 20 Min. gehen Sie bei einer T-Kreuzung (km, 8,8) rechts und queren das Flussbett über eine Brücke. 10 Min. nach der Brücke erreichen Sie bei einem kleinen Denkmal zum Zweiten Weltkrieg die (verkehrsarme) Hauptstraße zwischen Sougia und Agia Irini und folgen ihr 30 Min. nach links nach Sougia. Auf manchen Karten ist parallel ein Pfad durch das Flussbett eingezeichnet, dieser ist aber seit schweren Regenfällen Anfang 2019 stark beschädigt bzw. mit seinen vielen Steinen und stellenweise Müll schwer und nicht schön zu gehen. 1,4 km nach dem Denkmal zum Zweiten Weltkrieg passieren Sie zur Rechten die Ruine eines alten römischen Aquädukts ❺ (km 11,1).

Römisches Aquädukt von Syia

Die Steinbögen zur Rechten sind Ruinen einer alten römischen Wasserleitung, die vor rund 2.000 Jahren die antike Stadt Syia an der Stelle des heutigen Sougia mit dem kostbaren Nass versorgte. Über eine Strecke von rund 8 km sollen rund 490 m³ pro Tag geflossen sein – ausreichend für die Stadt mit damals 2.500 Einwohnern. Für ein gleichmäßiges Gefälle musste eine etwa 1,5-2 m hohe Steinmauer errichtet werden, die in manchen Tälern (wie diesem) sogar bis zu 5 m Höhe erreichte.

In Sougia angekommen gehen Sie geradeaus zur T-Kreuzung vor dem Strand mit zahlreichen Einkehrgelegenheiten. Wenn Sie nach rechts abbiegen, erreichen Sie nach 300 m das kleine Ticketbüro und den Parkplatz für den öffentlichen Bus (km 12,3).

7 Durch die Figou-Schlucht

Rundwanderung für Landschaftsgenießer

Vom Bergdorf Agia Irini wandern Sie anfangs auf einem schönen kalderimi (steingepflasterter Weg), der früher als Verbindung zum Omalos-Plateau diente. Weite Aussichten über die Berglandschaft und das Tal von Agia Irini belohnen die Mühe des Aufstiegs. Durch die Figou-Schlucht steigen Sie ab zur Schlucht von Agia Irini und wandern zurück zum Startpunkt. Eine kurze, aber abwechslungsreiche Rundwanderung!

- Start/Ziel: am Südende des Dorfes Agia Irini bei der Taverne/Café Porofarago mit Parkplatz und Bushaltestelle, GPS N 35°19.768' E 023°50.220'
- 5,1 km
- 2 Std.
- 350 m/350 m
- 548-857 m
- Der erste Teil entlang des *kalderimi* (alter steingepflasterter Saumpfad) ist markiert mit Zeichen des E4-Fernwanderweges. Der zweite Teil durch die Figou-Schlucht ist nicht markiert.
- Der erste Teil führt über einen *kalderimi*. Der spätere Abstieg durch die Figou-Schlucht ist ein steiler Pfad über Steine bzw. Geröll. Auf dem letzten Kilometer folgen Sie einem leichten Pfad durch das Flussbett der Irini-Schlucht.
- am Start/Ziel in Agia Irini Café/Taverne Porofarago und am Ende unterhalb der Straße Café/Taverne Kri-Kri; keine Wasserstellen unterwegs
- Rastplätze: Fehlanzeige
- Der Weg ist mit älteren Kindern machbar. Die kurze Tour bietet alpines Ambiente und eine kurze Schlucht mit tollen Ausblicken.
- Vierbeiner können mit, müssen auf dem letzten Kilometer im Flussbett der Schlucht von Agia Irini aber besser an der Leine geführt werden.
- P kleiner Parkplatz am Startpunkt nahe der Taverne Porofarago sowie unterhalb der Straße bei der Taverne Kri-Kri (beide gratis)
- Der von Sougia nach Agia Irini fahrende Bus hält am Startpunkt der Wanderung, der Taverne Porofarago: von Sougia täglich um 7:00 und 18:15, von Chania täglich um 5:00 und 13:45. Rückfahrt von Agi Irini nach Chania um ca. 18:45 und nach Sougia ca. 15:00, www.e-ktel.com
- Taxi von/nach Sougia (einfach ca. € 35): Taxi Selino, 69 40 85 98 60, www.taxi-selino.com

Die Tour beginnt bei einer Taverne/Café in **Agia Irini** an der Hauptstraße zwischen Chania und Sougia.

Taverne/Café Porofarago, 69 73 72 86 18, täglich 7:30-23:00

Von der Hauptstraße wandern Sie zum Infoschild des Nationalparks Samaria, wo zwei Betonstraßen abwärtsführen. Sie nehmen die linke (auf der anderen – mit einem Schild zur Taverne Kri-Kri – werden Sie zurückkommen). Nach 50 m queren Sie den Fluss Agerimiotis über eine alte Brücke und folgen der Betonstraße entlang alter Olivenbäume, um nach 150 m rechts den kopfsteingepflasterten Pfad zu nehmen (E4-Schild Richtung Omalos). Die ersten 200 m (km 0,5) sind noch in gutem Zustand und werden von alten Zypressen sowie Kermeseichen beschattet. Danach schwindet der Schatten und der Pfad verengt sich durch seitlich wuchernde Dornbüsche, überwiegend Dornbusch-Wolfsmilch (*Euphorbia acanthothamnos*) und Dorniger Ginster (*Genista acanthoclada*).

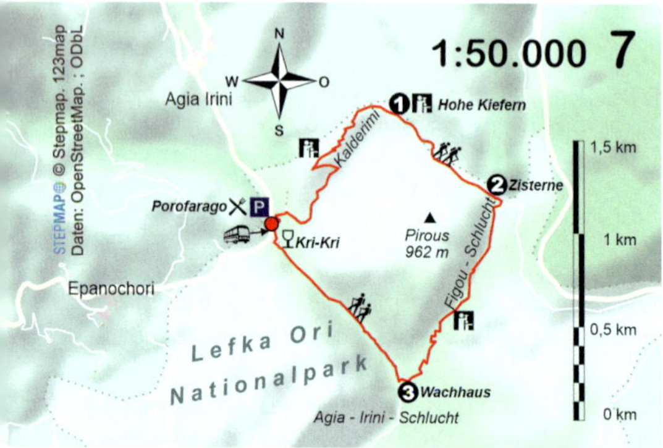

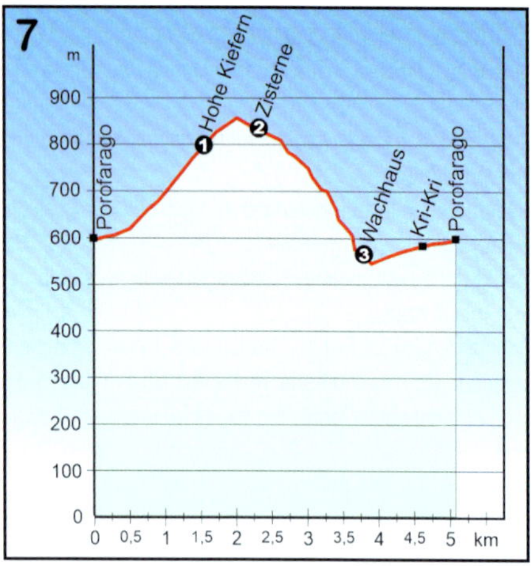

Bald genießen Sie einen schönen Blick über das Tal von Agia Irini und die umgebende Berglandschaft. An den Hängen sehen Sie alte Terrassen als Zeugen früherer Bewirtschaftung.

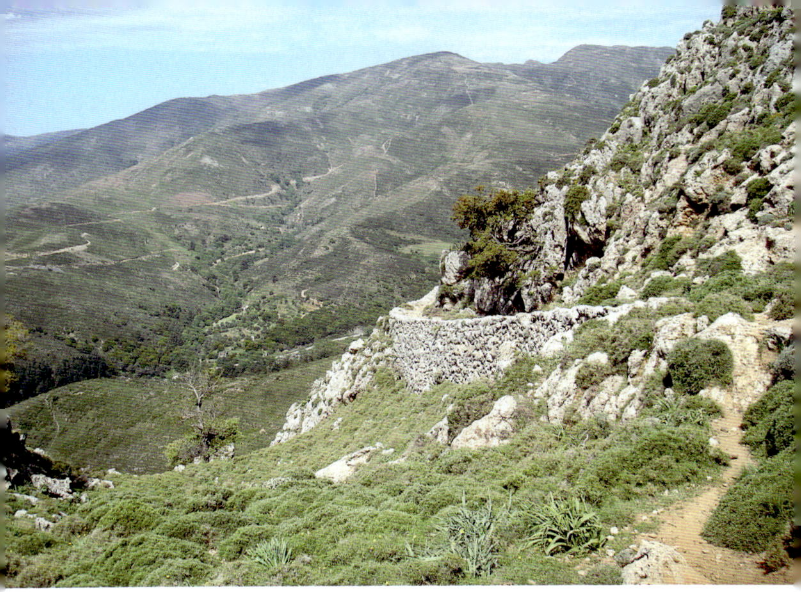

Abschnitt des Kalderimi

Der gut erkennbare Pfad führt nach 150 m vor einigen hohen Bäumen wieder zu einem gut erhaltenen Abschnitt des *kalderimi* ❶ (km 1,4). Unter den hohen Kiefern bietet sich eine kurze Pause mit schönem Ausblick nach dem Anstieg an. Die nächsten 500 m geht es etwas weiter aufwärts (↑ 70 m), ehe der Pfad leicht abwärts zu einer schmalen Zisterne aus Beton auf der rechten Seite führt ❷ (km 2,3). 40 m dahinter erreichen Sie einen großen Baum und eine kleine Hausruine. Der Fernwanderweg E4 führt hier geradeaus weiter, aber Sie steigen rechts hinunter in die Figou-Schlucht auf einem stellenweise recht steilen Pfad.

Figou-Schlucht

Die Figou-Schlucht ist eine kleiner, aber schöner Abzweig der bekannten Schlucht von Agia Irini, früher ein beliebter Durchgang für flüchtende Rebellen zum Omalos-Plateau und der Samaria-Schlucht – Figou heißt wörtlich „Flucht". Am Schnittpunkt der Figou-Schlucht mit der Schlucht von Agia Irini passieren Sie die Ruinen der Siedlung Pollá spitákia und die Höhle Chirótripa (übersetzt „Heldenloch"), benannt nach zwei Rebellen, die hier in einem harten Kampf gegen die Türken Frauen und Kinder verteidigten, die sich hier versteckt hatten. Für Letztere gab es im Gegensatz zu den Rebellen ein Happy End, indem sie zur Omalos-Ebene und der Samaria-Schlucht fliehen konnten.

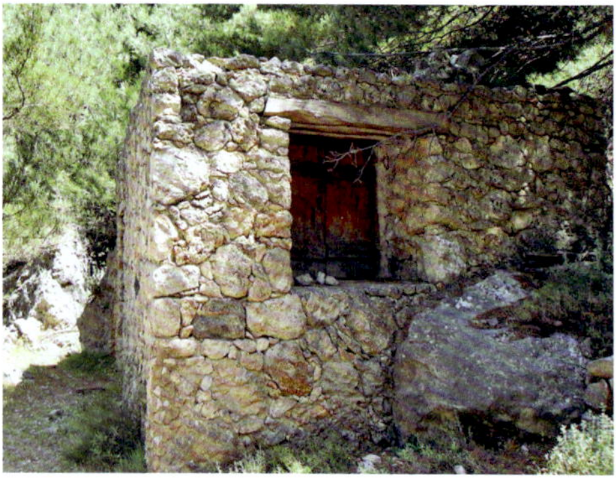

Wächterhaus

Nach rund 800 m genießen Sie bei einem großen Felsblock einen schönen Blick auf die Irini-Schlucht und das Meer (km 3,2).

Im weiteren Verlauf sorgen zunehmend Bäume für Schatten bzw. Abkühlung, ehe Sie bei einigen Ruinen namens Pollá spitákia (wörtlich „viele Häuser") ein kleines steinernes Wachhaus erreichen ❸ (km 3,7). Ein Schild weist zur Chirótripa-Höhle. 100 m weiter endet die Figou-Schlucht bei der Schlucht Agia Irini (km 3,8).

Verlängerung durch die Schlucht Agia Irini als Kombi mit Tour 6 (➲ gesamte Länge: 16 km)

Optional können Sie hier links abbiegen und durch die Schlucht Agia Irini wandern, beschrieben in Tour 6. Dort steigen Sie dann bei km 1,2 ein (☞ Tour 6).

Diese Wanderung führt rechts auf dem breiten Pfad entlang des Flussbetts mit großen, Schatten spendenden Bäumen. Sie queren das Flussbett über eine kleine Holzbrücke und erreichen den Ticketschalter zur Schlucht Agia Irini (km 4,6).

Sagen Sie dem Personal, dass Sie durch die Figou-Schlucht gekommen sind und nicht durch die Irini-Schlucht. Dann brauchen Sie keine Eintrittsgebühr zu zahlen.

Den weiteren Weg säumen alte Olivenbäume. Nach 350 m lädt eine Einkehrgelegenheit zur Erfrischung ein.

Taverne/Café Kri-Kri, Agia Irini, unterhalb der Hauptstraße am Eingang zur Schlucht Agia Irini, ☏ 28 23 05 15 50, Ende April-Anfang November täglich 7:30-19:00

Zum Ziel folgen Sie der Betonstraße ein kleines Stück zur Hauptstraße, dem Startpunkt der Wanderung.

Küste im Süden – Chora Sfakion und Loutro

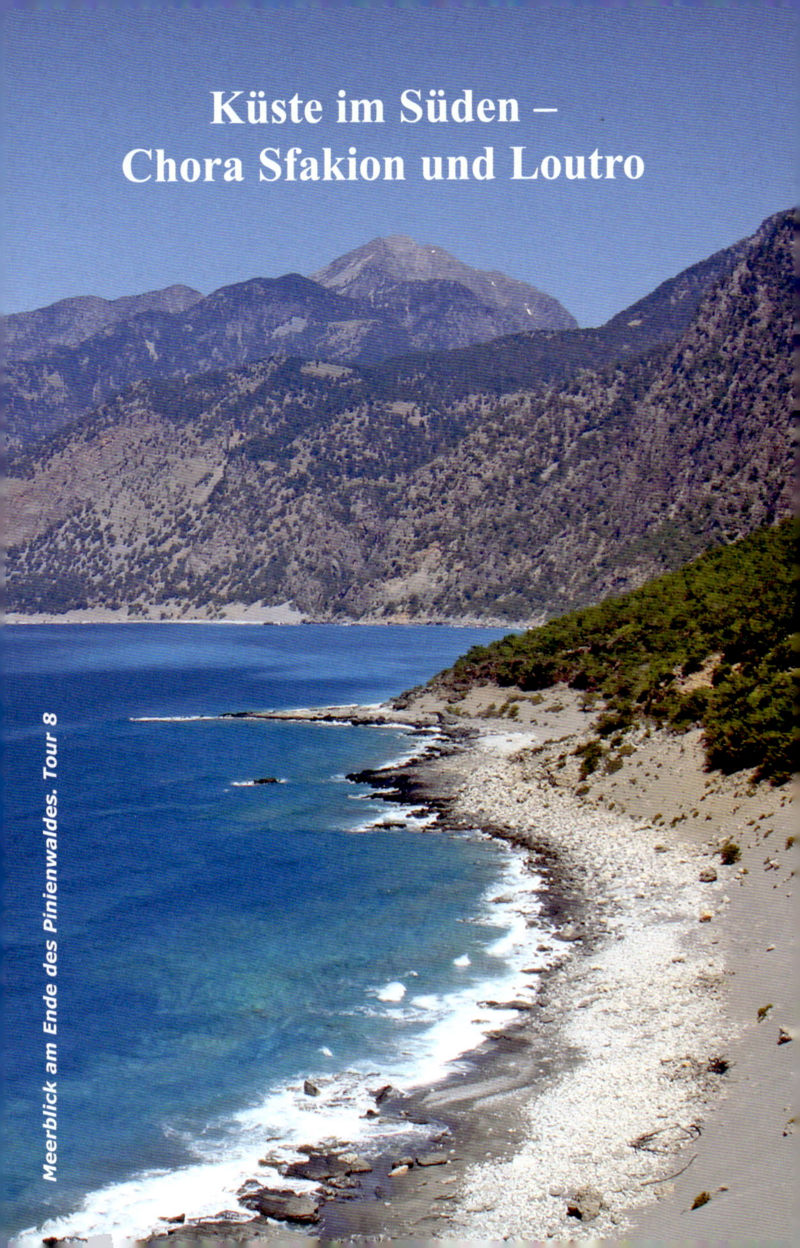

Meerblick am Ende des Pinienwaldes. Tour 8

8 Von Agia Roumeli nach Loutro

Tour für Landschafts- und Badefreunde

Diese beeindruckende Wanderung führt als Teil des Fernwanderweges E4 entlang der Südküste von Kreta. Sie passieren Kiesstrände, Kiefernwälder sowie die byzantinische Kapelle Agios Pavlos. Unterwegs laden schöne Plätze mit Einkehr- und Badegelegenheit zum Verweilen ein. Der Kontrast zwischen blauer See und grünem Kiefernwald bietet schöne Motive für Fotografen.

→ Start: Hafen von Agia Roumeli, GPS N 35°13.757' E 023°57.620'; Ziel: Hafen von Loutro, GPS N 35°11.885' E 024°04.788'

14,3 km

5 Std.

↑↓ 480 m/480 m

⇧ 0-101 m

Hinweisschilder und gelb-schwarze Markierungen des Fernwanderweges E4

Sie wandern auf einem gut gepflegten Wanderpfad. Zwischen Marmara und Lykos erfordert der Pfad leichte Klettereien und Schwindelfreiheit bei hohen Stellen. Auf dem letzten Teilstück (die letzten 3 Gehstunden) kann es mangels Schatten sehr heiß sein.

Cafés/Tavernen bei Agios Pavlos (km 4,2), beim Marmara-Strand (km 11,5) sowie bei Lykos (km 12,5). Am Ziel in Loutro gibt es mehrere Cafés bzw. Restaurants, die aber – wie die vorher genannten – außerhalb der Sommersaison geschlossen sind. Süßwasserquelle bei der Kapelle Agios Pavlos (km 4,2)

schöner Rastplatz bei der byzantinischen Kapelle Agios Pavlos (km 4,2)

bei Agios Pavlos (km 4,2) und am Marmara-Strand (km 11,5)

Diese längere und großteils schattenlose Wanderung ist für ältere Kinder machbar. Es gibt mehrere Möglichkeiten zum Schwimmen und zur Einkehr. Die Tour kann wie oben erwähnt ab dem Marmara-Strand mit dem Taxiboot beendet werden.

Dieser steinige und großteils schattenlose Pfad ist nicht nur für Zwei-, sondern auch Vierbeiner anstrengend. Beide können in den Einkehrgelegenheiten ihren Flüssigkeitsspeicher auffüllen.

P Am Platz von Chora Sfakion gibt es einen gebührenpflichtigen Parkplatz (€ 3 pro Tag), von dort weiter mit dem Schiff. Agia Roumeli und Loutro sind auf dem Landweg nicht mit dem Auto erreichbar.

Chora Sfakion ist als Start-/Zielhafen des Schiffes von/nach Agia Roumeli via Loutro in der Sommersaison (April-Oktober) per Bus wie folgt erreichbar: von Chania nach Chora Sfakion täglich um 6:45 und 8:15, von Chora Sfakion nach Chania täglich um 18:30. www.e-ktel.com

Schiffe verkehren in der Sommersaison (April-Oktober) von Chora Sfakion nach Agia Roumeli täglich um 10:30 und 13:00 bzw. von Loutro 20 Min. später (Dauer: 1 Std. 15 Min., Tarif: € 12,50) und von Loutro nach Chora Sfakion am Nachmittag täglich um 16:00, 17:00 und 18:15 (Dauer: 20 Min., Tarif: € 6), www.anendyk.gr. ☺ Wenn Sie mit der Fähre um 10:30 anreisen, erreichen Sie Agia Roumeli um kurz vor 12:00. Normalerweise ist die Zeit für die Wanderung mehr als ausreichend, sodass Sie sogar noch etwa 1 Std. 30 Min. Zeit für eine ausgiebige Pause oder ein Bad haben, wenn Sie das Schiff zurück um 18:15 nehmen möchten und ggf. danach den Bus. Hinweis: Der öffentliche Bus wartet normalerweise auf die Schiffe, auch im Falle von Verspätungen!

Wenn Sie mit dem Auto nach Chora Sfakion gekommen sind, können Sie auch später mit dem Taxiboot von Loutro nach Chora Sfakion zurückfahren (Tarif für 1-4 Personen: ca. € 40, 69 78 64 52 12).

Ab dem Strand von Marmara besteht die Möglichkeit, die Tour mit dem Taxiboot zu beenden. Dadurch ersparen Sie sich eine Stunde Gehzeit und den steilen Teil dieser Tour.

Strand von Marmara

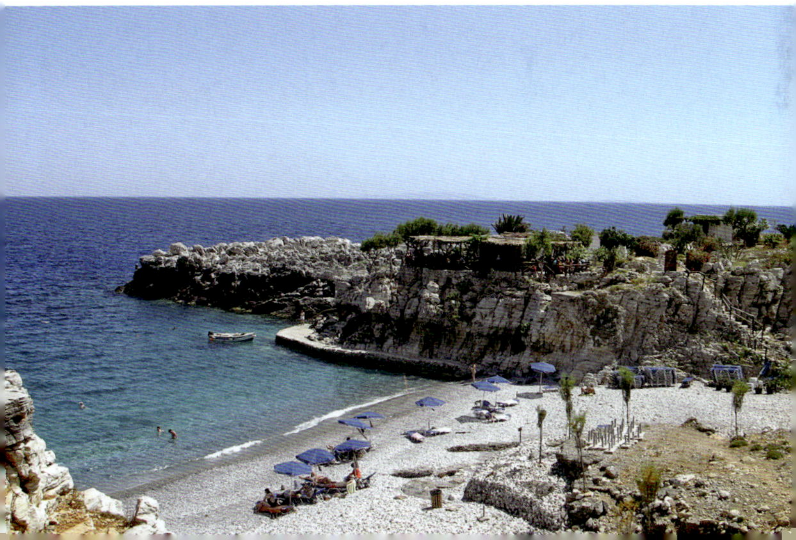

Vom Hafen bzw. der Anlegestelle des Schiffes in **Agia Roumeli** folgen Sie der gepflasterten Straße entlang der Küste in östliche Richtung und nach 150 m in einer Linkskurve landeinwärts Richtung Samaria-Schlucht. 120 m nach dieser Linkskurve verlassen Sie die Straße, indem Sie bei der Taverne Rousios nach rechts abbiegen. Sie gehen auf die schmale Fußgängerbrücke zu und queren auf dieser das Flussbett am unteren Ende der Samaria-Schlucht. Auf der anderen Seite folgen Sie dem sandigen Pfad auf die Ruine zu, an der sich oft viele Ziegen aufhalten. Sie passieren einen Zaun, ehe Sie der Sandpfad entlang der Küste führt. Nach etwa 30 Min. erreichen Sie schön geformte Felsen und ein **Felstor** ❶ (km 1,4). Ab hier gehen Sie über einen fast 500 m langen Kiesstrand, an dessen Ende Sie ein Pfad auf eine Düne führt. Hier zweigt nach links ein Pfad in die Elias-Schlucht ab, deren Ausgang versteckt hinter Sanddünen liegt. Sie aber folgen dem Küstenwanderweg E4 geradeaus durch einen schönen Pinienwald etwa 40 m oberhalb der Küstenlinie. Nach 1,5 km führt rechts ein Sandpfad abwärts zu einer Taverne, kurz dahinter erhebt sich die byzantinische Kapelle Agios Pavlos ❷ (km 4,2). Hier ist ein schöner Platz für eine Pause mit Badegelegenheit.

Café/Taverne Saint Paul, 69 80 58 65 48, in der Sommersaison (Mitte April-Ende Oktober) täglich 9:00-20:00

Kirche Agios Pavlos

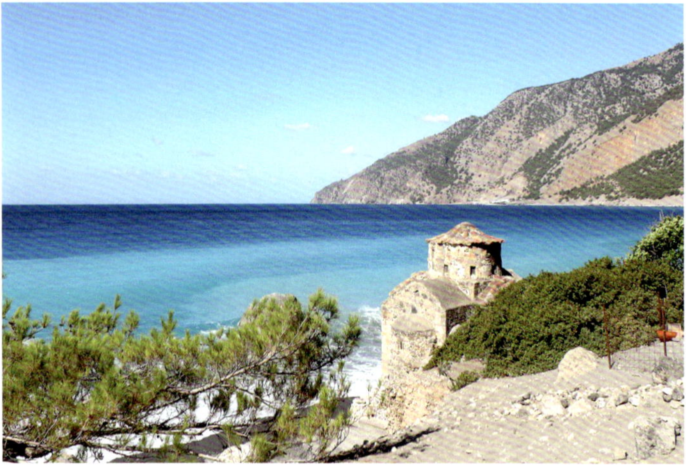

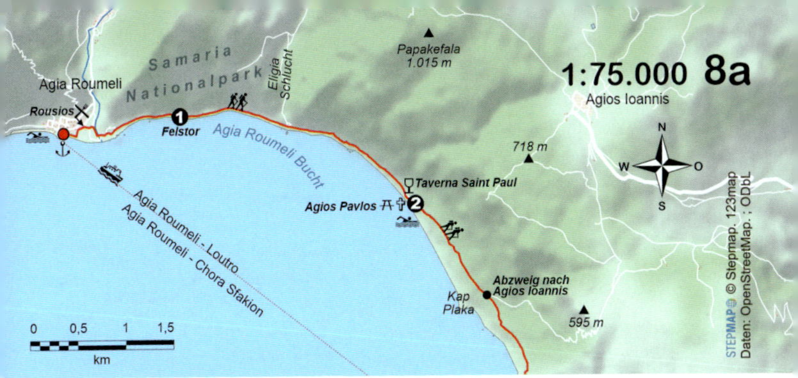

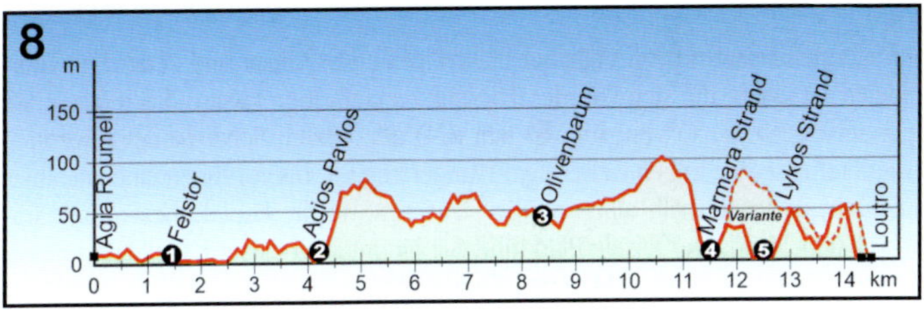

✞ Die alte byzantinische Kirche **Agios Pavlos** („heiliger Paulus") steht oberhalb des Strandes an der Stelle, wo der heilige Paulus auf seinem Weg nach Rom angeblich Menschen getauft haben soll. Die Kirche mit ihrem kreuzförmigen Grundriss wurde im 10. Jh. vom heiligen Ioannis Xenos aus Steinen dieses Strandes erbaut. Daher ist die Kirche von Weitem nicht so leicht erkennbar. Die Fresken gehen vermutlich auf das 13. Jh. zurück.

💧 Etwa 15 m unter der Kapelle befindet sich unweit vom Strand eine Süßwasserquelle, wo Sie Ihre Wasserflasche auffüllen können – zumindest im Frühjahr und im frühen Sommer. ✋ Auf jeden Fall sollten Sie für die folgende großteils schattenlose Strecke bis Marmara genügend Wasser dabeihaben!

Hinter der Kirche führt Sie der Sandpfad aufwärts und weiter durch einen schönen, schattigen Kiefernwald in etwa 70 m Höhe über der Küstenlinie. Bei einer linken Abzweigung (km 5,5) führt ein Pfad aufwärts nach Agios Ioannis (☞ Tour 13), Sie aber gehen geradeaus weiter auf dem E4, nach 250 m vorbei an einer runden Betonzisterne. Nach 10 Min. bietet sich bei einer Felswand mit Höhlen (km 6,6) ein toller Blick westwärts über die weitere Küste. Hier beginnt eine lange schattenlose Passage entlang der erodierten Küste und der 600 m steil

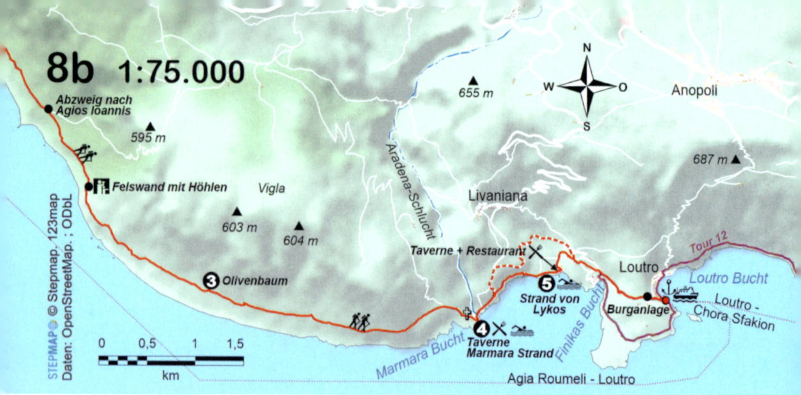

aufragenden Felswand von Vigla zur Linken. Mit etwas Glück sind in der Luft Gänsegeier zu sehen, die sich von der Thermik hinauftreiben lassen. Nach fast 2 km spendet ein großer Olivenbaum ❸ (km 8,4) den letzten Schatten der folgenden Wanderstunde. Sie folgen weiter dem Wanderweg E4, bis vor Ihnen eine Halbinsel auftaucht und unterhalb einige weiße Häuser sowie die Kapelle beim Marmara-Strand (km 10,6). Der felsige Pfad führt Sie hinunter zu dieser Kapelle und weiter zu einer Taverne und dem **Marmara-Strand** ❹ (km 11,5).

✕ Taverna Dialeskari am Marmara-Strand, ☏ 28 25 77 22 99, in der Saison (April-Oktober) täglich 7:30-23:30. Die für ihre gute Küche bekannte Taverne liegt ansprechend über dem blauen Meer mit Blick auf die Aradena-Schlucht (☞ Tour 9).

Auf der anderen Seite vom Strand folgen Sie dem Pfad aufwärts. Nach einigen Minuten Anstieg gehen Sie bei einer Gabelung auf dem E4 geradeaus oberhalb der steilen Klippen. Optional – empfohlen für nicht schwindelfreie Wanderer – wandern Sie links aufwärts über Liviana (Variante).

⇘ Variante oberhalb Richtung Liviana

(zusätzlich ➲ 0,4 km und ↑ ↓ 80 m)

Wenn Sie nicht schwindelfrei sind, sollten Sie bei der Abzweigung lieber links oberhalb der Küste gehen, da der E4 auf diesem Teilstück entlang einiger ausgesetzter Stellen führt. Sie folgen dem links abzweigenden, steinigen Pfad im Zickzack aufwärts. Wenn der Pfad breiter wird, gehen Sie geradeaus und erreichen eine Schotterstraße (später Asphalt), der Sie für 1,3 km nach rechts folgen, um bei einer Gabelung links zu gehen und kurz darauf den rechts abzweigenden Pfad zu nehmen (Wegweiser nach Loutro). Bei einer T-Kreuzung mit einem anderen Pfad gehen Sie links; ab hier wandern Sie wieder auf der regulären Route.

Bei der Passage oberhalb der steilen Klippen müssen Sie an einigen Stellen die Hände zu Hilfe nehmen und der Pfad verläuft zuweilen entlang ausgesetzter Stellen, wo es rund 20 m steil abwärtsgeht. Schließlich steigen Sie wieder zum Meeresniveau ab und wandern entlang der Küste zum **Strand von Lykos ❺** (km 12,5) mit Einkehrgelegenheiten. Sie passieren die Taverne Akrogiali und gehen über die Terrasse der Taverne Nikos die Stufen hinauf und durch einen Zaun.

✗ Akrogiali-Taverne in Lykos, ☏ 28 25 09 14 46, in der Sommersaison (April-Oktober) täglich 8:00-23:00

♦ Nikos Restaurant The Small Paradise, ☏ 28 25 09 11 25, in der Sommersaison (April-Oktober) täglich 7:00-0:00

Sie folgen dem Pfad durch eine Linkskurve und erreichen Ställe für Schafe und Ziegen. Hier folgen Sie der Asphaltstraße aufwärts und nach 120 m am Ende durch eine Rechtskurve.

Kurz darauf nehmen Sie in einer scharfen Linkskurve den Pfad geradeaus aufwärts (gelb-schwarze Markierungen). Sie queren einen Zaun und erreichen ein kleines Plateau. Die folgende linke Abzweigung nach Liviana (km 13,1) ignorieren Sie (von hier kommen Sie bei der Variante) genauso wie kurz darauf eine weitere nach links und einen rechts abzweigenden Pfad nach Finikas. Bei der Asphaltstraße (km 13,3) gehen Sie links und nach wenigen Metern rechts auf einen Pfad, der Sie auf das Plateau zwischen Phoenix und Loutro führt. Kurz nach einem Karobbaum passieren Sie die Ruinen der venezianischen Burganlage von Loutro (km14). Nach der Burg führt der Pfad abwärts und bietet einen schönen Blick auf Loutro. Knapp 100 m weiter nehmen Sie den rechts abzweigenden Pfad abwärts und erreichen unten die Terrasse des Hotels/Restaurants Madares. Von den vielen Einkehrgelegenheiten in Loutro ist besonders Sifis Bar zu empfehlen.

☕ Sifis Bar, ☏ 28 25 09 13 46, täglich in der Saison (April-Oktober) 8:00-0:00. Man sitzt direkt über dem Wasser, den Hafen im Blick!

Sie flanieren rechts auf der Uferpromenade entlang der Cafés zum Hafen. Dort finden Sie auf der rechten Seite das Kassenhäuschen für die Schiffe. Von dem Hafen fahren die Linienschiffe ab, während die Taxiboote am Pier beim Hotel-Restaurant Daskalogiannis anlegen (neben dem Hotel Madares und der Sifis Bar).

9 Durch die Aradena-Schlucht

Tour für Naturliebhaber

Diese Tour durch die Schlucht von Aradena – eine der größten Westkretas – bietet eine einmalige Erfahrung: Vom malerischen Küstendorf Loutro wandern Sie auf einem alten Saumpfad (kalderimi) aufwärts zum Hochland von Anopoli. Unterwegs bieten sich fantastische Blicke. Von Anopoli, bekannt für den Freiheitskämpfer Daskalogiannis, wandern Sie zum aufgegebenen Dorf von Aradena und der beeindruckenden Brücke über die Schlucht. Von Aradena steigen Sie auf einem gut erhaltenen kalderimi hinab in die Schlucht. Abenteuerlich ist der Abschnitt durch die Schlucht mit ihren rötlichen Felswänden. Vom Marmara-Strand nach Loutro führt Sie ein schöner Küstenpfad.

Start/Ziel: Hafen in Loutro, GPS N 35°11.885' E 024°04.790' (Loutro erreichen Sie mit der Fähre von Chora Sfakion (s. u.))

16,1 km

6 Std. 30 Min.

900 m/900 m

0-682 m

gelbe Quadrate auf weißem, quadratischem Grund auf altem Pfad aufwärts nach Anopoli, grün-rote Markierungen und später blaue Pfeile in der Aradena-Schlucht, gelb-schwarze E4-Wegweiser auf dem Küstenpfad von Marmara nach Loutro

Zunächst wandern Sie auf einem gut erhaltenen Steinpfad von Loutro nach Anopoli, in der Aradena-Schlucht geht es durch das (trockene) Flussbett über steinige Pfade. Einige Stellen mit großen Steinen bzw. Felsen müssen mit Klettereinlagen gemeistert werden. Etwas Schwindelfreiheit ist bei ausgesetzten Punkten in der Schlucht sowie am letzten Abschnitt entlang der Küste erforderlich (Letzterer kann umgangen werden). Ein kurzer Teil führt über eine ruhige Asphaltstraße.

viele Cafés/Restaurants in Loutro, zwei Cafés/Tavernen in Anopoli (km 4,9), Kiosk (km 7,9) sowie eine Taverne am Marmara-Strand (km 13,2) und entlang der Küste in Lykos (km 14,4) und Phoenix (km 15,2)

In der Schlucht finden Sie einige beschattete Stellen. Ein schöner Platz für eine Pause ist die Kapelle Agia Ekaterini am höchsten Punkt dieser Tour (km 3,7).

kleiner Laden in Anopoli (km 4,9) sowie beim Start/Ziel in Loutro

nicht geeignet für Kinder

nicht geeignet für Hunde

P Loutro ist autofrei. Die nächstgelegene Parkgelegenheit ist der gebührenpflichtige Parkplatz in Chora Sfakion (€ 3 pro Tag), GPS N 35°12.097' E 024°08.229'.

Von Chania gelangen Sie mit dem Bus nach Chora Sfakion und von dort mit der Fähre nach Loutro und entsprechend wieder zurück. Busse fahren in der Saison (April-Oktober) täglich von Chania nach Chora Sfakion um 6:45, 8:15, 11:00, 14:00, 16:00 und von Chora Sfakion nach Chania um 7:00, 11:00, 13:30, 18:30.
www.e-ktel.com

Von/nach Loutro verkehren täglich in der Sommersaison (Anfang April-Ende Oktober) Fähren von/nach Chora Sfakion (Dauer: 20 Min., einfache Fahrt etwa € 6) wie folgt: ab Chora Sfakion ab 10:30, dann stündlich bis 18:30, ab Loutro nach Chora Sfakion ab 8:50, dann stündlich bis 18:10, www.anendyk.gr. Eine – teure – Alternative ist das Taxiboot: 69 78 64 52 12, Preis für 1-4 Personen für die einfache Fahrt zwischen Loutro und Chora Sfakion € 40.

Optional können Sie die Tour beim Marmara-Strand beenden (1 Std. 15 Min. vor dem Ziel) und von dort mit der Fähre um 16:00 oder 17:00 (€ 5 p. P.) oder beliebig mit dem Taxiboot Sifis, 69 88 98 12 55 (€ 30 pro Fahrt bzw. mit größerer Gruppe auch € 5 p. P.), nach Loutro zurückfahren.

Vom Hafen in Loutro wandern Sie zunächst auf der Promenade entlang der Cafés und Restaurants. Nach der halben Strecke entlang des kleinen Strandes von Loutro biegen Sie nach links – direkt nach der Tretbootvermietung – und nach 20 m nach rechts ab. Bei Sofias Minimarket (Sommersaison täglich 8:00-21:00) halten Sie sich rechts und gehen entlang der hinteren küstenparallelen Gasse vorbei an mehreren Apartments. Nach 100 m zweigen Sie nach links ab und folgen Steinstufen aufwärts zum Oasis Hotel (Schilder Richtung Sfakia und Anopoli). Beim Oasis Hotel gehen Sie rechts und passieren nach 60 m ein Gatter links von einem steinernen Gebäude (km 0,5).

Nach dem Gatter gehen Sie links aufwärts (geradeaus führt der Pfad nach Chora Sfakion, ☞ Tour 12). Dieser schön angelegte *kalderimi* führt in Serpentinen aufwärts, markiert mit gelben Quadraten auf weißem Grund. Nach 700 m ignorieren Sie eine linke Abzweigung und gehen weiter aufwärts mit zunehmend schönerem Blick auf Loutro und das Libysche Meer. Nach etwa 1 Std. Gehzeit erreichen Sie eine Schotterstraße ❶ (km 2,4) und folgen ihr nach links für 5 Min. bis zu einem kleinen Baum und Steingebäude zur Linken (km 2,7). Hier biegen Sie links ab und folgen dem Pfad weiter aufwärts zu einem weißen Schrein und Gatter (km 3,5). Vor Ihnen erstreckt sich das grüne Hochtal von Anopoli mit den Weißen Bergen dahinter. Bevor Sie der Asphaltstraße abwärts nach Anopoli folgen, lohnt sich ein kurzer linker Abstecher aufwärts zur Kapelle ✝ **Agia Ekaterini** ❷ (km 3,7). Hier bieten sich tolle Blicke. Mit einer hohen Wahrscheinlichkeit sind Gänsegeier beim Gleiten dank der thermalen Aufwinde zu beobachten! Es gibt auch eine Sitzgelegenheit bei der Kapelle zur Erholung nach dem langen Aufstieg.

Von der Kapelle gehen Sie wieder zurück zur Straße und folgen ihr abwärts in das Dorf **Anopoli**, wo Sie am Dorfplatz ❸ die Statue des Freiheitskämpfers Daskalogiannis (☞ Infokasten) empfängt (km 4,9).

Links liegt der Minimarkt Damol, täglich 8:00-21:00.

Platanos Café/Taverne auf der rechten Seite des Platzes, ☎ 28 25 09 11 69, täglich 8:00-1:00

Antikes Anopoli und Freiheitskämpfer Daskalogiannis

An der Stelle des heutigen Dorfes lag einst das antike Anopoli, eine unabhängige Stadt mit eigener Währung. Auch in der byzantinischen Periode blühte die Stadt, wie mehrere Kirchen aus dieser Zeit zeigen. In der osmanischen Zeit wurde Anopoli wie die gesamte Provinz Sfakia wegen der schwer zugänglichen bergigen Landschaft nicht von den Türken eingenommen. Einige kretische Rebellen stammten aus dieser Region und die meisten machten Erfahrungen mit der Grausamkeit der türkischen Besatzer. Der bekannteste Freiheitskämpfer von Anopoli war Daskalogiannis (Ioannis Vlachos), der wegen eines missglückten Aufstandes gegen die Türken 1770 bei lebendigem Leib gehäutet wurde.

Am Dorfplatz biegen Sie links ab und erreichen nach 80 m eine weitere (gute) Einkehrgelegenheit.

Café/Taverne Anopolis Rooms, ☎ 28 25 09 11 71, täglich 8:00-1:00

Wegweiser zur Schlucht und zur Kirche

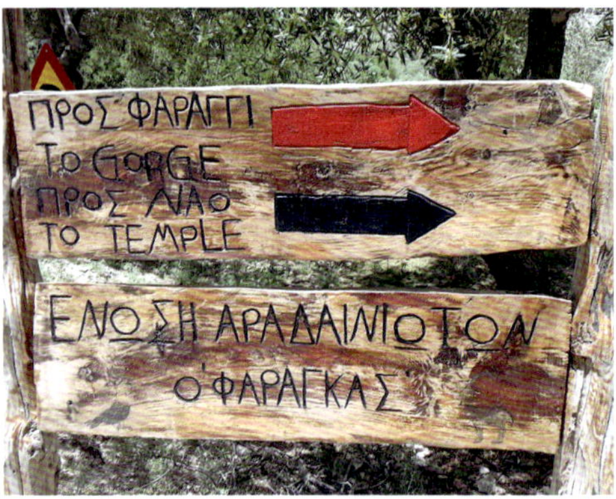

Bei der Gabelung vor der Taverne Anopolis Rooms wandern Sie links und folgen der Straße fast 1 km bis zur großen Kermeseichen und einem kleinen Platz (km 6). Hier gehen Sie nach links, passieren den alten Friedhof und folgen der kleinen Straße durch die Linkskurve, vorbei an einigen alten Gebäuden. Beim Ende

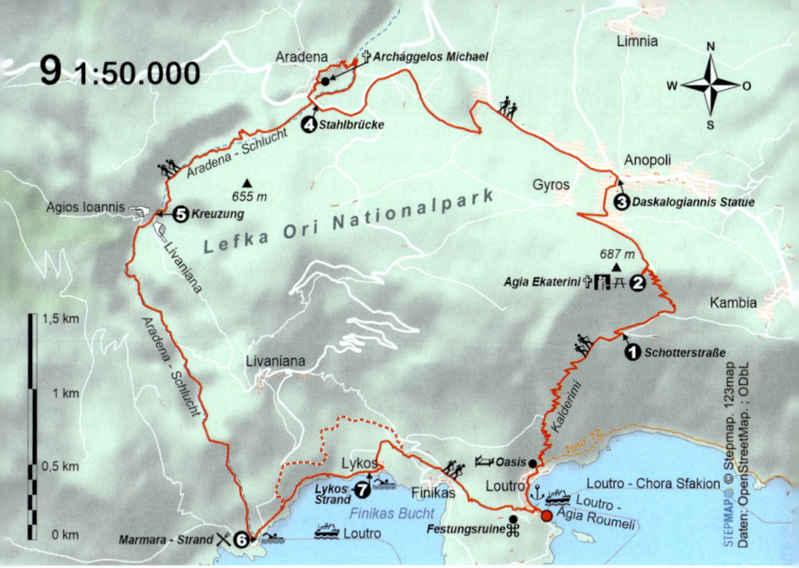

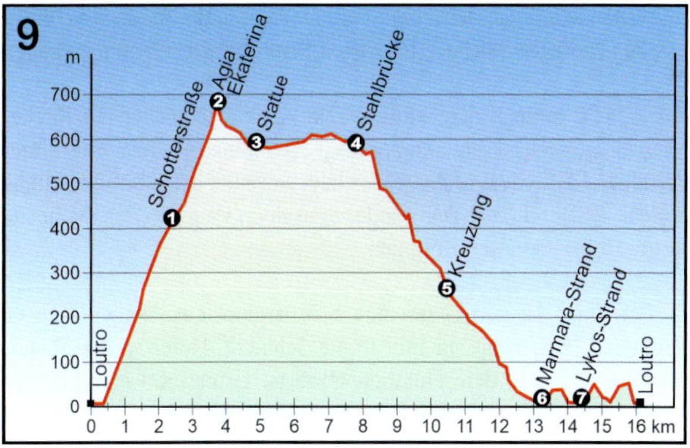

der Straße gehen Sie geradeaus auf dem alten, steinigen Fußweg leicht aufwärts (gelbe Markierungen). Nach etwa 100 m ist es einfacher, etwa 10 Min. auf der parallel verlaufenden Schotterstraße bis zu einer Asphaltstraße zu gehen, der Sie nach links folgen. Nach 800 m erreichen Sie die spektakuläre und aussichtsreiche Stahlbrücke über die Aradena-Schlucht ❹, deren mit Holz kombinierte Konstruktion beim Hinüberfahren von Autos einen weithin hörbaren Krach verursacht (km 7,8).

Brücke und Blutrache bei Aradena

Die eiserne Brücke über die Aradena-Schlucht wurde 1986 von der Familie Vardinogiannis gestiftet. Neben der heutigen Brücke befand sich in der Antike die Stadt Aradin, die in römischer, byzantinischer und venezianischer Zeit besiedelt war. Sowohl Anopoli als auch Aradin wurden durch die ottomanischen Türken zerstört. Die Ruinen sind nahe dem (verfallenen) Dorf Aradena erkennbar. Aradena wurde in den 1950ern anlässlich einer Lappalie aufgegeben: Der Legende nach stritten sich zwei Jungen um eine Ziegenglocke. Der nachfolgende Konflikt zwischen den beteiligten Familien resultierte in einer blutigen Vendetta, die zum Tod fast aller Einwohner geführt haben soll. Die wenigen Überlebenden zogen nach Anopoli. Derzeit beanspruchen einige Nachkommen ihren alten Besitz zurück und beginnen, einige alte Häuser zu renovieren.

Sie gehen über die Brücke und passieren einen kleinen Kiosk.

✕ Kiosk mit Kleinigkeiten bei Brücke und WC an der Rückseite, Ende April-Ende Oktober täglich 8:30-21:00

Neben dem Kiosk startet der Pfad hinunter in die Aradena-Schlucht und zur Kirche des Erzengels Michael. Sie folgen den roten Pfeilen zum Eingang der Schlucht.

100 m nach dem Kiosk ist ein kleiner Abstecher zur Kirche Archággelos Michael möglich (➲ hin und zurück 120 m), ausgeschildert als „Temple" (schwarzer Pfeil). Diese dem Erzengel Michael geweihte byzantinische Kirche geht zurück auf das 14. Jh. Sie nehmen wieder denselben Weg von der Kirche zurück, um der Route weiter hinunter zu folgen.

Bei einem kleinen Gatter (km 8,2) beginnt der Abstieg über einen schönen Saumpfad (*kalderimi*) hinunter in die Schlucht. Unten in der Schlucht gehen Sie rechts und folgen dem Flussbett abwärts. Grüne und rote Markierungen sowie Pfeile zeigen den optimalen Weg durch die Schlucht, Sie kommen dabei unter der Brücke hindurch. Nach 1 km bzw. 20 Min. erreichen Sie einen Punkt (km 9,3), ab dem zwei Varianten möglich sind: geradeaus abwärts über eine Leiter (gefährlich wegen Steinschlaggefahr!) oder (empfohlen!) rechts über Steinstufen um diesen Abschnitt herum.

Auch bei der rechten Umgehung müssen Sie wegen einiger ausgesetzter Stellen sowie des stellenweise unterbrochenen Geländers aufpassen. Gehen Sie langsam und vorsichtig!

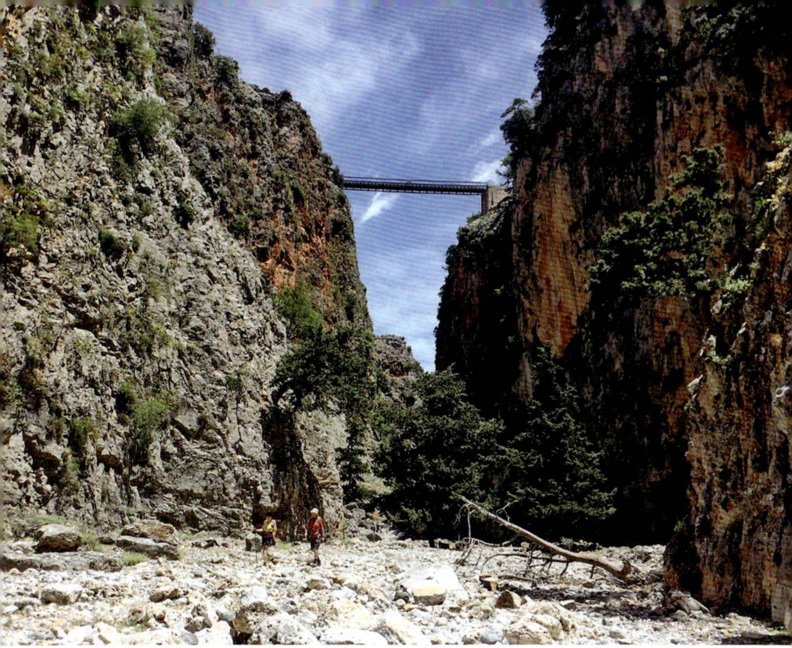

Die eiserne Brücke über der Aradena-Schlucht

Nach einem flacheren Abschnitt der Schlucht erreichen Sie eine Kreuzung von Wegen ❺ (km 10,5). Nach links geht es in das Dorf Liviana, aber Sie gehen weiter abwärts Richtung Strand (Schild: „the beach") und ignorieren den rechts abzweigenden Weg nach Agios Ioannis (☞ Tour 13). Nach weiteren 30 Min. Abstieg durch die Schlucht zweigt links wieder ein – mit blauen Punkten markierter – Weg nach Liviana ab (km 11,7), aber Sie folgen weiter dem Weg abwärts durch die Schlucht, in deren letztem Abschnitt die Felswände zunehmend dramatischer wirken, ehe Sie den **Strand von Marmara** ❻ (km 13,3) mit Einkehr- und Badegelegenheit erreichen.

✕ Taverne Dialeskari beim Marmara-Strand, ☏ 28 25 77 22 99, Sommersaison (April-Oktober) täglich 7:30-23:30

Auf der anderen Seite des Strandes führt Sie der Pfad wieder aufwärts. Nach einigen Minuten erreichen Sie eine Gabelung, wo Sie zwischen zwei Varianten wählen können: Für Nicht-Schwindelfreie empfiehlt sich der links aufwärtsführende, als Alternative beschriebene Weg.

Variante oberhalb der Küste für Nicht-Schindelfreie (zusätzlich ➲ 0,4 km und ⇧ 80 Hm)

Um die ausgesetzten Stellen der regulären Route zu umgehen, halten Sie sich bei der Gabelung links und folgen dem steinigen Pfad in Serpentinen aufwärts. Wenn der Weg breiter wird, gehen Sie weiter geradeaus und erreichen eine Schotterstraße (später Asphalt), der Sie rechts für 1,3 km folgen. Bei einer Gabelung halten Sie sich links und nehmen kurz darauf einen rechts abzweigenden Pfad Richtung Loutro. Bei der T-Kreuzung mit einem anderen Weg gehen Sie links und folgen ab hier der Beschreibung ab km 14,8.

Die „normale" Route führt bei der Gabelung geradeaus weiter entlang steiler Küstenklippen. Stellenweise müssen Sie die Hände zu Hilfe nehmen; an einigen ausgesetzten Stellen geht es rund 20 m abwärts. Schließlich steigen Sie wieder zum Meeresniveau ab und wandern entlang der Küstenlinie zum **Strand von Lykos** ❼. Dort passieren Sie die Taverne Akrogiali und gehen kurz darauf über die Terrasse der Taverne Nikos die Treppen aufwärts und durch ein Gatter.

✕ Akrogiali-Taverne, ☏ 28 25 09 14 46, in der Sommersaison (Mitte April-Ende Oktober) täglich 8:00-23:00

♦ Nikos Restaurant The Small Paradise, ☏ 28 25 09 11 25, in der Sommersaison (Mitte April-Ende Oktober) täglich 7:00-0:00

Sie folgen dem Weg links und erreichen Ställe für Schafe und Ziegen. Weiter geht es auf der Asphaltstraße aufwärts und an deren Ende durch die Rechtskurve. Nach etwa 40 m nehmen Sie in einer scharfen Linkskurve den geradeaus aufwärtsführenden Weg (gelb-schwarze Markierungen). Sie passieren einen Zaun und erreichen ein kleines Plateau. Kurz darauf passieren Sie eine linke Abzweigung nach Liviana (km 14,8), von wo Sie bei der schwindelfreien Variante kämen. Sie ignorieren diese genauso wie kurz darauf eine rechte Abzweigung nach Finikas. Bei der Asphaltstraße gehen Sie links und nach wenigen Metern rechts, um dem Pfad aufwärts auf die Hochfläche zwischen Phoenix und Loutro zu folgen.

Sie passieren einen großen Affenbrotbaum und kurz darauf die venezianische Festung oberhalb von Loutro. Nach rund 100 m nehmen Sie auf halber Höhe abwärts den rechts abzweigenden Weg hinunter nach Loutro, das Sie bei der Terrasse des Hotel-Restaurants Madares erreichen. Auf der Uferpromenade gehen Sie rechts und erreichen vorbei an Cafés den Hafen für die Fähre. Rechts können Sie im Kassenhaus die Fahrkarte lösen.

10 Abgelegene Berglandschaft auf dem Niato-Plateau

Tour für Ruhe liebende Bergfreunde

Diese schöne Bergwanderung beginnt in Imbros, am Startpunkt der Wanderung in die Imbros-Schlucht (☞ Tour 11), und führt Sie in den einsamen östlichen Teil der Weißen Berge, wo Ihnen wenige Menschen begegnen, dafür umso mehr Ziegen, Schafe und kreisende Geier. Das 1.200 m hoch gelegene Niato-Plateau dient Schafen als Frühjahrs- und Sommerweide und wird überragt vom Berg Kastro (⇧ 2.219 m). Auf einem alten Pfad wandern Sie durch schattigen Zypressenwald abwärts in das Dorf Ammoudari und weiter über das Askifou-Plateau zurück nach Imbros.

↻ Start/Ziel: Dorf Imbros am Minimarkt Xiras, GPS N 35°15.280' E 024°10.313'

15,4 km

⧗ 5 Std. bis 5 Std. 30 Min.

↑↓ 700 m/700 m

⇧ 686-1.221 m

bis zum Niato-Plateau blaue Punkte, am Pfad abwärts durch Wald E4-Wegweiser

Die steinigen Pfade sind manchmal nur mit Mühe erkennbar, aber durchgehend (gut) markiert. Außerdem wandern Sie auf Schotterwegen.

✕ Café/Taverne/Minimarkt Xiras in Imbros am Start/Ende der Wanderung sowie weitere Tavernen in Imbros. In Ammoudari (km 10,6) gibt es zwei einfache Cafés.

keine Bänke oder offiziellen Rastplätze

Minimärkte in Imbros und in Ammoudari

nur geeignet für ältere Kinder mit guter Bergerfahrung und Kondition

Hunde können mit, aber werden auf der langen und steinigen Strecke (scharfkantiger Kalkstein) gefordert! Es gibt einen Brunnen mit Wasser, das für Schafe genutzt wird. Vorsicht wegen der vielen Schafe und Ziegen unterwegs!

P Jede Einkehrgelegenheit in Imbros hat einen eigenen Parkplatz, die meisten kostenfrei.

Der Bus hält in Imbros direkt am Minimarkt Xiras am Start der Tour. Abfahrten von Chora Sfakion nach Imbros täglich um 7:00, 11:00 und 18:15, von Chania nach Imbros täglich um 8:15 und 14:00, von Imbros nach Chania täglich um 7:30 und 19:00, www.e-ktel.com

Vom Minimarkt Xiras (und der Bushaltestelle) folgen Sie der Hauptstraße in südliche Richtung.

Taverne/Café/Minimarkt Xiras in Imbros, ☏ 28 25 09 52 77, 69 55 54 11 26, täglich 7:30-22:00

Nach 200 m biegen Sie bei einer weißen Kapelle mit einem roten Dach zur Rechten rechts ab (Schild: „villa Arxontiki"). Sie folgen der Asphaltstraße, die in einer Rechtskurve um die Kapelle führt – links ist ein großes Wasserreservoir aus Beton mit einer ebenen Fläche und darauf gezeichnet eine große griechische Flagge. Nach 150 m nehmen Sie links die steinige Schotterstraße (blauer Pfeil), die bald betoniert ist und gemächlich aufwärtsführt. Nach 280 m ignorieren Sie eine linke Abzweigung, um nach 60 m in einer Rechtskurve den links abzweigenden, steinigen Pfad zu nehmen, markiert mit blauen Punkten (km 0,7). Diesem Pfad folgen Sie durch einen Zypressenwald aufwärts zu einer breiten Schotterstraße (km 1,4). Bei dieser Schotterstraße biegen Sie nach links ab und folgen dem steinigen Pfad (blaue Punkte) 200 m zur Schotterstraße, der Sie links folgen. Nach 700 m erreichen Sie einen Zaun ❶ (öffnen und wieder schließen!), wo Schafe zur Milchproduktion gehalten werden (km 2,4). Nach dem Zaun halten

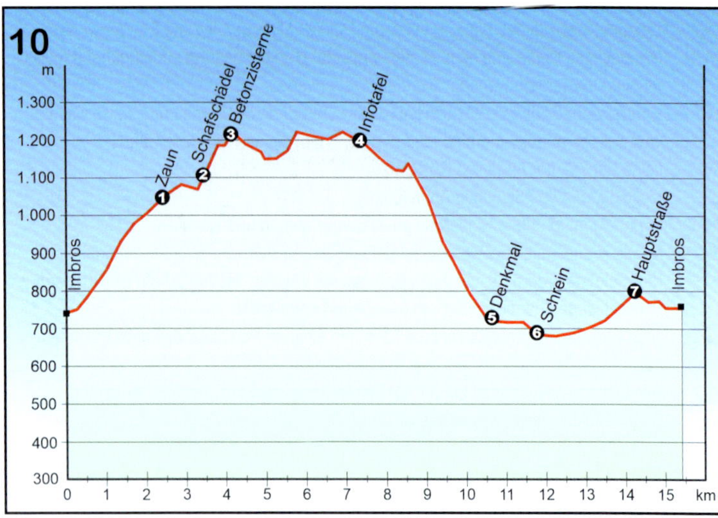

Sie sich etwas links und müssen möglicherweise einen weiteren Zaun öffnen (und wieder schließen). Sie folgen dem jetzt steinigen Weg etwa 300 m, ehe dieser bei einem Plateau in einen Pfad übergeht. Sie folgen diesem und passieren eine alte steinerne Zisterne (km 3,1). Weiter geht es auf große Bäume zu und von hier leicht links auf die nächste Baumgruppe zu. Ein Pfad ist nur mit Mühe erkennbar, dafür aber blaue Punkte. Nach rund 100 m gehen Sie bei einem großen Stein mit einem großen blauen Punkt – und darauf einem Schafschädel ❷ (km 3,5) – links aufwärts.

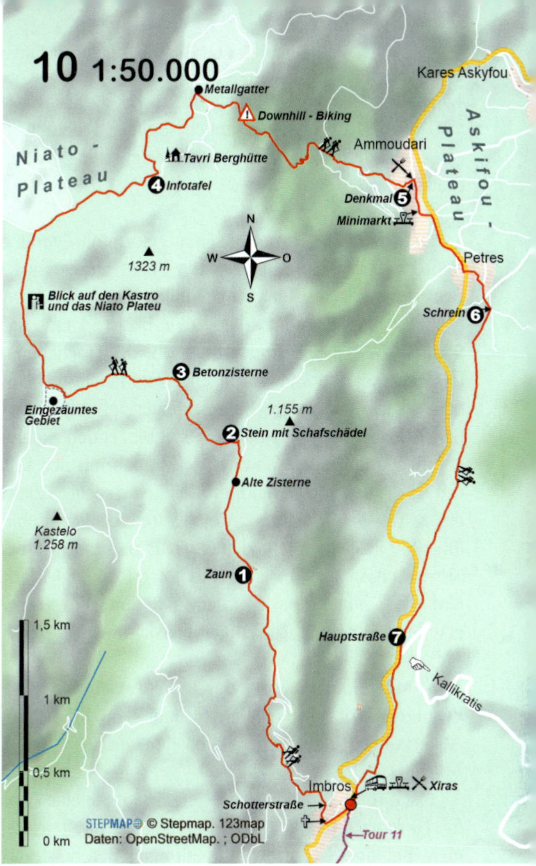

Sie gehen rechts von einem kleinen Tal weiter aufwärts, die blauen Wegpunkte im Blick. Hier ist der Pfad kaum sichtbar, aber Sie gehen gleichmäßig aufwärts und halten sich nach etwa 250 m etwas rechts, um weiter durch hohes Gras anzusteigen. Nach dem Anstieg erreichen Sie ein kleines Plateau (km 3,8), queren dieses und halten sich links (blaue Punkte), um weiter hinaufzusteigen. Vor Ihren Augen erscheint der Berg Kastro.

Bei einem weiteren kleinen Plateau mit einer Wasserzisterne aus Beton ❸ (km 4,1) halten Sie sich links und folgen dem Pfad mit vielen lockeren Steinen leicht abwärts. Vorbei an einigen kleinen Plateaus führt der Pfad abwärts und nach 900 m zu einem umzäunten Gebiet zur Linken (km 5).

✋ Hier biegen Sie rechts ab, rechts am Zaun entlang (blaue Punkte). Nach 180 m führt der Zaun weiter in südliche Richtung, Sie aber halten sich rechts. Neue Markierungen helfen bei der Wegfindung: blaue Quadrate auf weißem (quadratischem) Grund.

Der Pfad führt vorbei an schön geformten Zypressen leicht aufwärts. Nach 15 Min. erreichen Sie den höchsten Punkt dieser Tour (km 5,8, ⇧ 1.221 m) mit Blick auf das Niato-Plateau vor Ihnen und dem Kastro-Gipfel zur Linken.

Sie wandern abwärts durch eine bizarre Landschaft mit sonderbar geformten Steinen. Bei einer Schotterstraße auf der Hochebene halten Sie sich rechts und folgen dieser über die Hochfläche. Bald taucht rechts vor Ihnen das weiße Gebäude der **Tavri-Berghütte** auf. Bei einer Infotafel über die sfakische Schlucht ❹ (km 7,3) folgen Sie bei der rechts abbiegenden Zufahrtsstraße der Schotterstraße geradeaus und leicht abwärts, jetzt auch mit den schwarz-gelben Markierungen des E4. Nach 800 m ignorieren Sie eine rechte Abzweigung, um kurz darauf bei einem E4-Pfahl durch ein Metallgatter rechts abzubiegen (km 8,3). Dieser Pfad führt Sie links an einem kleinen Haus und einem großen Wasserreservoir vorbei. Sie halten sich leicht links und folgen den E4-Markierungen zu einem Gatter (km 8,5), hinter dem Sie der Pfad durch Zypressenwald abwärtsführt. Unten erkennen Sie die Hochfläche von Askifou.

✋ Der Pfad abwärts durch Zypressenwald wird auch für Downhill-Biking genutzt – Vorsicht! Bleiben Sie auf dem Pfad und meiden Sie die (steileren) Abkürzungen, die Bikern vorbehalten sind.

Nach rund 35 Min. Abstieg erreichen Sie eine Asphaltstraße und folgen dieser für 15 m nach rechts, um danach links den weiter abwärtsführenden Pfad zu nehmen. Bei einer Schotterstraße mit einer Betonzisterne zur Linken gehen Sie links und nach 80 m rechts auf einen Pfad. Auf einer Asphaltstraße angekommen halten Sie sich links und folgen dieser abwärts in das Dorf **Ammoudari** zu einer T-Kreuzung mit einer gepflasterten Fläche und einem Kriegsdenkmal auf der rechten Seite ❺ (km 10,6). Links lädt eine traditionelle Einkehrgelegenheit zur Rast ein.

✕ Nektarios Café/Taverne, ☏ 28 25 09 52 28, Mo-Fr 12:00-23:00, Sa 10:00-23:00, So 9:00-23:00

Bei der T-Kreuzung gehen Sie rechts und passieren nach 300 m eine Einkaufsgelegenheit.

♦ Minimarkt Kafkalas, 7:00-21:00

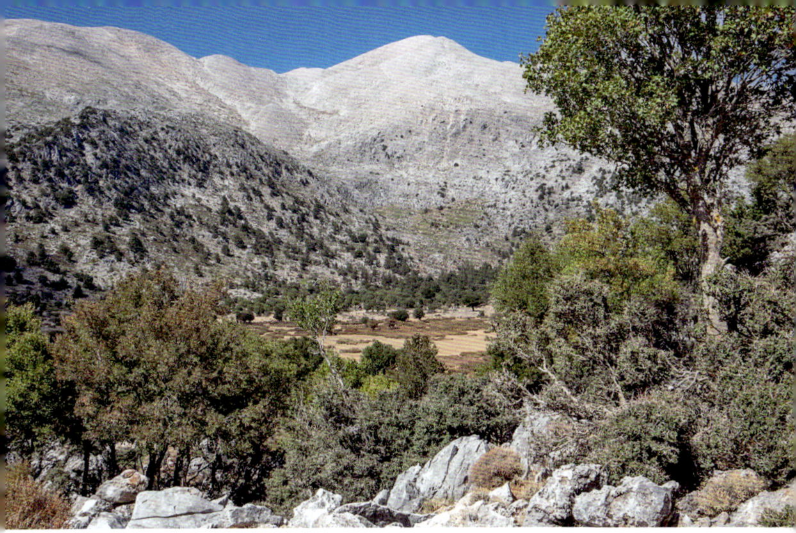

Kastro-Gipfel mit Niato-Plateau

100 m nach dem Supermarkt folgen Sie der Hauptstraße rund 500 m nach rechts, vorbei an einer kleinen Käsefabrik. Bei den ersten Häusern eines Weilers (Petres) zur Linken biegen Sie links in die kleine abwärtsführende Betonstraße ab (kleiner Walnussbaum an der Ecke). Nach 100 m halten Sie sich bei einer T-Kreuzung rechts und nach einer Linkskurve bei einer weiteren T-Kreuzung wieder rechts (vor einem Haus mit Windmühle). Sie folgen der Straße 80 m und verlassen sie bei einer Linkskurve, wo Sie geradeaus dem Weg folgen, der Sie zu einer Kreuzung mit einem kleinen, weißen Schrein zur Rechten führt ❻ (km 11,8). Hier gehen Sie rechts (Richtung Telefonleitungen) und folgen der Schotterstraße für 250 m zu einer Gabelung, wo Sie sich links halten. Sie folgen der Schotterstraße – möglicherweise an einigen Viehzäunen vorbei – und ignorieren nach 750 m einen rechts abzweigenden Betonweg. Sie gehen leicht aufwärts auf einem jetzt breiten, steinigen Weg und erreichen nach 1,4 km wieder die Hauptstraße ❼ (km 14,2). Sie folgen der Straße, ignorieren die linke Abzweigung nach Kallikratis und nehmen nach 130 m die links abzweigenden, steinigen Schotterstraße, die Sie nach 450 m wieder an die Hauptstraße heranführt – mit den Häusern von Imbros vor Ihnen. Hier nehmen Sie links den steinigen Pfad, der auf eine Steinmauer zuführt. Am ersten Haus von Imbros erreichen Sie eine kleine Asphaltstraße, folgen ihr für 150 m nach rechts und halten sich dann leicht links. Sie passieren den kürzlich restaurierten Dorfbrunnen und gehen geradeaus auf die Hauptstraße zu und auf dieser geradeaus zum Startpunkt beim Minimarkt/Café Xiras.

11 Durch die Imbros-Schlucht

WC

Wanderung für Landschaftsgenießer

Die Schlucht von Imbros gilt nach der von Samaria als die zweitbeliebteste Schlucht Kretas und wird daher auch „kleine Schwester von Samaria“ genannt. Die nur 7 km lange Imbros-Schlucht bietet beeindruckende Landschaften und ist an der schmalsten Stelle gerade mal 1,6 m breit! Die Schlucht endet am Dorf Komitades mit schönen Blicken auf das Meer. Von hier können Sie entweder zum idyllischen Küstendorf Chora Sfakion weiterwandern oder optional ein Taxi dorthin oder zum Startpunkt in Imbros nehmen.

→ Start: im Dorf Imbros beim Minimarkt Xiras und dem Eingangsschild Richtung Schlucht, GPS N 35°15.281' E 024°10.314'; Ziel: Parkplatz in Chora Sfakion, GPS N 35°12.094' E 024°08.235'

11,3 km

4 Std.

↑ ↓ 145 m/905 m

7-783 m

einige wenige Wegweiser, von Komitades nach Chora Sfakion stellenweise rote Punkte

in der Imbros-Schlucht steiniger Pfad, zwischen Komitades und Chora Sfakion ebenfalls steinige Pfade sowie Schotterstraße und ein kleines Stück Straße und Stufen

am Anfang (Imbros) und Ende der Schlucht (Komitades, km 7) einige Cafés/Tavernen, am Ende Tour in Chora Sfakion noch größere Auswahl an Einkehrgelegenheiten

Rastplatz auf halbem Weg durch die Schlucht (km 3,7)

WC am Rastplatz (km 3,7)

Minimarkt bei Café/Taverne Xiras in Imbros am Touranfang. In Chora Sfakion gibt es am Ziel einen Minimarkt am Parkplatz.

am Ende der Tour zwei kleine Strände in Chora Sfakion

Bis Komitades ideale Tour für Kinder: kurz, schattig, spektakulär unter Felswänden und gleichmäßig abwärts. Ab Komitades (km 6,8) gibt es keinen Schatten mehr, daher ist der Weg ab dort weniger kindergeeignet. Sie können die Tour hier beenden und mit dem Taxi zurückfahren.

Offiziell sind Hunde in der Schlucht nicht erlaubt, werden aber am Eingang gelegentlich an der Leine akzeptiert.

P Jede Einkehrlokalität in Imbros hat ihren eigenen Parkplatz (die meisten gratis).

Bushaltestelle in Imbros am Minimarkt Xiras, dem Startpunkt: Verbindungen von Chora Sfakion nach Imbros und weiter nach Chania täglich um 7:00, 11:00 und 18:30, von Chania nach Imbros täglich um 8:15 und 14:00, www.e-ktel.com

Taxi in Chora Sfakion: Taxi Sfakia, ☎ 28 25 09 12 69, 69 72 69 01 39, www.taxi-sfakia.com, Taxitarife (ca.): Komitades – Chora Sfakion € 10, Komitades – Imbros € 20, Chora Sfakion – Imbros € 30

Sie können die Tour optional auch in Komitades (bei km 6,8), GPS N 35°12.474' E 024°10.239', beenden und von dort ein Taxi nehmen.

Für diese Tour muss in der Sommersaison (April-Oktober) Eintritt an dem (ersten) Kassenhäuschen (km 1) gelöst werden (€ 2,50, Kinder unter 8 Jahren frei). Außerhalb dieser Zeit sind die Kassenhäuschen nicht besetzt.

Die Tour beginnt bei der Taverne Xiras mit benachbartem Minimarkt.

Taverne/Café und Minimarket Xiras, ☎ 28 25 09 52 77, 69 55 54 11 26, täglich 7:30-22:00

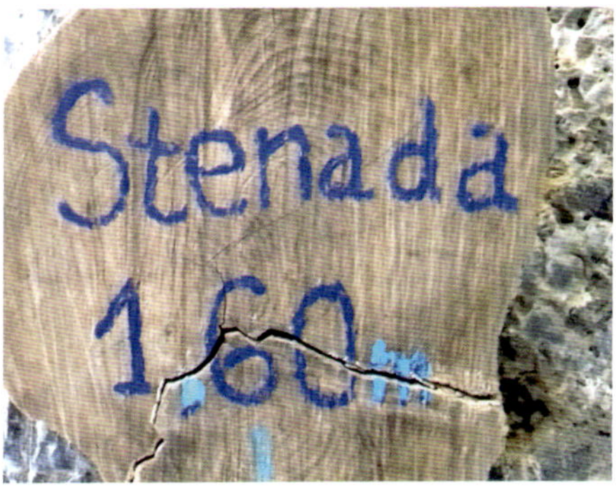

Stenada

Vom Minimarkt folgen Sie dem Wegweiser Richtung „Imbros Gorge" und wandern in die kleine Straße vor der Taverne Kalinorisma. Nach 5 Min. biegen Sie rechts in den Weg ein und folgen diesem 10 Min. zum **Kassenhäuschen** der **Imbros-Schlucht** ❶ (km 1).

Die Route führt bis zum Dorf Komitades durch die Schlucht bzw. direkt daneben. Es geht immer geradeaus Richtung Küste bzw. Komitades. Bis dahin ist der Weg ein Selbstläufer. Unterwegs laden mehrere von Bäumen beschattete Plätze zur Rast ein. In der Schlucht sind Teile des alten Maultierpfades nach Sfakia erkennbar. An der schmalsten Stelle, genannt **„Stenada"**, misst die Breite der Schlucht gerade mal 1,6 m (km 3,6)! Kurz darauf erreichen Sie einen Rastplatz mit Wärterhäuschen und Toiletten ❷ (km 3,7). Weiter geht es durch die zunehmend breiter werdende Schlucht mit einem natürlich geformten Steinbogen als nächsten „Hingucker" ❸ (km 5,5).

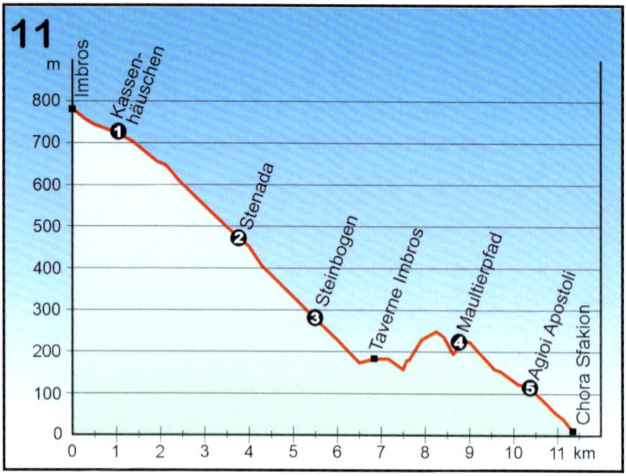

Nach 1 km erreichen Sie ein weiteres Kassenhäuschen (km 6,6), wo Sie in der Regel Ihre Eintrittskarte vorzeigen müssen. Nach diesem Häuschen nehmen Sie bei der Gabelung den rechten Pfad (Schilder Richtung Taverne Meltemi und Taverne Imbros) und folgen ihm zur Asphaltstraße in Komitades bei der Taverne Imbros und daneben der Taverne Meltemi (km 6,9). Die Taverne Imbros ist die empfehlenswertere und am zuverlässigsten geöffnete.

Taverne Imbros in Komitades, 69 32 66 17 14, in der Saison (April-Anfang November) täglich durchgehend von morgens bis abends

Alle Tavernen in Komitades bieten einen Taxiservice zurück nach Imbros oder weiter nach Chora Sfakion an. Andernfalls kontaktieren Sie Taxi Sfakia (s. o.).

Optional können Sie durch die Imbros-Schlucht zurückgehen (die Eintrittskarte ist einen ganzen Tag gültig, also auch für den Rückweg).

Bei der Asphaltstraße gehen Sie rechts in das überschaubare Zentrum von **Komitades** mit seiner Kirche und einigen weiteren Tavernen. Sie folgen der Straße aus dem Ort heraus und nehmen nach einer Linkskurve mit Ställen auf der rechten Seite sowie einem Stromleitungsmast (km 7,5) den kleinen, rechts aufwärtsführenden Pfad, markiert mit roten Punkten. Bei dem Anstieg müssen einige Gatter geöffnet (und wieder geschlossen) werden. Bei Ställen für Ziegen und Schafe wird der Weg breiter und erreicht die Hauptstraße zwischen Chora Sfakion und Vrisses (km 7,9), der Sie nach rechts aufwärts folgen. Nach 300 m verlassen Sie die Straße links auf einem breiten Steinweg, der abwärtsführt und einen Blick hinunter in die Sfakia-Schlucht bietet. Nach 150 m zweigen Sie vor einem umzäunten Areal für Schafe links ab und nach 100 m rechts auf einen mit roten Punkten markierten Pfad hinunter in die Sfakia-Schlucht (km 8,4).

Unten wandern Sie 100 m in nordwestliche Richtung landeinwärts und queren das Flussbett, um auf der anderen Seite den links aufwärtsführenden Maultierpfad zu nehmen ❹ (km 8,7), der Sie aus der Schlucht herausführt. Bei Stallgebäuden verbreitert sich der Pfad zu einem Schotterweg, dem Sie leicht abwärts folgen. Nach 450 m macht der Pfad bei einem umzäunten Areal für Schafe und vor einigen Strommasten eine Linkskurve (km 9,5).

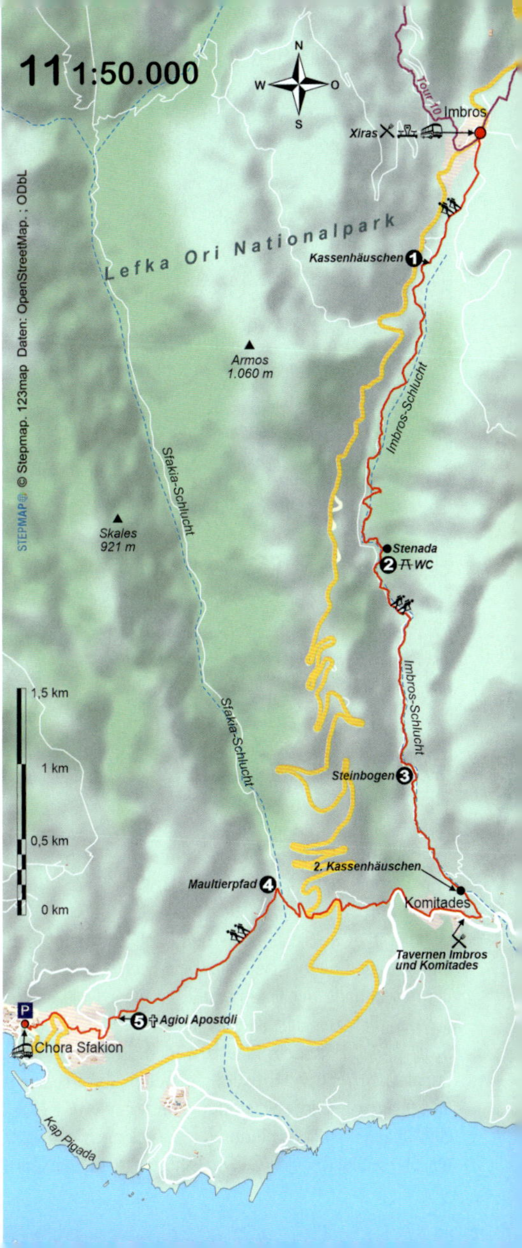

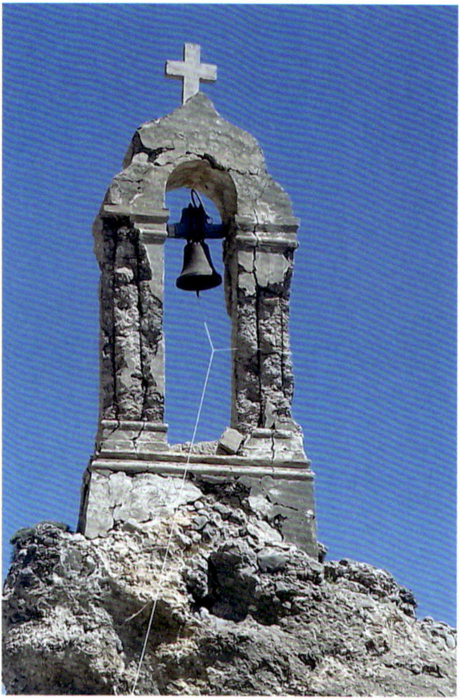

Glockenturm von Agioi Apostoli

Hier nehmen Sie rechts den schmalen Pfad auf der linken Seite um das Areal herum. Auf den ersten 50 m ist der Pfad etwas undeutlich; er führt in ein kleines Tal und auf der anderen Seite weiter – jetzt besser erkennbar und mit roten Punkten markiert. Bei einem Haus wird der Weg breiter. Kurz darauf erreichen Sie die alte **Kirche Agioi Apostoli** mit einem separaten Glockenturm ❺ (km 10,3).

Bei der Kirche halten Sie sich rechts und biegen nach 30 m links in eine abwärtsführende Asphaltstraße ein. Bei einer nach 150 m folgenden Kreuzung wandern Sie geradeaus, um nach 50 m rechts abwärtszugehen und 200 m weiter eine kleine, weiße Kapelle mit einer Sonnenuhr daneben zu erreichen (km 10,9).

Hier biegen Sie links in den steil abwärtsführenden Pfad mit Betonstufen ab. Unten folgen Sie der Asphaltstraße nach rechts, vorbei an der Polizeistation. Weiter geht es entlang der Hauptstraße zu einer Linkskurve mit den „Mesochori studios" auf der rechten Seite (km 11,1), wo Sie nach rechts abwärtsgehen. Am Ende der Straße folgen Sie dem Pfad bzw. den Stufen abwärts, queren unten die Straße diagonal nach rechts und wandern weiter abwärts zur nächsten Straße und dem P Parkplatz von **Chora Sfakion**, wo die Wanderung endet (km 11,3). Hier gibt es eine Bushaltestelle mit Verbindungen zurück nach Imbros (s. o.). Etwas weiter unten bietet Chora Sfakion viele Einkehrgelegenheiten sowie zwei kleine Strände.

12 Von Chora Sfakion nach Loutro

Tour für Landschafts- und Badefreunde

Ein kurzer, aber an Höhepunkten reicher Abschnitt des E4 verbindet die beiden Küstenorte Chora Sfakion und Loutro miteinander. Von Chora Sfakion wandern Sie zunächst westwärts zum beeindruckenden Süßwasserstrand Glyka Nera. Erstaunlich: Trotz der Nähe zum Meerwasser gibt es hier Quellen mit reinem Süßwasser. Das Ziel Loutro ist ein autofreies Urlaubsparadies in einer malerischen Bucht. In Loutro angekommen folgt ein kurzer Abstecher zu den Ruinen einer venezianischen Burg und nach Finikas an der Südküste.

→ Start: Parkplatz am Ortseingang von Chora Sfakion, GPS N 35°12.097' E 024°08.229'; Ziel: Hafen von Loutro, GPS N 35°11.891' E 024°04.781'

9,9 km

3 Std.

↑↓ 340 m/340 m

⇧ 0-84 m

gelb-schwarze E4-Markierungen sowie von Loutro nach Finikas blaue Pfeile

Der erste Teil führt über eine wenig befahrene Asphaltstraße. Der steinige Pfad zum Süßwasserstrand geht spektakulär am Hang entlang, über einige leicht ausgesetzte Stellen. Unterwegs gibt es so gut wie keinen Schatten.

Es gibt viele Einkehrgelegenheiten in Chora Sfakion und Loutro. Dazwischen finden Sie eine einfache Strandbar am Süßwasserstrand sowie in Finikas ein Café/Restaurant (km 8,8). Am Strand gibt es Löcher, wo Sie Ihre Flasche mit Süßwasser auffüllen können (km 3,4).

Am Süßwasserstrand können Sie beschattet unter Bäumen rasten (km 3,4). Bei der Kapelle Timios Stavros laden Bänke zur Pause ein (km 4,3).

kleine Läden, Typ Tante Emma, in Chora Sfakion und Loutro

Badegelegenheiten am Süßwasserstrand (km 3,4) sowie kleine Strände in Loutro (km 7) und Phoenix (km 8,7)

Bei dieser ansonsten für Kinder gut geeigneten Tour müssen Sie lediglich bei den kurzen ausgesetzten Stellen zum Süßwasserstrand etwas aufpassen. Ansonsten sind die verschiedenen Strände, vor allem die mit Süßwasser, eine nette Abwechslung (und Abkühlung) für Kinder.

Die steinigen Pfade und der Mangel an Schatten bedeuten nicht nur für Menschen, sondern auch Hunde eine Strapaze. Immerhin gibt es unterwegs Trinkgelegenheiten für beide, darunter den Süßwasserstrand.

gebührenpflichtiger Parkplatz in Chora Sfakion am Start (€ 3 pro Tag)

Von Chania gelangen Sie mit dem Bus nach Chora Sfakion. Die Bushaltestelle ist am Parkplatz. Am Ende der Wanderung können Sie mit dem Schiff von Loutro nach Chora Sfakion und von dort mit dem Bus nach Chania zurückfahren. Der Bus fährt in der Sommersaison (April-Oktober) von Chania nach Chora Sfakion täglich um 6:45, 8:15, 11:00, 14:00 und 16:00, von Chora Sfakion nach Chania täglich um 7:00, 11:00, 13:30, 18:30. www.e-ktel.com

Schiffe verkehren zwischen Chora Sfakion und Loutro (Dauer: 20 Min., Tarif: € 6): von Chora Sfakion nach Loutro täglich ab 10:30 und dann stündlich bis 18:30, von Loutro nach Chora Sfakion täglich ab 8:50, dann stündlich bis 18:10, www.anendyk.gr. Wichtig: Die Linienschiffe sind nur in der Sommersaison (April-Oktober) im Einsatz! Eine teurere Alternative zu den Linienschiffen sind die ganzjährig verkehrenden Taxiboote. Tarif für 1-4 Personen von Loutro nach Chora Sfakion oder zurück ca. € 40, 69 78 64 52 12.

Ohne den letzten Teil nach Finikas (und zurück) sparen Sie 2,7 km und 45 Min.

Blick auf den Süßwasserstrand

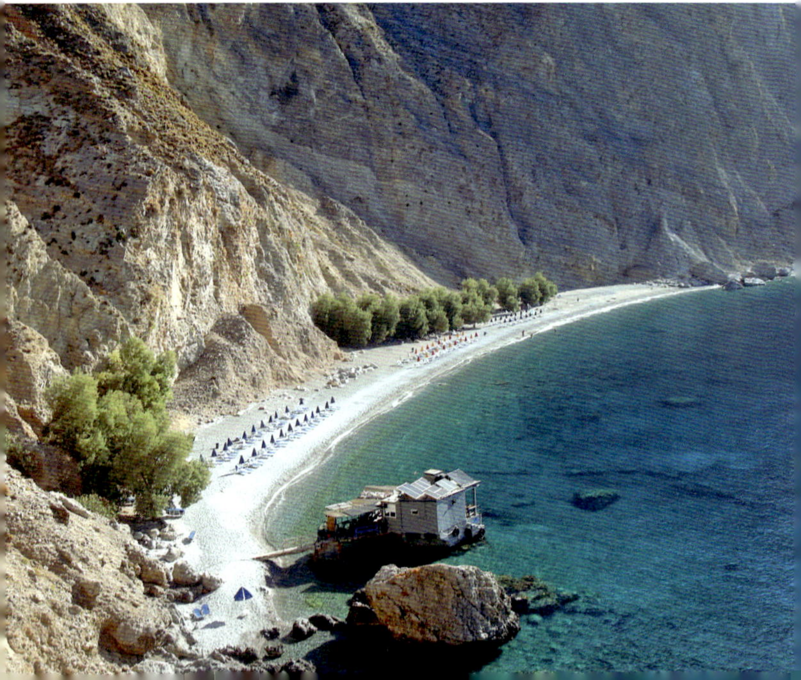

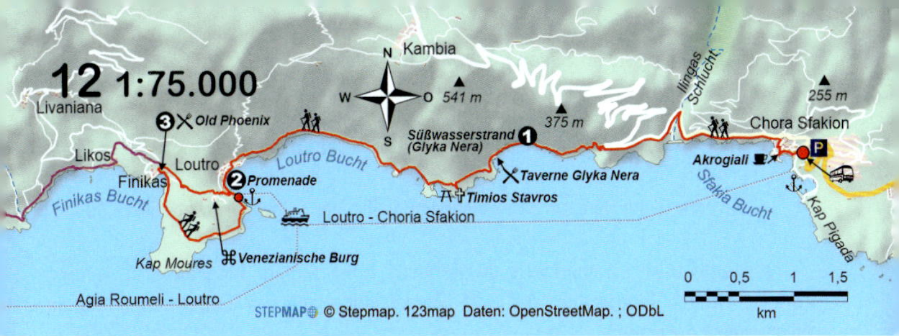

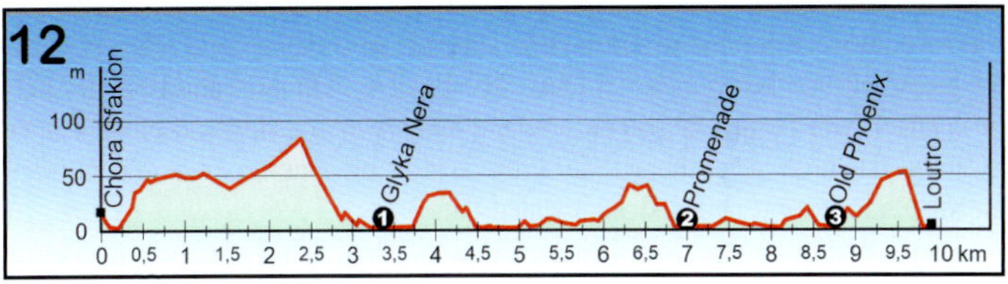

Vom Parkplatz am Ortsanfang von **Chora Sfakion** gehen Sie abwärts zum Kreisverkehr und dort rechts entlang mehrerer Restaurants zum Café Akrogiali. Dort biegen Sie rechts in eine betonierte Straße ein und folgen ihr 60 m bis zu einer Gabelung, wo Sie die Stufen links aufwärts nehmen (Aufkleber „The Cretan Way"). Dieser Stufenweg führt Sie aufwärts zu der nach Anopoli führenden und wenig befahrenen Asphaltstraße (km 0,4), der Sie links oberhalb des Ufers folgen – kurz darauf mit schönem Blick auf den kleinen Strand von Chora Sfakion, Vrissi. In der Ferne erkennen Sie bei klarem Wetter die 48 km entfernte Insel Gavdos. Nach 1,1 km passieren Sie die Abzweigung zum Strand bei Ilingas (km 1,6) und rechts die gleichnamige Schlucht. Bei der folgenden scharfen Rechtskurve (km 2,4) nehmen Sie den links abzweigenden Küstenpfad (Wegweiser E4, „Sweet Water Beach"). Das Zwischenziel, der Süßwasserstrand, ist unterhalb des Steilufers bereits erkennbar – genauso wie die Kapelle Timios Stavros. Der steinige Pfad führt in Serpentinen abwärts und dabei über eine kleine ausgesetzte Stelle. Kurz darauf erwarten Sie leichte Klettereinlagen über Felsen, ehe Sie den **Süßwasserstrand** erreichen ❶ (km 3,4).

Süßwasserstrand

Der Süßwasserstrand (griechisch „*Glyka Nera*") verdankt seinen Namen den unterirdischen Süßwasserquellen, deren Wasser in das Meer fließt. Das Wasser ist trinkbar, kann aber – je nach Wasserstand bzw. (südlicher) Windrichtung – etwas brackig sein, d. h., leicht salzig schmecken.

Sie passieren den Strand mit mehreren Löchern, gefüllt mit Süßwasser. Auf der anderen Seite können Sie sich bei der Strandbar erfrischen.

Taverne Glyka Nera am Süßwasserstrand, in der Saison täglich 10:00-17:30

Der gelb-schwarz markierte Küstenpfad führt Sie in 15 Min. zur weißen **Kapelle Timios Stavros** (km 4,3). Bänke laden hier zur Pause mit schönem Blick nach Loutro ein.

Nach der Kapelle steigen Sie hinunter zu einem kleinen Kiesstrand und danach wieder aufwärts bis auf etwa 50 m Höhe, ehe Sie am Anfang von Loutro ein Gatter passieren und bei dem Hotel Oasis Rooms dem Pfad links abwärts zur Uferpromenade von **Loutro** ❷ folgen. Entlang Restaurants, Cafés und eines kleinen Strandes flanieren Sie rechts auf der Promenade zum anderen Ende des autofreien Küstendorfes mit einem kleinen Hafen (km 7,2).

Hier könnten Sie die Tour beenden und mit dem Schiff nach Chora Sfakion zurückfahren oder Sie gehen, wie hier vorgeschlagen, nach Finikas weiter. Am Hafen beginnt ein gepflasterter Pfad, der Sie entlang des Ufers in 5 Min. zum Friedhof von Loutro führt. Weiter wandern Sie auf dem deutlichen und mit blauen Pfeilen markierten Pfad entlang des Ufers der Halbinsel. Unterwegs erinnern Ruinen an die Periode der venezianischen Besatzung. Auf der anderen Seite der Halbinsel erkennen Sie die Urlaubssiedlung Finikas mit ihren Apartments und dem kleinen Strand. Bei den ersten Apartments passieren Sie ein Tor und den kleinen Strand und gehen einige Stufen aufwärts nach **Finikas** mit einer Einkehrgelegenheit ❸ (km 8,8).

Old Phoenix, ☏ 28 25 09 12 57, www.old-phoenix.com, in der Saison (Mitte April-Anfang November) täglich 8:00-23:00

Von der Terrasse der Taverne gehen Sie die Stufen aufwärts (Wegweiser „Marmara Beach“ und blaue Pfeile), passieren eine kleine Kapelle sowie einen Zaun und wandern weiter aufwärts zu einer T-Kreuzung mit einem anderen Pfad, dem Sie rechts folgen (links geht es nach Marmara). Der Pfad führt Sie auf ein kleines Plateau. Bei einem großen Karobbaum erscheinen vor Ihnen die Ruinen der venezianischen Burg (km 9,5).

100 m nach der Burg nehmen Sie die (erste) Abzweigung nach rechts (blauweiße Markierung, „Ferry Boat“) und folgen dem Pfad abwärts zur Uferpromenade. Hier zweigen Sie nach rechts ab und erreichen am Promenadenende den Hafen. Rechts erhalten Sie im Kassenhäuschen Tickets für die Linienschiffe.

13 Zum Berg Papakefala und der Kormokopos-Höhle

Tour für Landschafts- und Badefreunde

Es gibt sie – Wanderungen auf Kreta, wo man fast ausschließlich im Schatten unterwegs ist! Eine davon ist diese schöne Tour, die im versteckt liegenden Dorf Agios Ioannis beginnt und durch einen dichten Kiefern- und Zypressenwald führt. Der Aufstieg auf den rund 1.000 m hohen Papakefala wird mit tollen Ausblicken belohnt. Durch Wälder wandern Sie zum Rand der Elias-Schlucht und zur Kormokopos-Höhle. Optional können Sie die Tour mit einem Abstecher auf den aussichtsreichen Kakos Poros krönen.

Schild Papakefala

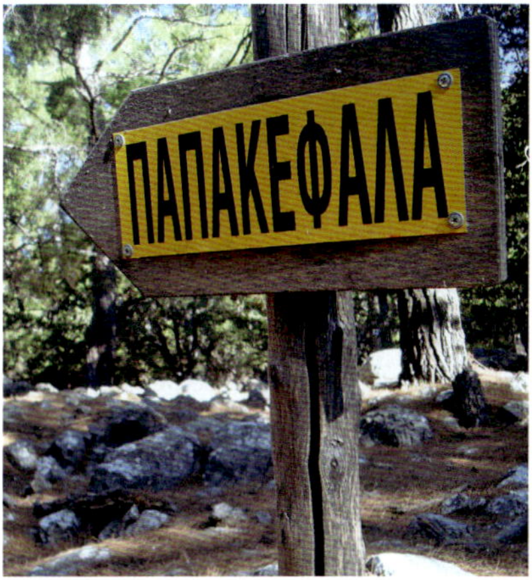

- Start/Ziel: Dorfeingang zu Agios Ioannis, GPS N 35°13.726' E 024°01.264'
- 9,1 km
- 3 Std.
- 440 m/440 m
- 738-1.023 m
- Der Weg ist gut blau-weiß markiert (blauer Punkt auf weißem Quadrat), der Teil zum Papakefala-Gipfel gelb-rot.
- Beinahe auf der ganzen Tour wandern Sie entlang eines schattigen, steinigen Pfades, zunächst gleichmäßig auf- und später abwärts. Der letzte Teil führt Sie kurzzeitig oberhalb eines Tals entlang, ist aber nicht sehr anstrengend.
- Alonia-Gasthaus mit Café/Taverne in Agios Ioannis (km 8,8)
- beschatteter, aussichtsreicher Rastplatz mit Tisch und Bank nahe dem Papakefala-Gipfel (km 2,7)
- Die Tour ist für Kinder gut geeignet: Es ist wegen des Schattens nicht zu heiß, es gibt keine steilen Anstiege und die Wanderung lässt sich abkürzen.

Hunde freuen sich über den Schatten, finden aber unterwegs kein Wasser. Es läuft/tropft manchmal etwas Wasser aus der Höhle, aber nicht immer. Also genug Wasser für Vierbeiner (Zweibeiner sowieso) mitnehmen!

Parkmöglichkeit auf dem Platz am Dorfeingang bei dem grünen Gatter (frei)

Chora Sfakion erreichen Sie von Chania mit dem Bus, weiter nach Agios Ioannis geht es mit dem Taxi. Busverbindungen in der Saison (April-Oktober) täglich: von Chania nach Chora Sfakion um 6:45, 8:15, 11:00, 14:00, 16:00, von Chora Sfakion nach Chania um 7:00, 11:00, 13:30, 18:30. www.e-ktel.com

Taxi von Chora Sfakion nach Agios Ioannis und zurück: Taxi Sfakia, 69 72 69 01 39, www.taxisfakia.com (Tarif: etwa € 35 pro Strecke)

Diese Tour führt Sie zum Gipfel des Papakefala und zur Kormokopos-Höhle – optional können Sie einen der beiden Punkte auslassen.

Agios Ioannis

Das kleine Dorf Agios Ioannis liegt 800 m hoch versteckt im Westen der Region Sfakia an den südlichen Ausläufern der bewaldeten Weißen Berge. Der Name geht auf die gleichnamige, dem heiligen Johannes geweihte Kirche aus dem 14. Jh. im Südosten des Dorfes zurück. Agios Ioannis zählte um 1900 noch 179 Einwohner, heute sind es nur noch 15, die überwiegend von der Viehhaltung leben.

Am Dorfeingang von Agios Ioannis wandern Sie beim grünen Gatter 80 m in Richtung einer Weggabelung. Hier gehen Sie links (Wegweiser „Alonia") und ignorieren nach 200 m die Abzweigung nach links (es sei denn, Sie wollen jetzt schon im Gasthaus „Alonia" einkehren). Kurz darauf biegen Sie bei einer Linkskurve der Straße nach links in den Schotterweg ein. Hier beginnt der Weg zur Kormokopos-Höhle (km 0,4), markiert mit einem blauen Punkt auf weißem, quadratischem Grund. Rechts erhebt sich majestätisch der Seranokefala (⇧ 2.099 m). Nach 250 m beginnt der Wanderpfad zum Papakefala bei einer Infotafel. Der anfangs nur weiß-blau markierte Weg führt gemächlich aufwärts durch einen schönen Wald mit Pinien und Zypressen und ist später gelb-rot markiert. 200 m nach einer Wasserzisterne aus Beton erreichen Sie eine Gabelung ❶ (km 2). Hier können Sie wählen, ob Sie (erst) links zum Papakefala-Gipfel gehen möchten (gelb-rot) oder geradeaus zur Höhle (weiß-blau). Hier ist zunächst der linke Weg zum Papakefala beschrieben: Nach der linken Abzweigung folgen Sie dem gelb-rot markierten Pfad gemächlich aufwärts. Nach 10 Min. erreichen Sie einen schönen, aussichtsreichen Rastplatz mit Bank (km 2,7).

Beim Rastplatz halten Sie sich links und wandern weiter zum Gipfel des **Papakefala** ❷ (km 2,9). Hier haben Sie eine tolle Aussicht – bis zum Strand und Hafen von Agia Roumeli sowie dem Ausgang der Samaria-Schlucht.

Sie gehen denselben Weg, den Sie gekommen sind, zurück, vorbei am Rastplatz mit der Bank bis zur Gabelung. Dort nehmen Sie links den Weg zur Höhle (optional rechts zurück nach Agios Ioannis). Der weiß-blau markierte Pfad führt Sie gemächlich aufwärts durch Wald. Nach 20 Min. bieten sich Ihnen schöne Blicke nach links hinunter in die Elias-Schlucht und weiter zur Küste. Der Pfad steigt leicht an. In der Ferne erkennen Sie die Höhle. Der Pfad wird etwas steiniger und führt Sie kurzzeitig oberhalb eines tiefen Tals entlang. Der Pfad endet vor der **Kormokopos-Höhle** ❸ (km 5,3). Die Höhle selbst ist keine besondere Sehenswürdigkeit, aber die aussichtsreiche Lage lädt zu einer Pause ein. Meistens fließt ein wenig Wasser ür Schafe und Ziegen von einer Quelle in einen hölzernen Trog f. Zurück geht es auf demselben Weg, den Sie gekommen sind.

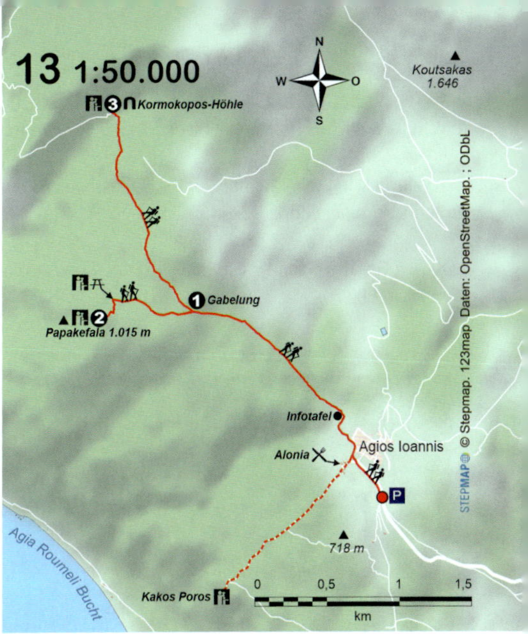

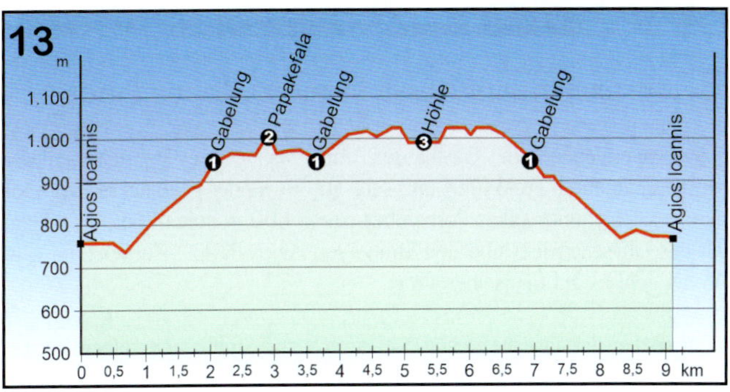

Nach 300 m führt ein Pfad links aufwärts, den Sie ignorieren. Sie gehen weiter geradeaus, den weiß-blauen Markierungen folgend.

Zurück in Agios Ioannis lädt das Gasthaus Alonia kurz vorm Ausgangspunkt rechts zu einer Stärkung ein.

Gasthaus Alonia, 69 38 79 26 95, www.alonia.gr, ganzjährig täglich 8:00-21:00

Diese Tour führt auch durch schattige Wälder

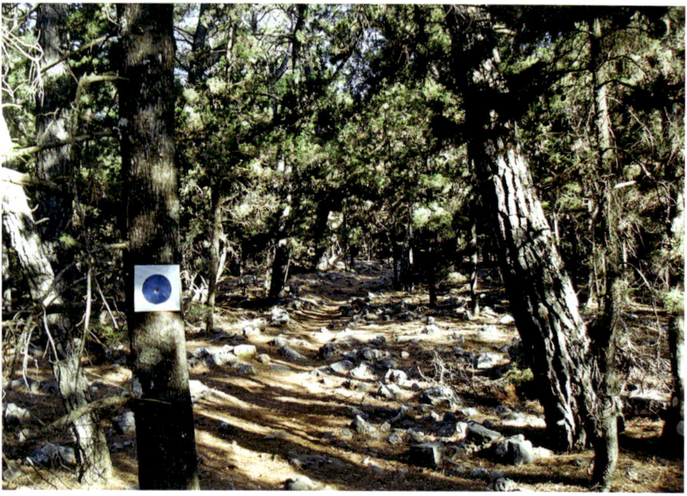

Abstecher zum Aussichtspunkt Kakos Poros
(hin und zurück 2,4 km, 1 Std.)

Hinter dem Gebäude des Gasthauses Alonia beginnt ein Weg, der ebenfalls gelb-rot markiert durch Wald führt und sehr gut für Kinder geeignet ist, zum lohnenden Aussichtspunkt Kakos Poros über einem 600 m hohen Kliff mit tollem Blick auf das Libysche Meer und den Strand von Agios Pavlos. Zurück zum Gasthaus Alonia geht es auf demselben Weg.

Von der Bar/Taverne gehen Sie zurück zur Straße und folgen dieser nach rechts zum Eingang des Dorfes mit dem Parkplatz.

Mitte und Norden – Chania, Omalos, Apokoronas

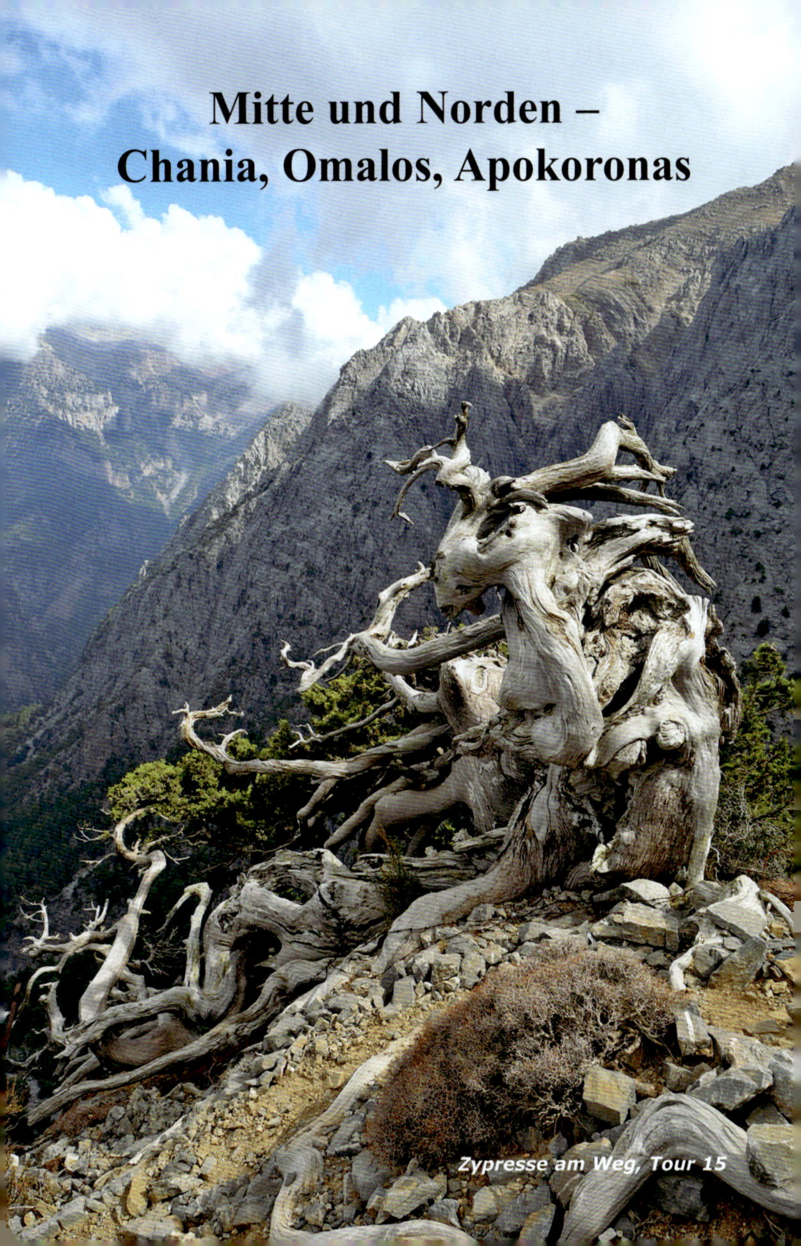

Zypresse am Weg, Tour 15

14 Nationalpark Samaria-Schlucht

Wanderung für Natur- und Landschaftsfreunde

Die Samaria-Schlucht ist für viele einer der Hauptgründe für den Besuch der Mittelmeerinsel. Die längste passierbare Schlucht Europas bietet eine spektakuläre Landschaft, die an guten Tagen mehr als Tausend Besucher lockt. Von Xyloskalo, dem oberen Eingang zur Schlucht, genießen Sie tolle Blicke auf die Weißen Berge oberhalb, während Sie die Route seewärts unter Schatten spendenden Pinien abwärtsführt. In der zweiten Hälfte erwartet Sie ein Flussbett mit beeindruckenden Felswänden.

→ Start: Xyloskalo auf dem Omalos-Plateau, GPS N 35°18.480' E 023°55.120'; Ziel: am Hafen von Agia Roumeli, GPS N 35°13.773' E 023°57.621'

15 km

5 bis 6 Std.

↑↓ 72 m/1.288 m

⇧ 5-1.230 m

Keine Wegmarkierung, aber der Pfad ist offensichtlich.

Sie wandern über einen gut unterhaltenen Pfad. Infolge der vielen Wanderer sind die Steine insbesondere auf den ersten 4 km stellenweise sehr rutschig.

Cafeteria mit kleinem Laden in Xyloskalo, zwei Bars beim Tickethäuschen am Ende der Schlucht (km 13). In Agia Roumeli gibt es eine große Auswahl an Restaurants und Bars. Unterwegs gibt es an den vielen Rastplätzen Trinkwasserquellen, sodass Sie nicht viel Wasser mitnehmen müssen.

Unterwegs laden viele Rastplätze mit Bänken zur Pause ein.

WC Vier der Rastplätze verfügen über Toiletten. Die Lage der Rastplätze und Toiletten ist auf dem Eintrittsticket zur Schlucht abgebildet.

zwei Minimärkte in Agia Roumeli am Tourenende

Am Ende der Tour können Sie sich am Strand bei Agia Roumeli im Meer abkühlen.

Trotz der Länge ist die Tour gut mit Kindern machbar, zumal die letzten 2 km mit dem Minibus abgekürzt werden können (€ 2 p. P.).

Hunde sind im Nationalpark und damit der Schlucht nicht erlaubt.

P Freies Parken in Xyloskalo kurz vor der Cafeteria sowie kostenpflichtig (€ 5 pro Tag) direkt am Eingang zur Samaria-Schlucht. Zurück gelangen Sie dorthin ab Agia Roumeli nach Sougia mit der Fähre (☞ Fähre) und von dort mit dem Bus Richtung Richtung Chania, der unterwegs in Xyloskalo und Omalos hält (☞ Bus).

Bushaltestelle am Parkplatz vor dem Eingang. Busse von Chania nach Xyloskalo in der Hauptsaison täglich um 5:00, 6:15, 7:45 und 8:45. Zurück nach Chania von Chora Sfakion um 18:30 und von Sougia (via Omalos) ebenfalls um 18:30. Die Busse in Chora Sfakion und Sougia warten immer auf die aus Agia Roumeli kommende Fähre.

Fähre in der Sommersaison (Ostern-Ende Oktober) von Agia Roumeli nach Chora Sfakion täglich um 17:30, von Agia Roumeli nach Sougia (und weiter nach Paleochora) ebenfalls um 17:30. Tarife: nach Chora Sfakion € 12,50, nach Sougia € 11 und nach Paleochora € 17,20. Aktueller Fahrplan und Tarife im Internet:
www.anendyk.gr

Die Schlucht ist vom 1. Mai bis Ende Oktober geöffnet, abhängig von den Wetterbedingungen. Eintritt in die Schlucht: € 5, Kinder unter 15 Jahren frei.

Samaria-Schlucht – Naturwunder und Touristenmagnet

Die Samaria-Schlucht verdankt ihren Namen einer kleinen byzantinischen Kapelle in der Mitte der Schlucht, genannt Santa Maria. Nach dieser Kapelle wurde das in der Nähe gelegene Dorf Samaria benannt, das mit der Eröffnung des gleichnamigen Nationalparks 1962 zugunsten des Schutzes von Wald, endemischen Pflanzen und seltenen Tiere, darunter die einstmals beinahe ausgestorbene Wildziege Kri-kri (auch: Agrimi), aufgegeben wurde. Die schwer zugängliche Samaria-Schlucht war von großer strategischer Bedeutung für kretische Freiheitskämpfer, die hier zur Zeit der türkischen Besetzung Unterschlupf suchten. Im Zweiten Weltkrieg versteckten sich Partisanen und alliierte Undercover-Einheiten in der Schlucht, um von hier Informationen per Funk an die Hauptquartiere im Mittleren Osten zu übermitteln.

Fakten zur Schlucht:

- Die „nur“ 16 km lange Samaria-Schlucht ist nicht die längste ihrer Art in Europa. Noch länger ist die südfranzösische Verdun-Schlucht mit etwas mehr als 20 km.
- Manche Reiseführer berichten von mehr als 3.000 Besuchern pro Tag. Tatsächlich treffen diese Zahlen auf die 1990er-Jahre zu. Heute ist es bei Weitem nicht mehr so voll: An gut besuchten Tagen wandern rund 1.000 Touristen durch die Schlucht – zwar weniger als früher, aber immer noch viel! Zum Glück starten nicht alle zur selben Zeit!

☺ Tipp: Starten Sie (im Sommer) lieber etwas später (zwischen 8:30 und spätestens 10:00). Im anfänglichen oberen Teil ist die Mittagshitze weniger ein Problem als im unteren Teil, den Sie dann später erreichen, wenn die Sonne nicht mehr so hoch steht und die Hänge mehr Schatten werfen.

Außerdem sind bei späterem Start meistens weniger Wanderer unterwegs, da die meisten Busse zwischen 7:45 und 9:00 ankommen und damit das Gros der Wanderer vor Ihnen startet. Ein sehr früher Start zum Umgehen der Mittagshitze wäre eher kontraproduktiv, denn Sie starten in einer angenehmen Kühle in 1.230 m Höhe und würden den unteren heißen Teil dann genau zur Mittagshitze erreichen.

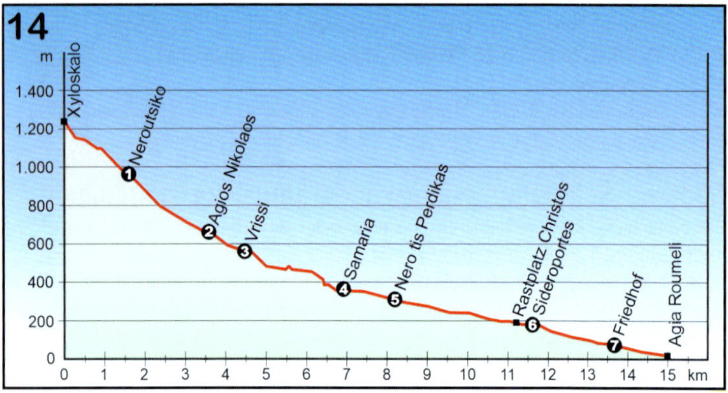

Nach dem Kauf Ihres Tickets am Eingang der Schlucht steigen Sie die hölzerne Treppe (griechisch „Xyloskalo“) hinab. Auf dem ersten Teil des Weges in der Schlucht können die Steine rutschig sein – durch den Abrieb der vielen Wanderer. Als erster Blickfänger ragt der Gigilos (☞ Tour 15) als große Felswand vor Ihnen auf, auch „Wächter der Schlucht“ genannt. Nach 500 m ist rechts ein schöner Aussichtspunkt. 1,7 km nach dem Startpunkt erreichen Sie den ersten (kleinen) Rastplatz mit Quelle und Toiletten, genannt Neroutsiko ❶ (km 1,7).

Der Pfad führt weiter in Serpentinen abwärts durch Pinienwald, vorbei an einem weiteren Rastplatz (Riza Sikias) und über ein – meistens trockenes – Flussbett. 1 Std. 30 Min. nach dem Start queren Sie einen kleinen, von links kommenden Nebenfluss und erreichen nach 200 m den großen Rastplatz Agios Nikolaos mit einer kleinen gleichnamigen Kapelle und großen alten Zypressen ❷ (km 3,8). Im weiteren Verlauf ist der Abstieg weniger steil. Sie queren mehrmals das Flussbett und passieren nach 20 Min. den Rastplatz Vrissi ❸ (km 4,5) und kurz darauf einen weiteren Rastplatz mit Trinkwasser. Weiter geht es hoch oberhalb des – meistens trockenen – Flussbetts durch einen schattigen Pinienwald. 10 Min. nach der Querung eines breiten, von rechts kommenden, trockenen Flussbetts erreichen Sie eine Holzbrücke, über die Sie das Flussbett zum verlassenen

Weiler **Samaria** ❹ (km 6,9) queren – Halbzeit in der Schlucht! Hier lädt ein großer Rastplatz mit umfassender Infrastruktur zur Pause ein: Trinkwasser, Toilette und sogar Erste-Hilfe-Stelle.

Der Weg führt weiter auf der rechten Seite des Flussbetts entlang. Nach 20 Min. passieren Sie den kleinen Rastplatz Nero tis Perdikas ❺ (km 8,2) und erreichen kurz darauf die Stelle, wo sich das Flussbett zwischen großen Felsen auf beiden Seiten zwängt. Unterwegs begegnen Ihnen schöne Felsformationen, ehe bei km 10 Wasser an die Oberfläche tritt. 1,2 km danach (km 11,2) erreichen Sie den schattigen Rastplatz Christos und nach einigen Hundert Metern den schmalsten Teil der Schlucht: **Sideroportes**, wörtlich „die Tore" ❻ (km 11,5). Dahinter öffnet sich die Szenerie. 30 Min. später erreichen Sie den Ausgang der Schlucht mit der Ticketkontrolle (km 12,9).

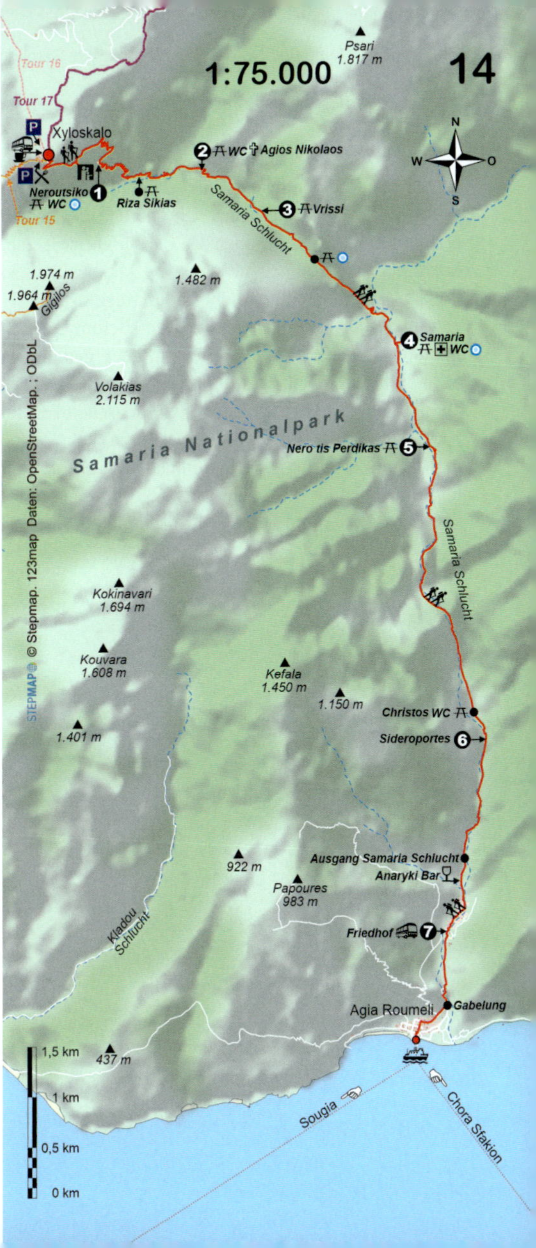

Zwei Bars bieten Erfrischungen, Öffnungstage der Samaria-Schlucht bis etwa 17:00.

Sie wandern geradeaus weiter durch das Vorläuferdorf von Agia Roumeli, aufgegeben 1952 in Folge einer Überflutung. Am Ende des alten Dorfes mit dem Friedhof ❼ (km 13,6) haben Sie die Möglichkeit, die letzten 2 km der Tour zur Küste bei Agia Roumeli mit dem Minibus zurückzulegen (€ 2 p. P.), der bei Bedarf fährt, in der Regel sehr häufig wegen großer Nachfrage.

Ansonsten folgen Sie weiter dem Betonweg. Bei einer Gabelung mit einer Infotafel zum Dorf können Sie entweder geradeaus oder rechts gehen: Beide Straßen führen nach Agia Roumeli. Wenn Sie rechts gehen, erkennen Sie rechts auf dem Berg die Ruinen einer alten türkischen Festung. In Agia Roumeli nehmen Sie die erste Straße nach links, passieren mehrere Restaurants sowie zwei Minimärkte und erreichen das Kassenhäuschen für die Fähre. Von hier gehen Sie weiter zum Hafen für die Schiffe nach Chora Sfakion und Sougia/Paleochora. Rechts lädt der Strand zu einer Erfrischung im Meer ein.

Agia Roumeli

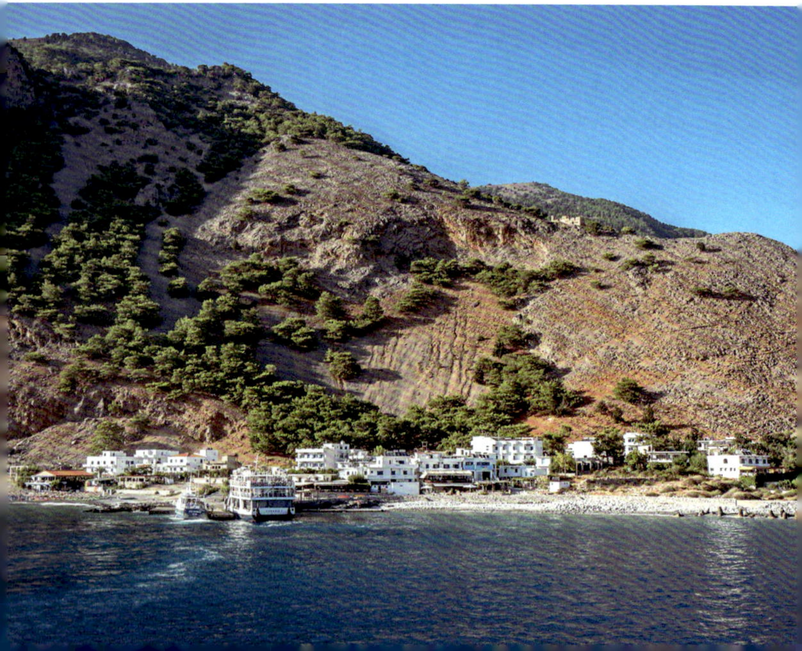

⑮ Auf den Gigilos

Wanderung für Bergfreunde

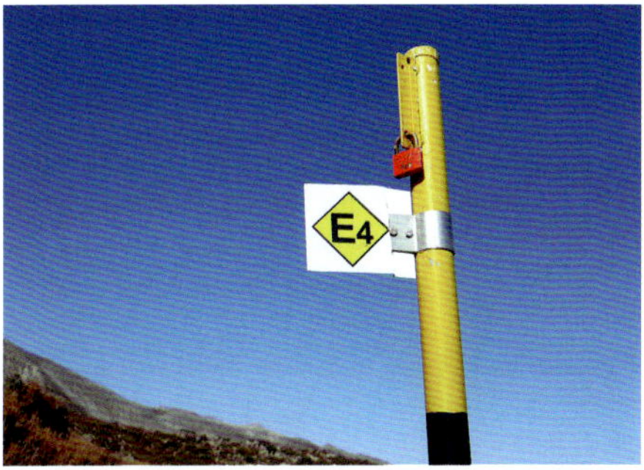

E4-Markierung

Von Xyloskalo, dem Eingang zur Samaria-Schlucht, erkennen Sie die beeindruckenden Umrisse der nördlichen Seite des Gigilos, auch „Wächter der Samaria-Schlucht" genannt. Der Berg mit seinen steilen Kalksteinfelsen erscheint wie ein unüberwindbares Hindernis, aber westlich davon beginnt ein Pfad, der auf den Gipfel führt. Die Aussichten sind überwältigend – ob auf das Omalos-Plateau, in die Samaria-Schlucht, zu den Gipfel der Weißen Berge oder die Südküste. Diese Tour ist herausfordernd, aber Sie können jederzeit umdrehen und so zumindest einen Teil dieser beeindruckenden Berglandschaft erleben.

⇆ Start/Ziel: Xyloskalo am Beginn der Samaria-Schlucht, GPS N 35°18.495' E 023°55.084'

9,3 km

5 Std. 30 Min.

↑↓ 960 m/960 m

⇧ 1.225-1.983 m

E4-Zeichen bis zum Sattel, vom Sattel bis zum Gipfel gelbe Markierungen

Der mit E4 gekennzeichnete Weg ist bis zur Linoseli-Quelle ein steiniger Pfad. Nach dem natürlichen Steinbogen (km 2,1) wird es alpiner mit stellenweise Geröll und Schotter. Von der Linoseli-Quelle bis zum Sattel gehen bzw. steigen Sie über einen steinigen, deutlichen Pfad. Vom Sattel zum Gipfel geht es über Felsen und Steine auf einer gelb markierten Route. Von einem Pfad kann man hier nicht sprechen, kleine, kurze Klettereien erfordern die Unterstützung der Hände, vor allem im letzten Teil zwischen dem ersten Gipfel und dem Hauptgipfel.

Restaurant etwas oberhalb des Eingangs zur Samaria-Schlucht und einfaches Café/Minimarkt unterhalb davon. Die Quelle bei Linoseli (km 2,7) bietet immer frisches Trinkwasser.

keine

nicht geeignet für Kinder

wegen des unwirtlichen Terrains mit scharfen Steinen nicht geeignet für Vierbeiner

freies Parken kurz vor dem Café und bezahlter Parkplatz direkt am Eingang zur Samaria-Schlucht (€ 5)

Busverbindungen zwischen Chania und Xyloskalo (mit Stopp in Omalos) nur in der Hauptsaison; Richtzeiten: von Chania nach Xyloskalo um 5:00, 6:15, 7:45, 8:45, von Xyloskalo nach Chania um 7:30, 8:00, 9:00, 19:15, www.e-ktel.com

Sie können jederzeit abkürzen, indem Sie umkehren, etwa bei der Linoseli-Quelle (km 2,7), beim Sattel (km 3,6) oder vor der steinigen Kletterstelle zum höchsten Punkt (km 4,5).

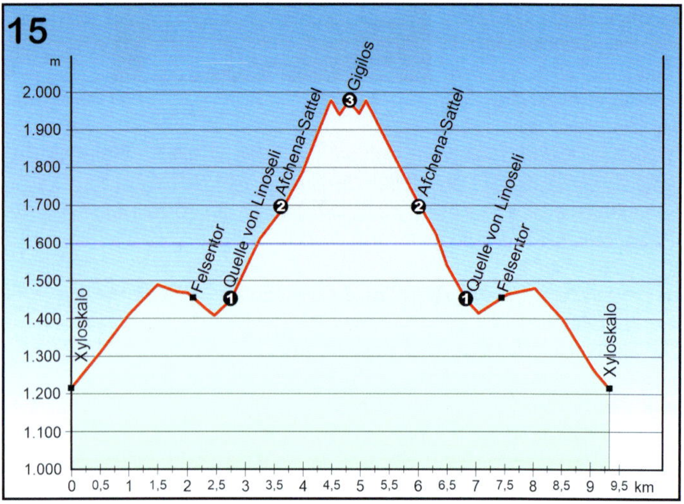

Achtung – Wetterumschlag!

Gigilos ist einer der westlichsten Gipfel der Weißen Berge; umso schneller kann sich das Wetter ändern, zumal Regenwolken überwiegend vom Westen heranziehen. Der Weg bis zum Sattel ist auch bei schlechtem Wetter und geringer Sicht kein Problem, weiter oberhalb kann es wegen starker Winde und Nebel gefährlich sein, von Gewittern ganz zu schweigen! Kehren Sie daher im Falle schlechten Wetters sofort zum Sattel um!

In **Xyloskalo** orientieren Sie sich hin zum Aussichtspunkt rechts des Eingangs der Samaria-Schlucht mit schönem Blick auf den Sattel zwischen den Bergen Gigilos und Strifomadhi (⇧ 1.921 m). An diesem Aussichtspunkt beginnt diese Tour (E4-Markierungen, mit Hinweisschild zum Gigilos). Der Pfad mit seinen hölzernen Stufen führt Sie in wenigen Minuten aufwärts zur Taverne Xyloskalo.

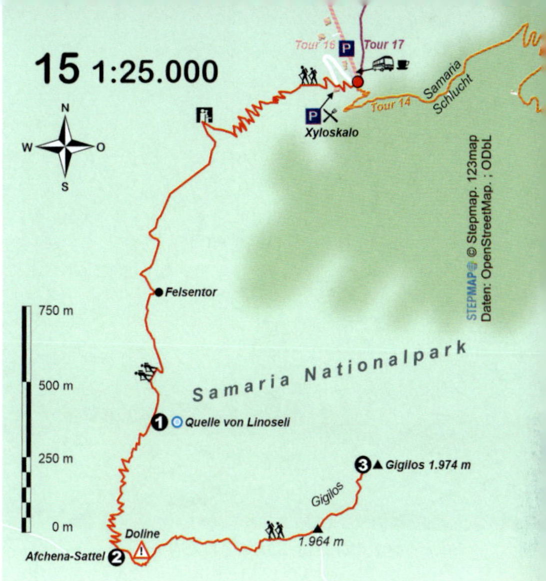

✕ Taverne Xyloskalo, ☏ 28 21 06 72 37, ganzjährig täglich 10:00-18:00

Der Pfad führt rechts von der Taverne hinauf, markiert mit E4-Pfählen. Sie wandern im Zickzack aufwärts, vorbei an einer kleinen Wetterstation (km 0,8). Unterwegs begegnen Ihnen seltsam geformte Zypressen, deren Wuchs die Hauptrichtung des Windes anzeigt. Je weiter Sie aufsteigen, desto besser wird die Aussicht. An einem Punkt mit E4-Pfahl genießen Sie eine freie Sicht auf das ganze Omalos-Plateau (km 1,3).

Ab hier bleiben Sie zunächst in etwa auf gleichbleibender Höhe; der Hangweg bietet immer wieder schöne Blicke auf den Gigilos und auf die Samaria-Schlucht. Nach einem von der Natur schön geformten **Felsentor** (km 2,1) wandern Sie über lockere Felsen bzw. Steine leicht abwärts. Sie passieren einen überhängenden Felsen und kurz darauf eine prächtige Zypresse. Kurz darauf erreichen Sie die **Quelle von Linoseli ❶** (km 2,7). Im Hochsommer blüht hier das Hasenohr (*Bupleurum kakiskalae*), eine nur in dieser Region vorkommende, seltene endemische Wildblume.

Ab hier wandern Sie steil über Steine in einer langen Serpentine aufwärts zum Afchena-Sattel zwischen dem Gigilos und Strifomadhi. Im Frühjahr (April, Mai) müssen hier möglicherweise einige Schneefelder gequert werden. Am **Afchena-Sattel ❷** (km 3,6) bieten sich Ihnen tolle Blicke zum Libyschen Meer, der Insel

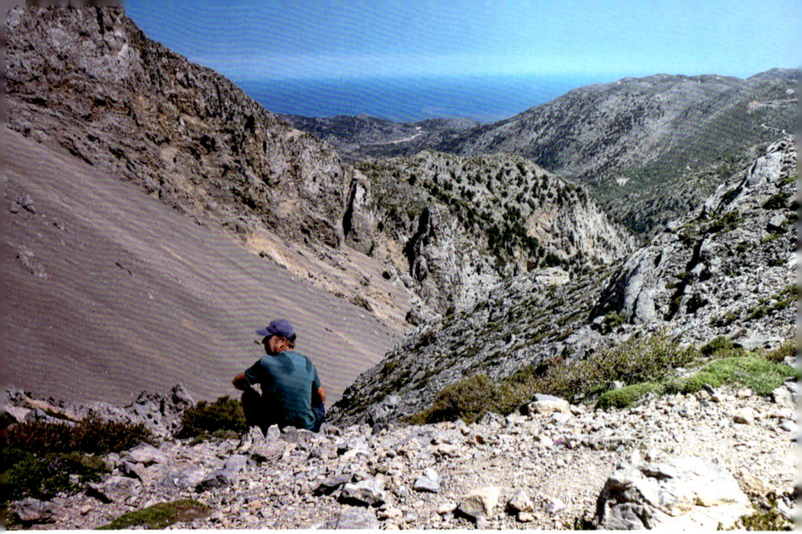

Blick vom Afchena-Sattel (1.700 m)

Gavdos und der sehr schwer zu begehenden Tripiti-Schlucht. Im Nordosten erkennen Sie das Dach der Kallergi-Hütte (☞ Touren 16 und 17). Am Sattel zweigt der E4 nach rechts ab, Sie aber gehen links und folgen den gelben Markierungen auf den Felsen.

✋ Vorsicht kurz nach dem Sattel vor einer sehr tiefen und daher gefährlichen Doline zur Linken, die mit Metalldrähten und einem Metallkreuz abgegrenzt ist. Folgen Sie hier den gelben Markierungen und keinen anderen Pfaden! Die neueren gelben Markierungen führen rechts um die Doline herum, die älteren an dieser vorbei; beide kommen nach kurzer Zeit wieder zusammen.

Stellenweise sind kleine Klettereinlagen mithilfe der Hände erforderlich. Nach etwa 40 Min. durch eine an die Mondoberfläche erinnernde Landschaft ändert sich das Gestein zu einer eher schieferartigen Konsistenz. Bald erreichen Sie den ersten Gipfel mit einem großen Steinhaufen (km 4,5). Von hier erkennen Sie den Hauptgipfel an einem Metallpfosten, der Rest eines Gipfelkreuzes. Gelbe Markierungen führen Sie in rund 20 Min. zum Hauptgipfel mit einigen etwas anspruchsvolleren Kletterpartien über stellenweise scharfes Gestein. Am **Gipfel des Gigilos** ❸ (km 4,8, ⇧ 1.974 m) bieten sich Ihnen tolle Blicke zu den Weißen Bergen.

Abwärts geht es auf demselben Weg wie hinauf; rechnen Sie mit etwa 2 Std. 30 Min. bis 3 Std.

16 Über den Gipfel vom Koukoule zur Kallergi-Berghütte

Tour für Bergfreunde

Im Bergdorf Omalos beginnt diese schöne und relativ unbekannte Bergwanderung über den Gipfel vom Koukoule zur Kallergi-Berghütte. Unterwegs und vom Koukoule bieten sich phänomenale Blicke über das Plateau von Omalos und die Weißen Berge. Der Anstieg zum Koukoule ist anspruchsvoll und steinig, aber landschaftlich sehr schön. An der oberhalb des Abhangs zur Samaria-Schlucht gelegenen Kallergi-Hütte bietet sich eine schöne Aussicht über die bekannte Schlucht.

Start/Ziel: Hotels Exari und Neos Omalos auf dem Omalos-Plateau, GPS N 35°20.621' E 023°54.291'

12,7 km

4 Std. 30 Min.

660 m/660 m

1.036-1.615 m

rote und blaue Markierungen vom Start in Omalos bis zur Kallergi-Hütte

Zwischen der Zisterne ❶ (km 1) bis zur Straße vor der Kallergi-Hütte (km 4,3) wandern Sie durch eine raue Felslandschaft auf einem steinigen und stellenweise steilen Pfad, der manchmal nur mit Mühe zu erkennen, aber durchgehend markiert ist. Von der Kallergi-Hütte bis nach Xyloskalo folgen Sie einer Schotterpiste und einem leichten Pfad und schließlich von Xyloskalo zurück nach Omalos einer wenig befahrenen Asphaltstraße.

Hotel-Restaurants am Start bzw. Ziel der Wanderung in Omalos. Unterwegs bietet die Kallergi-Hütte Getränke und eine einfache Mahlzeit (km 4,7). In Xyloskalo finden Sie oberhalb des Eingangs der Samaria-Schlucht ein Restaurant und weiter unten ein einfaches Café (km 8,2).

Rastgelegenheit mit Bänken bei der Kallergi-Hütte (km 4,7)

nur für ältere Kinder mit Bergwandererfahrung geeignet

Hunde lieber zu Hause lassen! Raues Terrain mit scharfkantigem Kalkstein, viele Schafe sowie Ziegen und wenig Schatten sind keine guten Vorzeichen für eine entspannte Tour mit Hund.

P Parkgelegenheit (frei) bei den Hotels Exari und Neos Omalos am Startpunkt der Wanderung. Wenn Sie lieber in Xyloskalo parken möchten: freier Parken kurz vor dem Café sowie bezahltes Parken beim Eingang zur Samaria-Schlucht (€ 5 pro Tag).

Busverbindungen zwischen Chania und Xyloskalo (mit Stopp in Omalos) nur in der Hauptsaison; Richtzeiten: von Chania nach Xyloskalo um 5:00, 6:15, 7:45, 8:45, von Omalos nach Chania um 7:35, 8:05, 9:05, 19:20. www.e-ktel.com

Optional kann der 4,5 km lange Schlussteil entlang der Asphaltstraße zurück nach Omalos vermieden werden, indem Sie von Xyloskalo am Eingang der Samaria-Schlucht zurück nach Omalos den Bus nehmen oder trampen. Wenn Sie mit dem Auto kommen, können Sie auch erst zum Eingang der Samaria-Schlucht fahren und dann nach Omalos den Bus nehmen (oder trampen), wo Sie die Wanderung beginnen, um sie dann in Xyloskalo zu beenden.

Von **Omalos** mit den Hotels Exari und Neos Omalos folgen Sie der Hauptstraße südwestwärts Richtung Samaria.

✕ Hotel/Restaurant Exari, 69 77 23 63 57, www.exari.gr, täglich 8:00-22:00

♦ Hotel/Restaurant Neos Omalos, ☏ 28 21 06 75 90, 69 77 64 79 05, www.neos-omalos.gr, täglich 8:00-22:00

150 m nach den Hotels erkennen Sie auf der linken Straßenseite den Mast einer Stromleitung und einen Baum mit dem Wegweiser „Kallergi refuge via Koukoule 4 h“. Diesem Pfad hier folgen Sie nach links, ab hier mit blau-roter Markie-

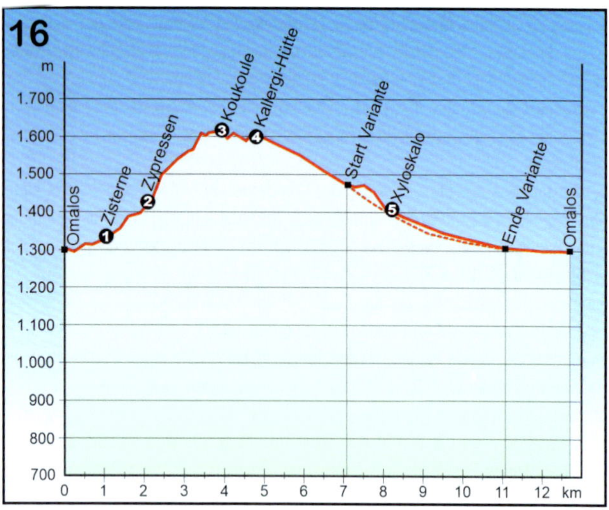

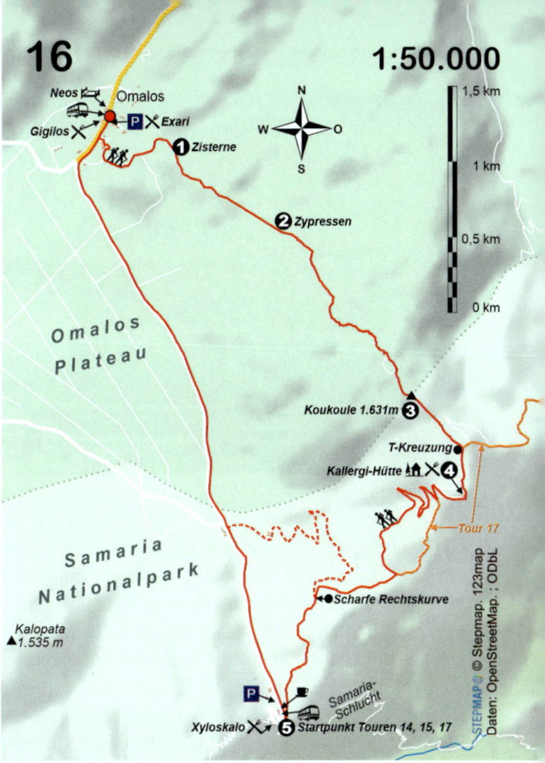

rung. Zunächst geht es entlang eines Zauns zu einer Ecke, wo Sie das Gatter öffnen (und wieder schließen). Danach halten Sie sich links und folgen den blau-roten Markierungen. Nach 50 m biegen Sie nach einem Steinschuppen nach rechts ab und gehen etwa 100 m aufwärts und folgen dann dem Pfad nach links, weg von dem breiten Weg (Markierungen). Der Pfad wird bald breiter und führt an einem Zaun entlang. Sie folgen diesem breiten, steinigen Weg vorbei an Kermeseichen. Nach einer freien Fläche zur Rechten erreichen Sie eine T-Kreuzung mit einer breiten Schotterstraße (km 0,7) und biegen dort links ab (blauer Pfeil).

Sie folgen dieser Straße zu einer Zisterne ❶ (km 1), halten sich dort rechts und folgen dem steinigen Pfad aufwärts (blau-rot markiert).

✋ Der Pfad ist nicht immer deutlich erkennbar, aber die Strecke ist gut (durchgehend) markiert (blau-rot, manchmal nur blau).

Mit steigender Höhe bieten sich zunehmend bessere Blicke auf das unterhalb liegende Omalos-Plateau. Der Pfad führt Sie aufwärts vorbei an Kermeseichen und Zypressen, ehe Sie 30 Min. nach der Zisterne zwei besonders markante, große Zypressen erreichen ❷ (km 2,1). Kurz darauf beginnt der steilste Teil des Anstiegs: Der Pfad führt in Serpentinen aufwärts. In der Ferne erkennen Sie im Norden die Küstenlinie und Halbinsel Rodopou (☞ Tour 18). Der Pfad führt zur Westseite der Bergflanke. Auf der anderen Seite des Tals erkennen Sie den Berg

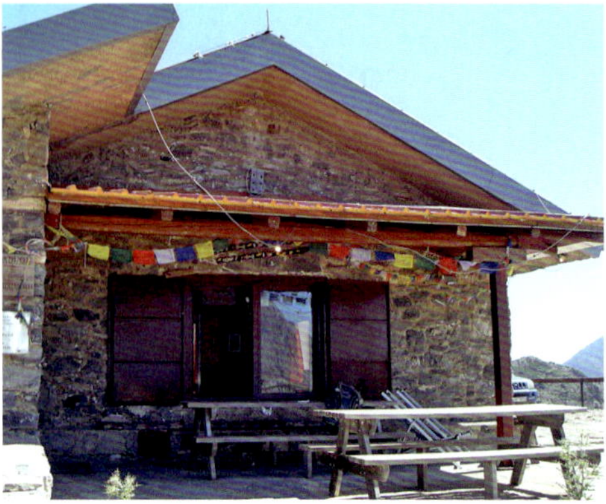

Kallergi-Berghütte

Gigilos und dessen Aufstiegsroute zum Sattel (☞ Tour 15). Vor einem kleinen, steil abfallenden Tal gehen Sie rechts entlang des Randes, vorbei an markant vom Wind geformten Zypressen. Nach diesen Bäumen bestimmen niedrig wachsende Sträucher das Vegetationsbild. An einigen Stellen sind leichte Klettereinlagen erforderlich. Ein erster Gipfel bietet einen Blick auf den **Koukoule** vor Ihnen. Der Pfad führt weiter ein wenig ab- und dann aufwärts auf den Koukoule mit einem Betonpfahl ❸ (km 3,8, ⇧ 1.612 m), der früher zur Höhenbestimmung genutzt wurde. Sie folgen weiter dem Pfad und bleiben dabei im Prinzip auf dem Kamm. Bei einer T-Kreuzung mit einer Schotterstraße (km 4,3) halten Sie sich rechts (der Weg links führt hinauf auf den Milendaou, ☞ Tour 17). Nach 200 m biegen Sie bei einer Rechtskurve links ab und folgen den Markierungen entlang des Kammes und des Zauns in Richtung der Kallergi-Berghütte. Nach einem kurzen Anstieg erreichen Sie nach einer Gehzeit von etwa 2 Std. 30 Min. die oberhalb der Samaria-Schlucht gelegene **Kallergi-Hütte** ❹ (km 4,7, ⇧ 1.600 m).

✕ Kallergi-Berghütte, 📱 69 76 58 58 49, 💻 www.kallergi.co, ganzjährig täglich, Zeiten variieren. Zuständig ist der Alpinistenverein von Chania: Greek Mountaineering Club of Chania, ☎ 28 21 04 46 47, 💻 www.eoshanion.gr. Die 1971 auf der Westseite des Kammes oberhalb des Omalos-Plateaus erbaute Kallergi-Berghütte dient als Ausgangspunkt für Wanderer und Bergsteiger für Touren in die Weißen Berge. Diese einzige bewirtete Berghütte Westkretas kann bis zu 45 Gäste aufnehmen.

Weiter geht es abwärts auf der schottrigen Zufahrtsstraße zur Hütte (E4). Nach 200 m gehen Sie bei der Gabelung mit einer kleinen Steinhütte (auf Griechisch *koumos*) und E4-Schildern links und folgen der Straße abwärts. Nach 2,4 km nehmen Sie in einer scharfen Rechtskurve der Straße den links abzweigenden, kleinen Pfad (km 7,3), markiert mit einem E4-Schild und roten Pfeil.

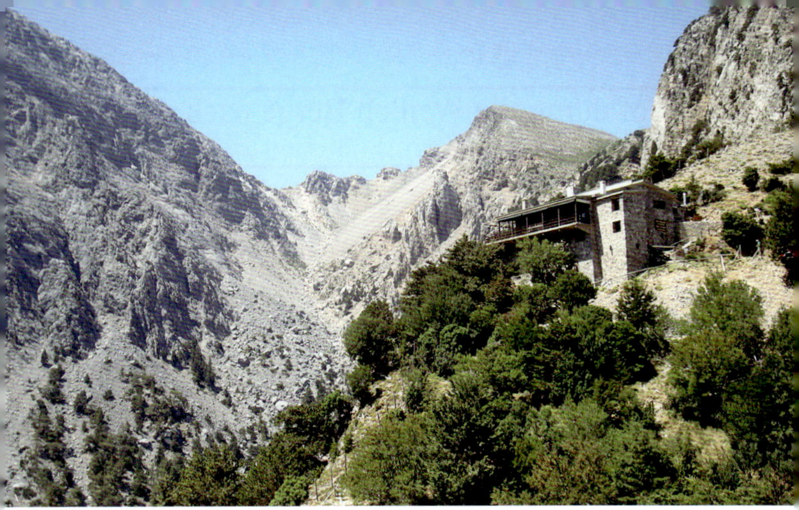

Restaurant Xyloskalo oberhalb von Samaria

↳ Abkürzung ohne Xyloskalo

(➲ bis Omalos 0,3 km weniger)

Wenn Sie auf kürzerem Weg nach Omalos zurückkehren und damit insgesamt 300 m (darunter 1,3 km Straße) sparen möchten, folgen Sie dem Schotterweg durch die scharfe Rechtskurve und 2,1 km abwärts zur Hauptstraße (und damit zur beschriebenen Route). Dieser folgen Sie rechts 3,1 km bis Omalos.

Der Pfad führt Sie hinunter nach Xyloskalo ❺ (km 8,2), dem Startpunkt für Wanderungen in die Samaria-Schlucht und auf den Gigilos (☞ Touren 14 und 15). In Xyloskalo finden Sie am Parkplatz eine Cafeteria sowie oberhalb davon ein Restaurant.

Cafeteria und Einkaufsgelegenheit für Kleinigkeiten, Anfang Mai-Ende Oktober täglich 7:00-17:00

Restaurant Xyloskalo, ☏ 28 21 06 72 37, ganzjährig täglich 10:00-18:00

Als letztes Teilstück erwarten Sie – leider – 4,4 km entlang der Straße nordwärts nach Omalos über das gleichnamige Plateau. Nach 1,4 km ignorieren Sie eine linke Abzweigung. Auf einem Großteil des Omalos-Plateaus weiden Schafe, die gerne die Straße als Toilette nutzen. Ansonsten stoßen Sie auf Apfelbäume und Bienenvölker zur Honigproduktion. Alle Abzweigungen ignorierend erreichen Sie Omalos mit den Hotel-Restaurants Exari und Neos Omalos.

17 Tief durch die Weißen Berge nach Melindaou

Tour für Bergfreunde

Diese lange Bergwanderung zum Melindauo (⇧ 2.133 m) beginnt in Xyloskalo, dem oberen Eingang zur Samaria-Schlucht. Der abgelegene Gipfel erhebt sich im Norden der Lefka Ori (die Weißen Berge) 1.500 m oberhalb des östlichen Endes der Samaria-Schlucht. Diese Wanderung ist zwar lang und anstrengend, aber ohne technische Schikanen oder ausgesetzte Stellen. Sie wandern aussichtsreich durch die Weißen Berge. Voraussetzungen für diese Tour sind Ausdauer und möglichst gutes Wetter mit klarer Sicht.

⇆ Start/Ziel: Xyloskalo am Eingang zur Samaria-Schlucht, GPS N 35°18.487' E 023°55.098'

19,6 km

7 Std.

↑↓ 1.400 m/1.400 m

⇧ 1.222-2.116 m

Schotterpfad zur Kallergi-Hütte mit rot-blauen Markierungen, Rest des Weges mit E4-Markierungen bzw. schwarz-gelb

Der rot-blau markierte Schotterpfad hinauf zur Kallergi-Hütte ist recht steil und führt entlang der Kliffkante oberhalb der Samaria-Schlucht (mit einem Zaun dazwischen). Von der Hütte geht es einige Kilometer entlang eines Schotterpfades. Der Fernwanderweg E4 führt nach Melindaou über einen steinigen, aber gut markierten Pfad. Auf dem letzten Abschnitt hinauf zum Gipfel gibt es keinen deutlichen Pfad, aber die Wegführung ergibt sich von selbst.

Restaurant am Start/Ziel in Xyloskalo etwas oberhalb des Eingangs zur Samaria-Schlucht und einfaches Café/Minimarkt unterhalb davon. In der Kallergi-Hütte sind (in der Saison) Getränke und eine einfache Mahlzeit erhältlich (km 2,7).

Bänke an der Kallergi-Hütte (km 2,7)

nicht geeignet für Kinder

Die Tour durch diese unwirtliche Landschaft mit scharfkantigem Kalkstein ist für Hunde nicht geeignet; viele Schafe und Ziege, aber fehlender Schatten und Wasser sind weitere Argumente gegen Vierbeiner auf dieser Tour.

P freies Parken ein kurzes Stück vor dem Café und bezahlter Parkplatz direkt am Eingang zur Samaria-Schlucht (€ 5)

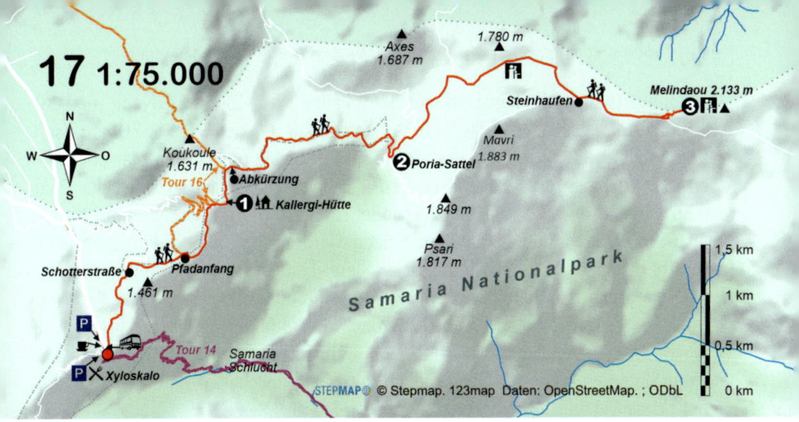

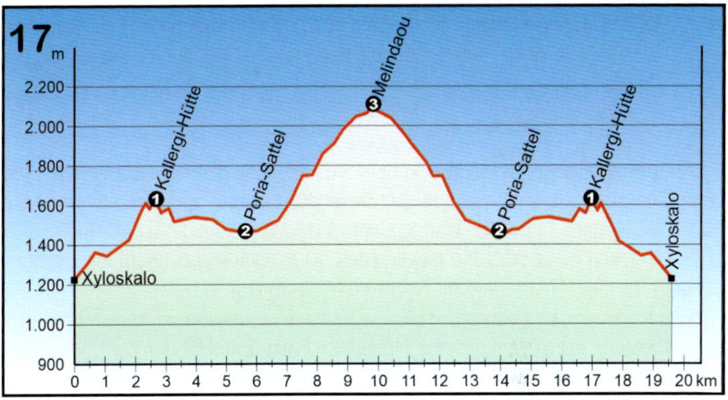

🚌 Busverbindung zwischen Chania und Xyloskalo (mit Stopp in Omalos) nur im Sommerhalbjahr, Richtzeiten in der Hauptsaison: von Chania nach Xyloskalo um 5:00, 6:15, 7:45, 8:45, von Xyloskalo nach Chania um 7:30, 8:00, 9:00, 19:15, 💻 www.e-ktel.com

↳ Wenn Sie vor der Wanderung in der Kallergi-Hütte übernachten und dort die Tour beginnen, sparen Sie etwa 1 Std. 30 Min. bzw. 2,7 km und 400 Höhenmeter (in einfacher Richtung). Optional können Sie die Tour auch abkürzen, indem Sie nur von Xyloskalo zur Kallergi-Hütte und wieder zurückwandern (➲ 5,4 km, ⧗ 2 Std. 30 Min. bis 3 Std., ↓ ↑ 400 m).

In Xyloskalo erkennen Sie links des Eingangs zur Samaria-Schlucht Wegweiser zur Kallergi-Hütte. Hier passieren Sie einen kleinen Viehzaun und folgen dem

Pfad aufwärts mit schönem Blick auf den Gigilos (☞ Tour 15). Nach rund 30 Min. erreichen Sie eine breite Schotterstraße (km 1), der Sie für 700 m nach rechts folgen. Bei einer Linkskurve (km 1,7) folgen Sie rechts dem blau-rot markierten Pfad hinauf zur Kallergi-Hütte. Nach wenigen Metern zweigt der Pfad nach rechts ab und Sie wandern auf einen Zaun zu, der die Grenze zum Nationalpark Samaria markiert. Am Zaun folgen Sie dem Pfad neben dem Zaun steil aufwärts bis zur Schotterstraße bei der Kallergi-Hütte. Unterwegs bieten sich Blicke in die Samaria-Schlucht (☞ Tour 14) und hinüber zu den Gipfeln der Weißen Berge. Kurz vor Ende des Pfades taucht die Hütte auf. Auf der Schotterpiste angekommen folgen Sie dieser nach rechts zur **Kallergi-Hütte ❶** (km 2,7). Hier sollten Sie einen kurzen Stopp einlegen und sicherheitshalber dem Personal mitteilen, dass Sie auf dem Weg zum Melindaou sind!

✕ Kallergi Mountain Refuge, 69 76 58 58 49, www.kallergi.co, geöffnet ganzjährig täglich, Zeiten variieren. Für die Hütte zeichnet sich der Alpinistenverein von Chania verantwortlich: Greek Mountaineering Club of Chania, ☏ 28 21 04 46 47, www.eoshanion.gr.

An der Rückseite der Hütte gehen Sie auf dem blau-rot markierten Pfad abwärts zur Schotterstraße und folgen dieser. Kurz darauf ignorieren Sie die linke Abzweigung (hier führt der blau-rot markierte Weg zum Koukoule (☞ Tour 16)). Sie gehen geradeaus und biegen nach 50 m nach rechts (Pfahl mit E4-Markierung) für eine Abkürzung zur Schotterstraße ab (km 3).

Wieder an der Schotterstraße biegen Sie nach rechts ab und folgen ihr in östlicher Richtung in etwa auf gleicher Höhe zum **Poria-Sattel ❷** (km 5,7). Vor Ihnen erhebt sich der Psari (⇧ 1.817 m). Hier halten Sie sich bei einer Gabelung links und ignorieren nach 150 m einen links abwärtsführenden Pfad. Sie folgen der jetzt steinigen Schotterstraße leicht aufwärts. Nach 900 m nehmen Sie den rechts abzweigenden Pfad, markiert mit E4-Pfählen (km 6,7), der auf steinigem Boden steil aufwärts zu einem ausgedehnten Plateau führt (km 7,5). Sie queren dieses und folgen dem Pfad steil aufwärts zum nächsten Sattel. Hier bieten sich tolle Blicke auf den Melindaou und weitere Gipfel der Weißen Berge sowie im Norden auf die Küstenlinie und Chania. Im Frühjahr und Anfang Sommer können hier noch Reste von Schnee liegen. Der Pfad zweigt nach links und Sie passieren einen großen Steinhaufen und zwei E4-Pfähle (km 8,5), wo von rechts ein undeutlicher Pfad von Psari einmündet. Sie wandern weiter leicht aufwärts über den breiten Kamm mit links dem Gipfel des Melindaou: Hier können Sie eine geeignete Route aufwärts zum Gipfel suchen oder weiter zum nächsten E4-Doppelpfosten wandern (km 9,6) und von dort den Gipfelsturm beginnen. Es gibt keinen richtigen

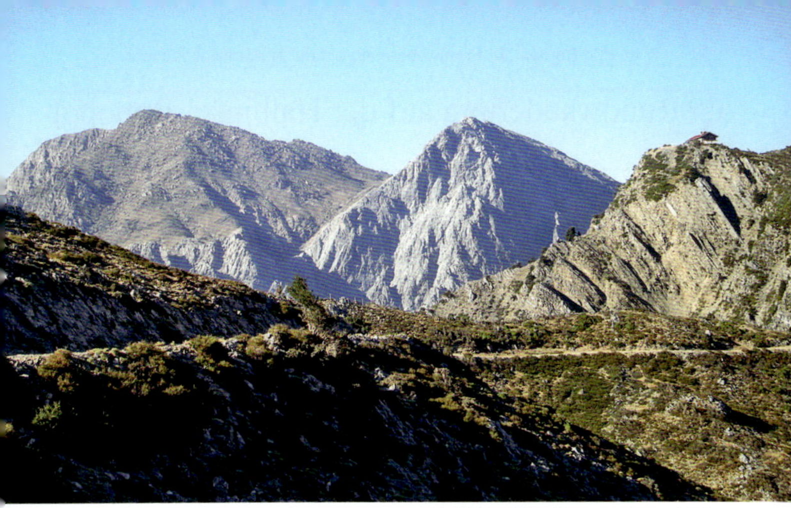

Volikias, Gingilos und Berghütte

Pfad aufwärts, sodass Sie sich selbst Ihren eigenen Weg hinauf – im Zickzack – suchen müssen. Am Gipfel des **Melindaou** ❸ (km 9,8, ⇧ 2.133 m) erwarten Sie aufgetürmte Steine und natürlich fantastische Ausblicke! Im Norden sind die Küste mit der Halbinsel Rodopou (☞ Tour 18) und Chania erkennbar, im Osten viele weitere Gipfel der Weißen Berge, etwa der Pachnes (⇧ 2.453 m), und im Süden die Samaria-Schlucht, der Gigilos (☞ Tour 15) und der Volikias.

Hinunter zum E4 bahnen Sie sich wieder Ihren eigenen Weg. Zurück geht es wie auf dem Hinweg: auf dem E4 zur Schotterstraße und weiter zur Kallergi-Hütte (dort nicht vergessen, die Rückkehr zu melden, sofern Sie dort vorher die Tour bekannt gegeben hatten). Von der Hütte nehmen Sie entweder wie auf dem Hinweg den steilen blau-rot markierten Pfad oder die Schotterstraße abwärts (Beschreibung ☞ Tour 16, Abkürzung). Zuletzt führt Sie der in der Rechtskurve der Schotterstraße links abzweigende Pfad hinunter nach Xyloskalo.

✕ Restaurant Xyloskalo, ☏ 28 21 06 72 37, ganzjährig täglich 10:00-18:00

☺ Nur wenige Fahrkilometer entfernt in Omalos finden Sie weitere Einkehrgelegenheiten.

✕ Hotel/Restaurant Exari, 69 77 23 63 57, www.exari.gr, ganzjährig täglich 8:00-22:00

♦ Hotel/Restaurant Neos Omalos, ☏ 28 21 06 75 90, 69 77 64 79 05, www.neos-omalos.gr, ganzjährig täglich 8:00-22:00

18 Rundwanderung auf der Halbinsel Rodopou

Tour für Landschaftsgenießer

Diese lange Rundwanderung führt Sie durch die abgelegene und fast baumlose Landschaft der nahezu unbesiedelten Halbinsel Rodopou, die mittlere von drei Halbinseln zwischen Gramvousa und Akrotiri. Es erwarten Sie fantastische Ausblicke auf die Buchten von Kissamos und Chania, die von der 18 km langen und 5 km breiten Halbinsel Rodopou voneinander getrennt werden. In der Ferne ragen die Weißen Berge auf. Ein alter Maultierpfad führt abwärts zur Einsiedelei Agios Ioannis Gionis, Ende August ein wichtiges Wallfahrtsziel (28. und 29. August).

Start/Ziel: am Platz im Dorf Rodopos, GPS N 35°33.689' E 023°45.304'

18,3 km

5 Std. 30 Min.

640 m/640 m

135-553 m

grüne Punkte (Maultierpfad abwärts Richtung Agios Ioannis Gionis), rote Punkte (Maultierpfad oberhalb der und parallel zur Küste zwischen km 11,7 ❺ und km 14,7 ❻)

Die ersten 40 Min. wandern Sie auf Asphalt, danach auf breiten Schotterwegen und alten, steinigen Maultierpfaden. Der steil abwärts zur Kapelle Agios Ioannis führende Pfad erfordert Trittsicherheit. Eine zusätzliche Erschwernis sind oft die meteorologischen Bedingungen: Es ist häufig sehr windig und wegen wenig Schatten kann es im Sommer sehr heiß werden.

In Rodopos gibt es zwei Kafenia. An der Kirche kann mit dem Wasserhahn neben dem Toilettengebäude die Trinkflasche aufgefüllt werden (km 8,7). Ansonsten gibt es keine weiteren Einkehrgelegenheiten; daher entsprechend Proviant mitnehmen!

An der Kirche Agios Ioannis (km 8,7) gibt es einen schönen, schattigen Rastplatz.

WC Toilettengebäude an der Kirche (km 8,7)

Das erste Kafenion am Startpunkt auf der linken Seite ist gleichzeitig ein kleiner Laden.

Für Kinder ist die Tour wegen der Länge und wenig Schatten nur bedingt geeignet bzw. nur für ältere Kinder, die an längere Wanderungen gewöhnt sind.

für Hunde wegen des steinigen und wenig pfotenfreundlichen Wegbelags sowie des Mangels an Wasser und Schatten eher ungeeignet

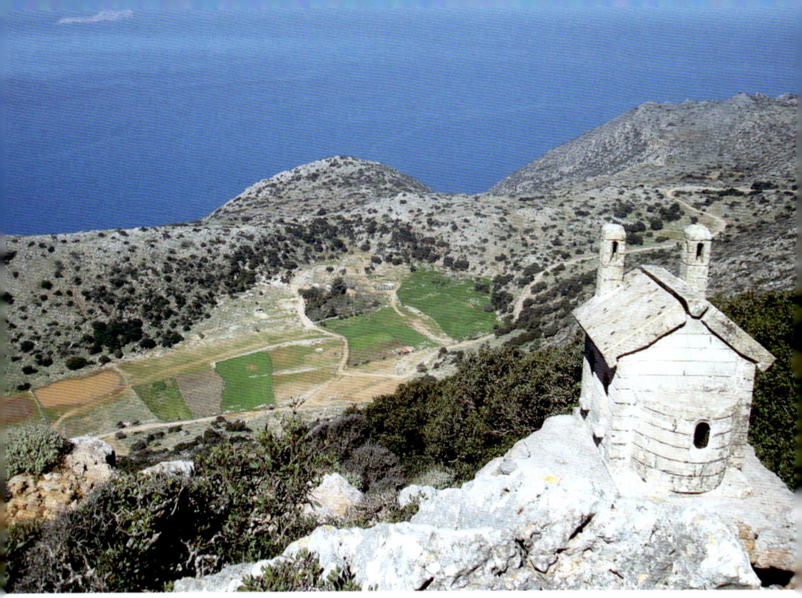

Kleiner Schrein am Pfad

P Parkplatz an der Straße beim Platz am Startpunkt in Rodopos. Von Chania kommend fahren Sie auf der Nationalstraße Richtung Kissamos, die Sie bei der Abzweigung Aspra Nera verlassen. Hier folgen Sie den Wegweisern nach Rodopous (5 km).

Die nächste Bushaltestelle ist in Kolymbari, ca. 7 km entfernt von Rodopous (erreichbar per Taxi, s. u.). Busverbindungen halbstündlich ab Chania zwischen 6:00 und 21:45, zurück nach Chania zwischen 6:00 und 22:00, www.e-ktel.com

Taxi von/nach Kolymbari (ca. € 12): Taxi Kolymbari, ☏ 28 24 08 30 50 oder 69 44 99 45 04, www.taxi-kolymbari.gr

Sie verlassen den Platz des 330-Einwohner-Dorfes **Rodopos** mit seinen traditionellen Häusern mit venezianischem Einfluss in nördliche Richtung und passieren nach 250 m die große, weiße Kuppelkirche Agios Antonios. Sie folgen der Straße hinaus aus dem Dorf. Nach 850 m passieren Sie einen kleinen Straßenschrein. Kurz darauf führt die Straße mit einigen Kurven mit schöner Aussicht auf das Dorf Rodopos aufwärts. Sie folgen der Straße und passieren ein Stallgebäude und Weingärten. Nach 3,5 km geht die Straße bei einigen Weingärten in einen Schotterweg über ❶ (km 3,3), der gemäßigt aufwärtsführt.

Unterwegs bieten sich schöne Blicke in südöstliche Richtung auf die Bucht von Chania und die Halbinsel von Akrotiri mit dem Flughafen von Chania.

Nach 6,4 km (etwa 1 Std. 30 Min.) beachten Sie zur Linken die große (etwa 12 x 4 m) flache Wasserzisterne mit zwei metallenen Abdeckplatten ❷ (km 6,4). Hier nehmen Sie links den Pfad in das kleine Tal und queren nach 250 m einen etwas undeutlichen Feldweg.

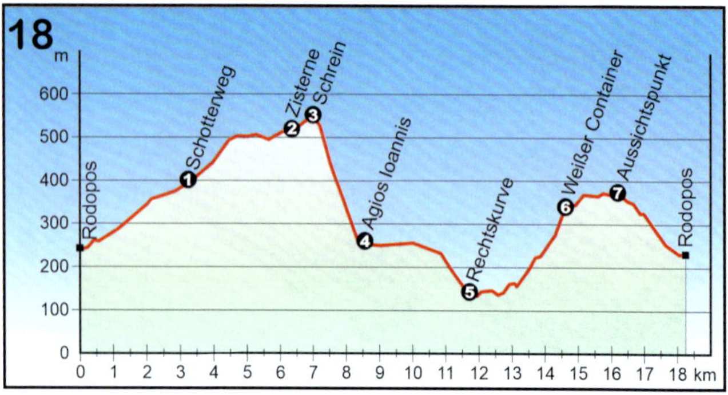

Sie gehen geradeaus, einige ältere rote Punkte und Steinmännchen säumen den Weg. Links ragt der kegelförmige Berg Onichas (⇧ 750 m) auf. Sie folgen dem Weg nach rechts und erreichen nach 100 m einen breiten Schotterweg, dem Sie links aufwärts folgen (kleines Schild „ΠΑΛΑΙΟ ΜΟΝΟΠΑΤΙ", was so viel heißt wie „alter Pfad"). Bei einem kleinen Betongebäude nach 150 m halten Sie sich links (Schild mit demselben Schriftzug wie zuvor) und erreichen kurz darauf einen Aussichtspunkt und kleinen Schrein ❸ (km 7,1). Hier haben Sie tolle Sicht auf die Bucht von Kissamos und die Halbinsel von Gramvousa. Unten erkennen Sie im Tal die unter Bäumen versteckte Kirche Agios Ioannis.

Hier beginnt ein Abstieg über 300 Hm; etwas unterhalb passieren Sie einen weiteren Schrein aus Stein. Sie folgen dem mit grünen Punkten markierten Pfad in Serpentinen steil abwärts zu einem kleinen Schrein aus Marmor an einer Schotterstraße, der Sie rechts bzw. in Gehrichtung geradeaus 200 m zur Kirche Agios Ioannis folgen ❹ (km 8,6).

Bei der von einer Mauer umgebenen Kirche ist ein schöner, schattiger Platz für ein Picknick. Hinter dem langen Gebäude ist rechts ein Wasserhahn.

Die zweischiffige **Wallfahrtskirche Agios Ioannis** geht zurück auf die venezianische Periode. Rund um die Kirche sind die Ruinen der Mönchszellen des früheren Klosters erkennbar. Drei Glocken hängen an einer Platane neben der kleinen Kirche. Die langen Steintische mit Platz für mehr als 1.000 Personen sind

18 1:50.000

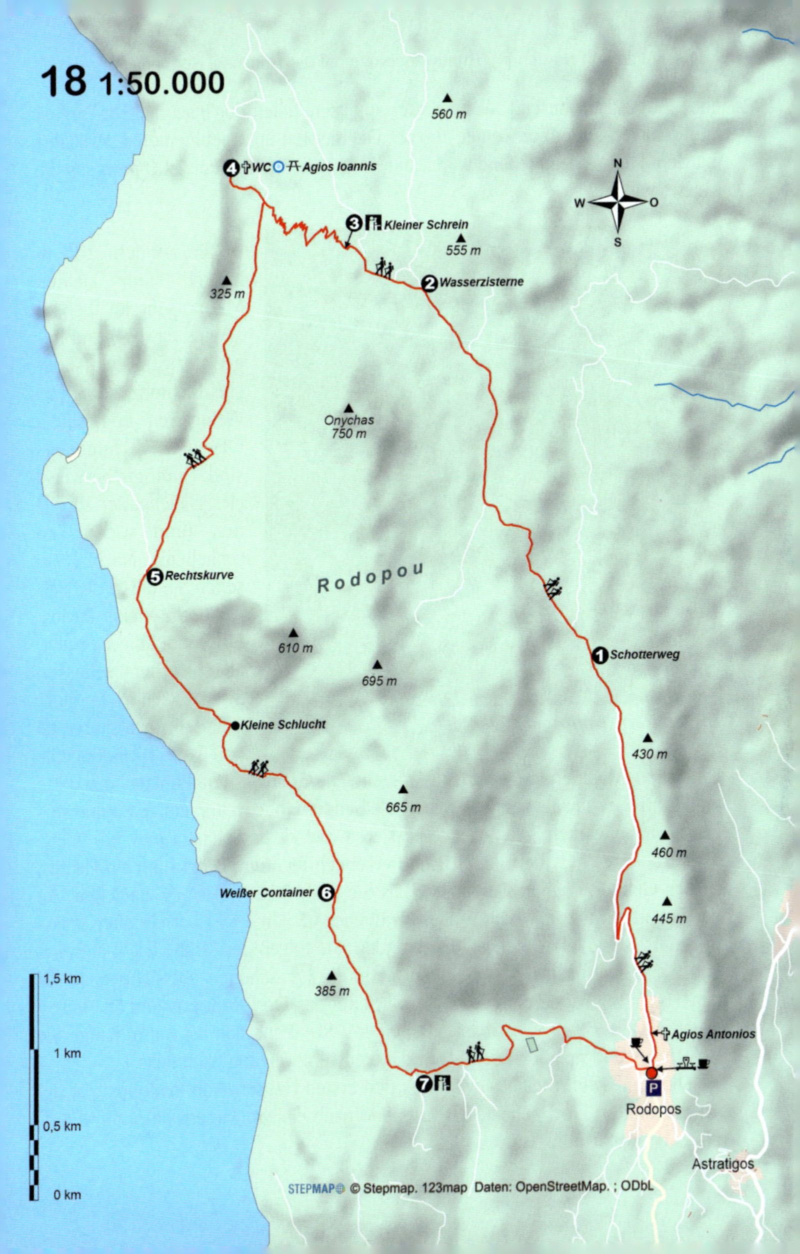

560 m
4 WC Agios Ioannis
N
W
O
S
3 Kleiner Schrein
555 m
2 Wasserzisterne
325 m
Onychas
750 m
5 Rechtskurve
Rodopou
610 m
695 m
1 Schotterweg
Kleine Schlucht
430 m
665 m
460 m
Weißer Container 6
445 m
1,5 km
1 km
0,5 km
0 km
385 m
Agios Antonios
7
P
Rodopos
Astratigos
STEPMAP © Stepmap. 123map Daten: OpenStreetMap. ; ODbL

Ende August gut besetzt, wenn Kreter aus allen Teilen der Insel am 28. August hierherpilgern, aber nur wenige zu Fuß. Die meisten unternehmen diese Wallfahrt mit dem Pick-up. Am Abend wird dann lange gefeiert, ehe um 2:00 morgens die Messe beginnt.

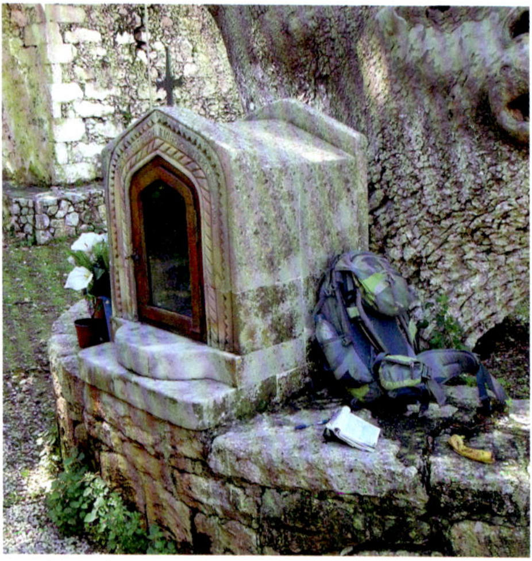

In der Nähe von Agios Ioannis

Sie wandern 200 m zurück zum kleinen Marmorschrein (Schild: „Agios Pavlos") und folgen der Straße in südliche Richtung vorbei an Weingärten und einem Olivenhain. Unterwegs sind möglicherweise einige Viehgatter zu öffnen (und wieder zu schließen!). Nach 2 km sehen Sie unten die kleine Kirche Agios Pavlos. Dort endet diese Straße, aber vorher verlassen Sie sie schon in einer scharfen Rechtskurve ❺ (km 11,7), indem Sie dem alten Maultierpfad geradeaus folgen. Dieser mit roten Punkten markierte Pfad führt Sie zunächst auf etwa gleichbleibender Höhe weiter, einige Bäume sorgen für angenehmen Schatten. Sie passieren eine kleine Schlucht bzw. ein (meistens) trockenes Flussbett (km 13) und erkennen Richtung Bergkamm ein kleines, weißes Gebäude (einen Container), das Sie nach 250 m Anstieg erreichen. An der Schotterstraße mit dem weißen Container ❻ (km 14,7) hat ein alter Volkswagen T2 seine letzte Ruhestätte gefunden. Sie folgen der Straße leicht aufwärts und erreichen nach 1,5 km einen weiteren schönen Aussichtspunkt ❼ (km 16,2). Sie haben einen schönen Blick auf das Dorf Rodopos und im Hintergrund auf die Bucht von Chania. Bei einer T-Kreuzung (km 17,6 km) halten Sie sich rechts und nehmen nach 50 m die erste Abzweigung nach links.

Die Straße führt leicht abwärts zu den ersten Häusern von Rodopos. An der T-Kreuzung im Dorf gehen Sie rechts und nach einigen Metern links zum Dorfplatz, dem Startpunkt.

19 Milia und Berg Kastellos

Tour für Bergfreunde

Das Mountain Retreat Milia liegt im Süden der Gemeinde Kissamos in einem grünen Kastanienwald – eher eine Seltenheit auf Kreta. Früher ein sommerliches Rückzugsgebiet, wurde hier in den 1990er-Jahren mit Unterstützung der EU ein Projekt für Öko-Tourismus mit Unterkünften in restaurierten Steinhäusern und einer Taverne mit traditioneller kretischer Küche verwirklicht. Sie wandern durch ein grünes Gebiet mit Gelegenheit zu einem kurzen Aufstieg zum markanten Gipfel des Kastellos.

Start/Ziel: Parkplatz am Mountain Retreat Milia, GPS N 35°24.780' E 023°39.706'

9,9 km

3 Std.

450 m/450 m

251-575 m

am Anfang einige Wegweiser nach Kato Milia, am Pfad zum Berg Kastellos schwarzgelbe Schilder, beim Aufstieg zum Kastellos rote Punkte

Sie wandern über leichte Pfade, Schotterstraßen und eine ruhige Asphaltstraße. Der Aufstieg zum Kastellos ist ein steiler, steiniger Pfad, der an manchen Punkten die Unterstützung der Hände erfordert.

am Anfang und Ende in Milia beliebte gleichnamige Taverne, Brunnen im Dorf Aikirgiannis (km 3,1)

keine

für Kinder geeignet

Vierbeiner können mit und dürfen sich am Beginn im Dorf Aikirgiannis am Brunnen an frischem Wasser laben.

P Freies Parken am Mountain Retreat Milia. Mit dem Auto von Chania kommend folgen Sie der Nationalstraße nach Kissamos und weiter den Schildern nach Elafonisi. Die Straße führt Sie durch die Dörfer Kaloudiana und Topolia. Etwa 2 km nach einem Tunnel und dem Dorf Katsomatados biegen Sie nach rechts Richtung Vlatos ab. Weiter folgen Sie den hölzernen Schildern nach Milia. Die letzten 4 km sind nicht mehr asphaltiert.

keine Busverbindung

Vom Parkplatz und der kleinen Brücke folgen Sie dem Schild nach Milia. Sie passieren Kastanienbäume und erreichen die ersten Gebäude des Mountain Retreat Milia.

Restaurant Milia Mountain Retreat, 69 45 75 37 43, www.milia.gr, März-November 12:30-22:30, sonst 12:30-19:00. ☺ Im Restaurant werden nicht nur lokale Produkte serviert, sondern auch verkauft: Honig, selbst gemachte Marmelade, Kräuter und vieles mehr.

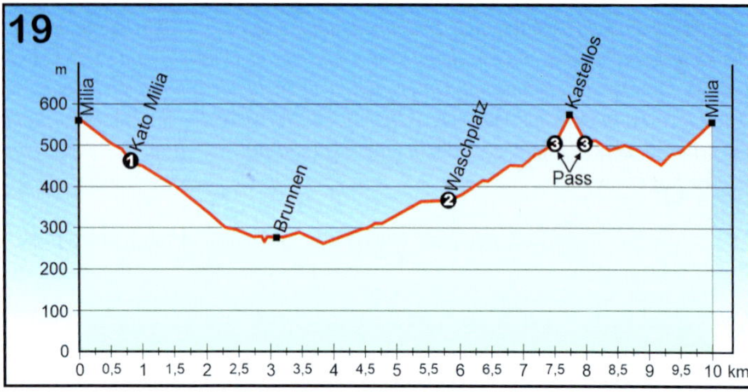

Kurz nach dem Restaurant (km 0,3) gehen Sie links abwärts (farbige Wegweiser für verschiedene Touren, darunter ein weißer Wegweiser „Kato Milia“). Sie erreichen einen Pfad, passieren ein Tor und verlassen Milia (rechts einige Stallgebäude). Der Pfad führt Sie abwärts durch einen schönen Kastanienwald und dort durch ein weiteres Tor.

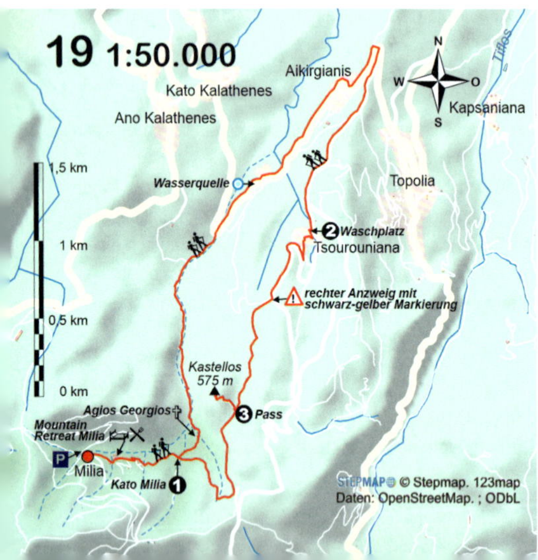

Bei einer kleiner Ruine bei Kato Milia (wörtlich „untere Mühle“) mit verschiedenen Wanderwegweisern ❶ (km 0,8) biegen Sie links ab (brauner Wegweiser nach Agios Georgios) in Richtung eines Olivenhains mit knorrigen, alten Bäumen. Sie passieren die kleine Kapelle Agios Georgios (km 1) und folgen dem

Schotterweg ab- und nach der Querung eines (trockenen) Flussbetts wieder abwärts zu einer verkehrsarmen Asphaltstraße (km 2,7). Diese führt Sie rechts zum Eingang des Dorfes **Aikirgiannis**, wo Sie rechts an einem Brunnen Ihre Trinkflasche auffüllen können (km 3,1). Sie folgen der Straße durch das lang gestreckte Dorf. Bei der scharfen Rechtskurve nach einer Kirche biegen Sie scharf rechts in die kleine Asphaltstraße (km 4,4) mit kleinem Wegweiser zum Dorf Tsourouniana („ΠΡΟΣ TSOYPONIANA") ab und gehen auf dieser aussichtsreichen Straße leicht aufwärts. Einige Minuten nach einer kleinen, weißen Kapelle taucht vor Ihnen das Dorf Tsourouniana auf und rechts davon der felsige Gipfel des Kastellos.

Tsourouniana empfängt Sie rechts mit einem ehemaligen Kafenion und dem alten Waschplatz ❷ (km 5,8). Vor dem Kafenion biegen Sie nach links ab und erreichen einen Betonweg, dem Sie durch die Rechtskurve zu einem Haus folgen, wo Sie Stufen hinabsteigen. Weiter geht es auf dem Betonweg zu einer T-Kreuzung mit einem anderen Betonweg, wo Sie scharf links gehen. Nach etwa 150 m halten Sie sich bei einer Asphaltstraße rechts. Bald taucht vor Ihnen der charakteristische Gipfel des Kastellos auf.

Dorf Tsourouniana und Berg Kastellos

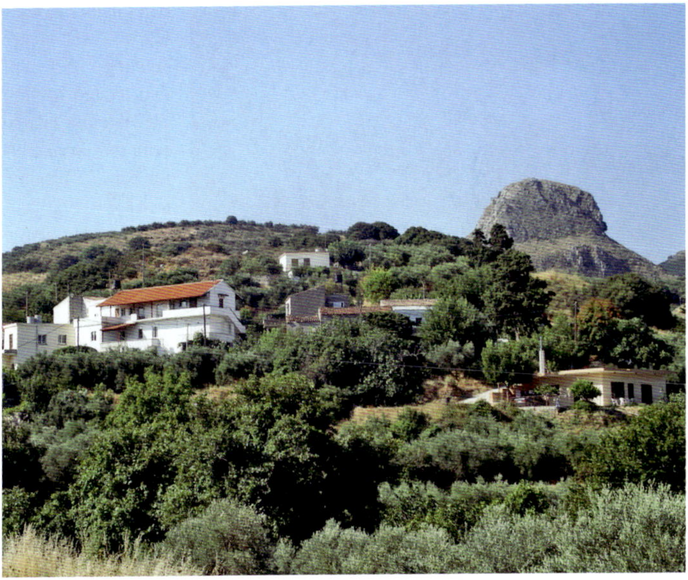

Nach 500 m aufgepasst! Zunächst ignorieren Sie den rechts abzweigenden Schotterweg mit grün-weißem Pfeil und gehen 10 m weiter geradeaus, um dann den rechts abzweigenden Betonweg mit schwarz-gelber Markierung zu nehmen (km 6,6).

Dieser schöne Weg führt Sie zu einer Gabelung, an der Sie sich rechts halten (schwarz-gelb markiert). Der Weg verengt sich zu einem Pfad, der leicht aufwärts zu einem Pass links des Kastellos führt ❸ (km 7,5).

Abkürzung ohne Gipfel

(➲ 0,5 km und ↑ 75 Hm weniger)

Sie können den Gipfelsturm hinauf zum Kastellos bleiben lassen und folgen in dem Fall dem Pfad weiter geradeaus.

Blick vom Kastellos mit Milia im Hintergrund

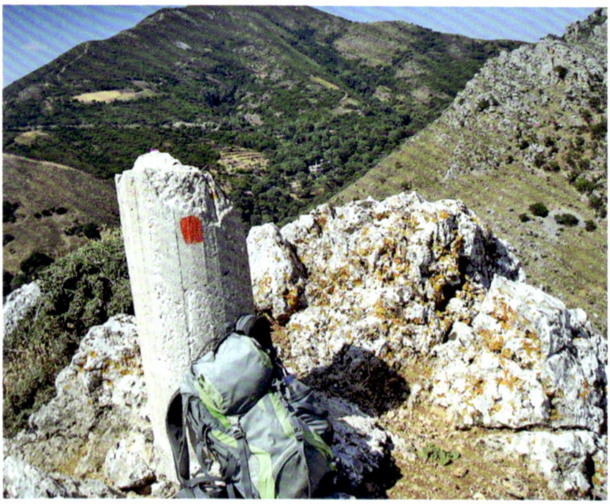

Vom Pass folgen Sie rechts (roter Pfeil) den roten Punkten hinauf auf den Gipfel des **Kastellos** – ein steiler Anstieg, der auf den letzten Metern die Hilfe der Hände erfordert. Vom Gipfel (km 7,7) bieten sich weite Blicke gen Norden sowie das unterhalb liegende Milia.

Zurück zum Pass ❸ geht es auf demselben Weg, auf dem es hinaufging, und dort rechts weiter auf dem Pfad neben einer Trockensteinmauer. Rechts erkennen Sie Milia. Bei einem breiten Schotterweg halten Sie sich rechts. Nach 10 Min. erreichen Sie **Kato Milia** ❶ und gehen geradeaus. Der schöne Weg führt Sie wieder durch den Kastanienwald und zurück nach Milia mit seinem Restaurant.

Vom Restaurant folgen Sie dem Schotterweg zurück zum Parkplatz am Startpunkt dieser Wanderung.

20 Wanderung zu zwei Felsenkapellen

Tour für Kulturfreunde

Diese kurze Wanderung führt Sie durch das Gemeindegebiet von Apokoronas nördlich der Weißen Berge. Die überraschend grüne Landschaft wird geprägt durch viele Olivenhaine und Kretische Zypressen. Sie passieren zwei kleine Felskapellen sowie das schön restaurierte Dorf Douliana und genießen schöne Blicke auf die Weißen Berge. Im Dorf Gavalochori mit vielen restaurierten Häusern locken im Sommerhalbjahr das kleine Folklore-Museum und die alte venezianische Ölmühle.

Start/Ziel: im Dorf Gavalochori vor dem Kriegsdenkmal und der Taverne Gavalianos am kleinen Platz, GPS N 35°25.483' E 024°12.678'

7,7 km

2 Std.

230 m/230 m

34-119 m

keine Markierung

Breite Schotterwege und Betonspuren sowie kleiner Teil auf Asphalt. Etwa 1,5 km verlaufen auf steinigem Pfad. Die zweite Hälfte ist großteils durch Zypressen beschattet.

Einkehrgelegenheiten am Start in Gavalochori, in Arismari (km 0,2) sowie in Douliana (km 5,3). An den Felsenkapellen gibt es die Möglichkeit, die Wasserflaschen aufzufüllen (km 3,6 und 5,7).

bei den Felsenkirchen Agios Antonios (km 3,6) und Agios Ioannis (km 5,7) beschattete Sitzgelegenheiten

in Gavalochori kleiner Laden mit lokalen Produkten gegenüber vom Kriegsdenkmal, in Douliana kleiner Laden bei Natalia's Houses (km 5,2)

Gut geeignet für Kinder; die Tour ist nicht zu lang mit schattigen Pausenplätzen und Rast- bzw. Einkehrgelegenheiten. Eindrucksvoll für Kinder ist der tunnelartige, schmale Pfad von Douliana zur Felsenkapelle Agios Ioannis, der mit seiner üppigen Vegetation an einen Dschungel erinnert.

geeignet für Hunde, auch ohne Leine, Fließgewässer Fehlanzeige, dafür Wasserstellen bei den Felsenkirchen Agios Antonios (km 3,6) und Agios Ioannis (km 5,7)

P kleiner Parkplatz am Anfang der Wanderung beim Kriegsdenkmal, sonst entlang der Straße (gratis)

Der zwischen Chania und Almyrida verkehrende Bus hält in Gavalochori am Dorfplatz (Startpunkt), in beide Richtungen 1 x morgens und 1 x nachmittags, www.e-ktel.com.

Taxistände in den benachbarten Orten Kalyves und Almyrida, u. a. für Almyrida Taxi, 69 74 64 09 05. Tarife für einfache Fahrt: Kalyves – Gavalochori: € 12, Almyrida – Gavalochori: € 10

Vom kleinen Parkplatz in **Gavalochori** halten Sie sich links mit dem Rücken zum Kriegsdenkmal und der Taverne Gavalionos und folgen der Straße Richtung Vamos (Straßenschild).

Café/Taverne Gavalianos, 28 25 08 40 04, 69 74 16 25 07, täglich 9:00-23:00

Sofort danach biegen Sie rechts in die gepflasterte Straße, vorbei am Arismari-Restaurant.

Arismari-Restaurant, 28 25 08 40 66, täglich 9:00-0:00

Kurz darauf sehen Sie zur Rechten den Eingang des Folklore-Museums.

⌘ Historisches und **Folklore-Museum von Gavalochori**, in der Sommersaison (April-Oktober) Mo-Sa 9:00-15:00, So 11:00-16:00, Eintritt € 2

Die gepflasterte Straße geht bald in Asphalt über und Sie passieren die Hauptkirche des Dorfes (Agios Sergios). Nach 100 m biegt die Straße nach links ab, Sie aber folgen rechts bzw. geradeaus dem aufwärtsführenden Betonweg, der bald in Schotter übergeht (mit stellenweise Beton). Abzweigungen nach rechts ignorieren Sie. Nach etwa 15 Min. zwischen Olivenhainen gehen Sie bei einer T-Kreuzung rechts und nach 100 m bei einer Kreuzung mit

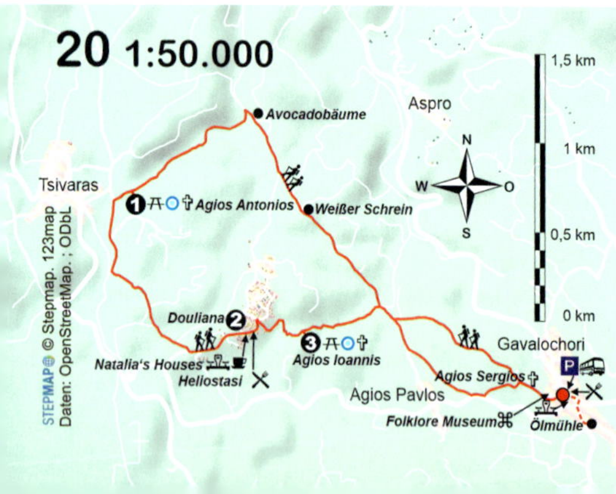

einem kleinen Haus zur Rechten (km 1,3) geradeaus (von links kommen Sie später zurück) auf einem Schotterweg leicht aufwärts. Links und rechts abzweigende Wege ignorieren Sie. Nach Ende der Steigung (km 2) erreichen Sie einen kleinen, weißen Schrein. Sie beachten den rechts abzweigenden Weg nicht und wandern geradeaus abwärts. Nach 250 m gehen Sie bei der T-Kreuzung mit einem Beton-Schotter-Weg rechts.

Sie folgen diesem Weg mit stellenweise Beton und ignorieren eine rechte Abzweigung. Nach 400 m erreichen Sie den Talgrund mit rechts Avocadobäumen und links schönen Kretischen Zypressen mit ihren (auch) horizontal wachsenden Ästen (km 2,7).

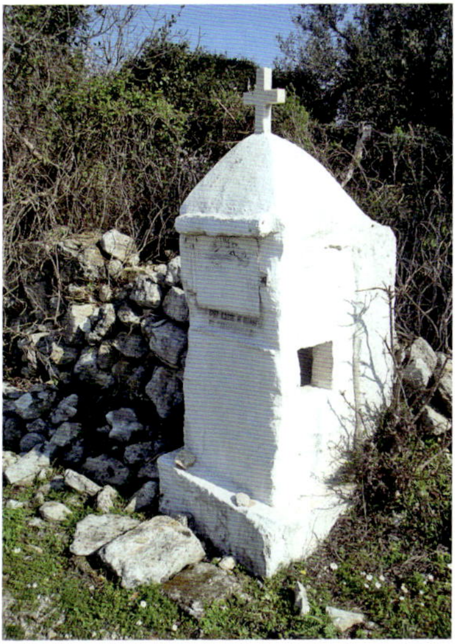

Kleiner Schrein

Kretische Zypresse

Die Kretische Zypresse ist eine Varietät der Mittelmeer-Zypresse (*Cupressus sempervirens*). Im Gegensatz zur bekannten säulenförmigen Toskana-Zypresse (var. *stricta*) wächst die Kretische Zypresse (var. *horizontalis*) asymmetrisch. Die ältesten Exemplare stehen in der Samaria-Schlucht (☞ Tour 14), manche von ihnen schon seit dem Mittelalter. Viele verschwanden durch die Venezianer, die das dauerhafte Zypressenholz, das bei Kretern auch als Bauholz beliebt ist, für den Schiffbau schätzten.

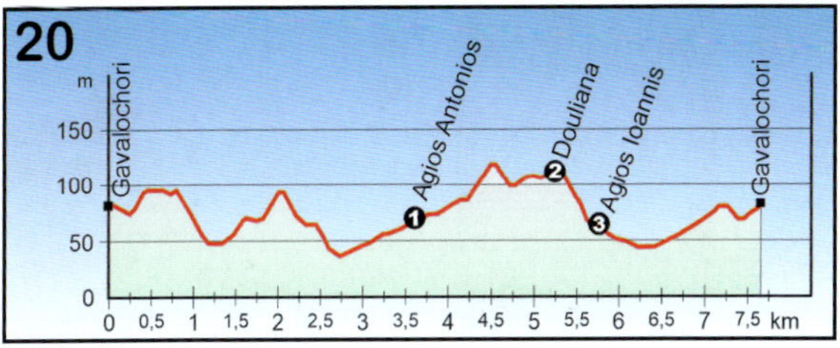

Hier gehen Sie links und folgen dem Weg vor einem kleinen Stall mit Walnussbaum nach rechts. Der Weg führt kurz darauf als stellenweise erodierter und steiniger Pfad durch ein schönes, grünes Tal. Nach etwa 10 Min. erreichen Sie die erste Felsenkapelle ❶ (km 3,6) mit schönem Rastplatz und Gelegenheit, die Wasserflasche aufzufüllen.

✞ Die kleine Felsenkapelle **Agios Antonios** ist benannt nach dem um 250 v. Chr. in Ägypten geborenen Antonios, der nach dem Tod seiner wohlhabenden Eltern den Reichtum verschenkt und fortan asketisch als Einsiedler im Dienste des Christentums gelebt haben soll. Sein 20 Jahre währendes Ausharren in einer einsamen Höhle in der Wüste hat angeblich viele weitere Eremiten inspiriert. Kein Wunder also, dass die meisten Antonios-Kirchen in Felshöhlen zu finden sind!

Sie folgen dem Weg weiter und erreichen nach 100 m eine T-Kreuzung mit einer kleinen, asphaltierten Straße, der Sie links folgen. Nach 200 m macht die Straße einen Linksknick, Sie gehen dort geradeaus weiter auf dem Schotterweg und halten sich nach weiteren 200 m bei einer Kreuzung links, bald aufwärts. Den links abzweigenden Weg ignorieren Sie und passieren kurz darauf einen Weingarten zur Linken.

Felsenkapelle Agios Ioannis

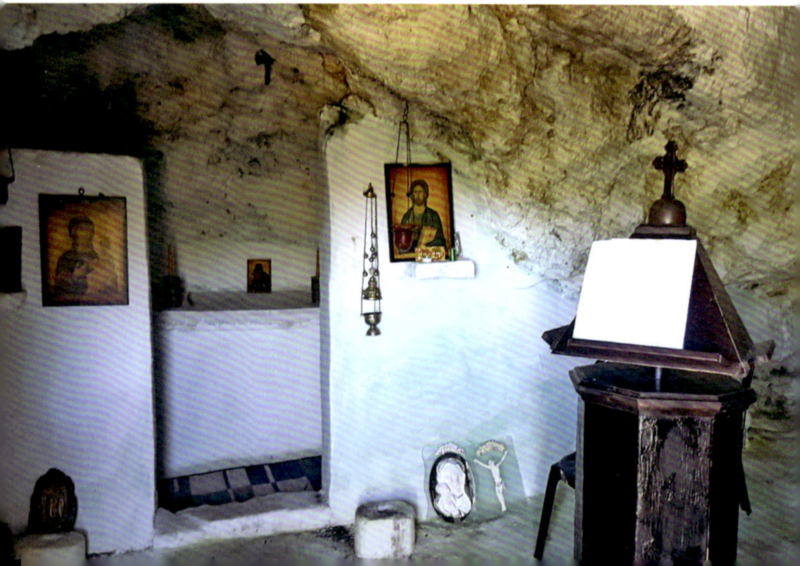

Bei einer Kreuzung mit einem Betonweg (km 4,5) gehen Sie rechts und nach 100 m bei einer Gabelung links (Betonweg). Nach 5 Min. erreichen Sie eine T-Kreuzung mit einer Asphaltstraße gegenüber dem Friedhof von Douliana. Hier gehen Sie links auf der Straße zum Dorf **Douliana** (auch geschrieben „Ntouliana") mit Einkehr- und Einkaufsgelegenheit ❷ (km 5,3).

Natalia's Houses, kleiner Laden und Café, ☏ 28 25 02 33 56, April-Oktober täglich 8:00-21:00

Restaurant Heliostasi, 69 89 92 26 13, täglich 12:00-0:00

Sie folgen der Straße in das Dorf hinein und nehmen 40 m nach dem kleinen Platz mit dem Café To Kafenion rechts den Pfad (Wegweiser „Saint John's Chapel" (Agios Ioannis)).

To Kafenion, täglich 8:00-14:00 und 17:00-21:00 (falls geschlossen, bei Inhaberin nebenan fragen), am kleinen Platz

Der steinige Pfad führt abwärts, nach 70 m geht es vorbei an einem unvollendeten Betonfundament eines Hauses und direkt danach nach links. Nach 90 m folgen Sie dem Weg rechts steil abwärts in ein grünes Tal. Am Talgrund halten Sie sich links und erreichen nach 100 m ein braunes Eingangstor mit der zweiten Felsenkapelle dahinter ❸.

Die kleine Felsenkapelle **Agios Ioannis** hat einen schönen Rastplatz und eine Gelegenheit, die Wasserflasche aufzufüllen. Am 24. Juni pilgern die Einwohner von Douliana hinunter zur Felsenkirche, um den Namenstag von Agios Ioannis zu feiern, dem Schutzheiligen der Mönche.

Sie folgen dem Pfad noch etwa 500 m durch das grüne Tal bis zu einer Kreuzung (km 6,3), wo Sie wieder auf den Weg vom Beginn der Tour stoßen (von km 1,3). Hier gehen Sie rechts und ignorieren die nach 100 m folgende linke Abzweigung (von wo Sie auf dem Hinweg gekommen sind). Sie folgen der kleinen Asphaltstraße geradeaus und halten sich nach 200 m bei einer Gabelung links. Nach 450 m erreichen Sie eine Straße und folgen ihr nach links, um nach 70 m die erste Abzweigung nach links zu nehmen. Sie nähern sich so dem alten Schulgebäude von Gavalochori. Sie folgen der Straße und erreichen die Hauptkirche des Dorfes. Kurz dahinter beginnt die gepflasterte Straße zwischen Häusern, die Sie zurück zum Ausgangspunkt dieser Wanderung führt.

21 Von Kares in das Gournes-Tal

Tour für Landschaftsgenießer

Diese schöne und aussichtsreiche Rundwanderung beginnt im kleinen Bergdorf Kares und führt zum Tal von Gournes, dessen Form an ein Amphitheater erinnert. Das Tal von Gournes mit seinen Schafweiden liegt 1.000 m unterhalb des Gipfels des Spathi (⇧ 2.048 m) und wartet mit spektakulären Felsformationen und Wald mit schönen Zypressen auf. In dem Tal lädt bei der Kapelle Pavlos ein Rastplatz zur Pause ein. Zurück gehen Sie auf einem Schotterweg entlang einer tiefen Schlucht und weiter durch Weingärten. Eine schöne und nicht allzu schwierige Bergwanderung!

Start/Ziel: große Platane und Parkplatz am Anfang des Dorfes Kares, GPS N 35°23.183' E 024°05.515'

10,8 km

4 Std.

600 m/600 m

486-1.040 m

rote Markierung vom Start in Kares bis zum Tal von Gournes

Der Weg zum Gournes-Tal ist ein etwas überwucherter, steiniger Bergpfad und später stellenweise ein *kalderimi* – ein alter Maultierpfad. Zurück vom Gournes-Tal wandern Sie über einen Schotterweg und ganz am Schluss wieder über einen steinigen Pfad.

Es gibt keine Einkehrgelegenheit entlang der Tour. Die nächstgelegene Taverne befindet sich im Nachbardorf Ramni.

Bänke bei Agios Pavlos unter einer Schatten spendenden Zypresse (km 4,8)

geeignet für ältere Kinder mit Bergwandererfahrung

Diese Tour ist mit Vierbeinern möglich, aber nicht ideal, denn sie führt über unwirtliches Gelände, wo Schafe und Ziegen keine Seltenheit sind, vor allem in Gournes. Bei Begegnungen mit diesen den Hund anleinen!

Freier Parkplatz am Eingang zum Dorf Kares bei der großen Platane und dem Kriegsdenkmal. Um Kares mit dem Auto zu erreichen, fahren Sie entweder durch Melidonior oder Ramni. Sie folgen den Straßenschildern; die kleine Asphaltstraße endet in Kares.

keine Anbindung

Taxi von Almyrida/Kalyves (einfache Fahrt etwa € 30): Almyrida Taxi, 69 74 64 09 05, www.almyridataxi.gr

Vom Parkplatz mit dem kleinen Kriegsdenkmal gehen Sie bei der scharfen Linkskurve der Straße über die kleine Brücke. Der Weg ist bis zum Tal von Gournes mit roten Punkten markiert. Der Betonweg führt Sie aufwärts in das Dorf. Nach 200 m gehen Sie scharf rechts (roter Pfeil), passieren ein Haus und zweigen kurz danach wieder nach rechts ab (erneut roter Pfeil). Sie wandern aufwärts und biegen nach 120 m nach links ab – auf ein Haus zu. Nach wenigen Metern nehmen Sie rechts den kleinen Pfad ❶ (km 0,5).

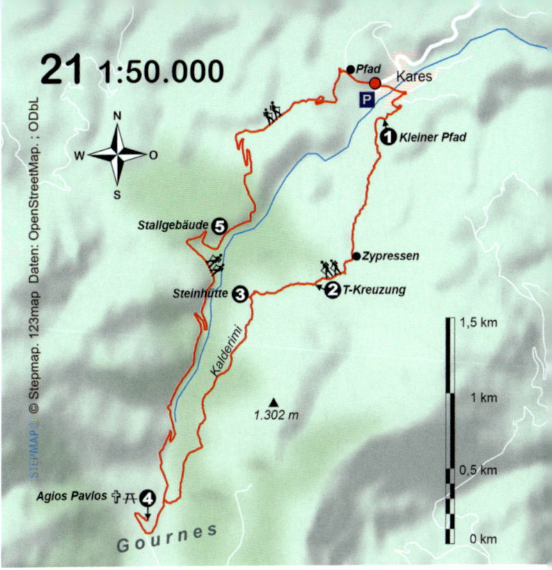

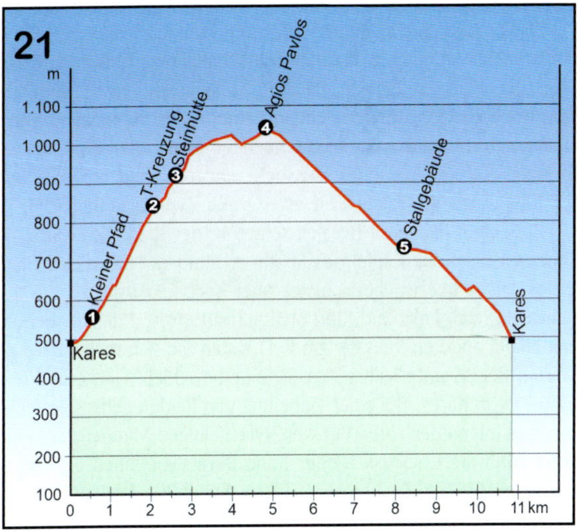

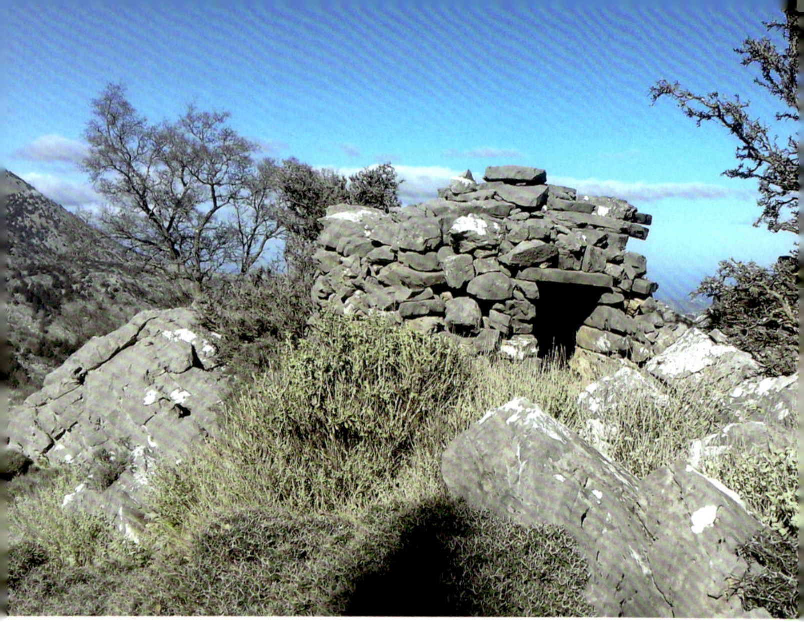

Kleine Steinhütte

Dieser aussichtsreiche und mit roten Punkten markierte Pfad führt leicht aufwärts vorbei an einigen alten landwirtschaftlichen Terrassen. Nach etwa 20 Min. wird der Pfad ab einigen Bäumen stellenweise etwas undeutlich bzw. leicht überwachsen. Sie wandern entlang einer alten Steinmauer, wo der Pfad etwas überwuchert ist. Kurz darauf erkennen Sie einen roten Pfeil. Bei weiteren Bäumen kreuzen Sie ein trockenes Flussbett, ehe der Pfad steiler aufwärtsführt. Nach 15 Min. Anstieg erreichen Sie zwei große Zypressen (km 1,7).

Bei einem flacheren Bereich schwenkt der Pfad (westwärts) nach rechts. Vor Ihnen ist der hohe Gipfel des Spathi erkennbar. Auch dieser Pfad ist möglicherweise leicht überwuchert, bietet aber schöne Ausblicke zur Küste. Der Pfad schwenkt nach links und führt steil aufwärts (rote Punkte). Bei einer T-Kreuzung mit einem anderen Pfad ❷ (km 2,1) halten Sie sich rechts bzw. geradeaus (westwärts). Rechts unterhalb sehen Sie eine bewaldete Fläche und noch weiter unten Häuser von Kares. Bei einer Gabelung von Pfaden gehen Sie rechts bzw. geradeaus und folgen den roten Punkten. Nach einigen Minuten schwenkt der Pfad nach links (südwärts), sodass wieder hohe Berge vor Ihnen auftauchen. Kurz darauf passieren Sie zur Rechten eine kleine **Steinhütte** ❸ (km 2,6). Dieser Platz mit einigen großen Zypressen bietet sich für eine Pause im Schatten an.

Weiter geht es auf dem Pfad aufwärts, bald in Serpentinen vorbei an Felsen. Rechts tut sich eine tiefe Schlucht mit einer unbefestigten Straße auf der anderen Seite auf, auf der Sie später zurückgehen werden. Der gut erhaltene Saumpfad (*kalderimi*) führt Sie zu dem Tal von Gournes mit seiner an ein Amphitheater erinnernden Form. 40 Min. nach der Steinhütte erscheint vor Ihnen ein kleines, weißes Betonhäuschen für Schäfer. Davor folgen Sie dem Pfad nach rechts und erreichen einen Betonweg (km 4,2). Dort gehen Sie rechts und nach 50 m bei einer T-Kreuzung links zu einem Abstecher zur Kapelle Agios Pavlos. Sie folgen dem Betonweg aufwärts und ignorieren nach 300 m eine Abzweigung nach links. Rechts erkennen Sie auf einem steinigen Hügel die Kapelle. Weiter geht es entlang einer Wasserpumpanlage aus Beton, ehe vor Ihnen Steinhütten auftauchen (*mitata* oder *koumos*). Vor diesen Hütten biegen Sie rechts ab und folgen dem Weg zur Kapelle **Agios Pavlos** ❹ (km 4,8) mit einem ⍾ schön gelegenen, aussichtsreichen Pausenplatz.

✞ Die Kirche Agios Pavlos ist benannt nach dem heiligen Pavlos, dem alljährlich am 29.6. mit einem Fest gedacht wird.

Zunächst geht es zurück wie gekommen und dann weiter abwärts auf der Zufahrtsstraße der Schäfer, abwechselnd über Beton und Schotter. Sie passieren das Betongebäude einer Wasserpumpanlage zur Rechten und ein kleines Steingebäude zur Linken. Etwa 40 Gehminuten nach der Kapelle erreichen Sei eine kleine ebene Fläche mit Stallgebäuden zur Linken ❺ (km 8,2). Weiter geht es auf dem Weg, nach 20 Min. entlang einiger Weingärten zur Linken. Nach weiteren 15 Min. tauchen unten die Häuser von Kares auf und in einiger Entfernung (an klaren Tagen) der Berg Ida (⇧ 2.456 m, ☞ Tour 30), der höchste Berg Kretas. Sie wandern auf dem Weg abwärts und ignorieren eine Abzweigung nach rechts.

✋ 20 m danach nehmen Sie den kleinen, rechts abzweigenden Pfad (km 10,5) – gegenüber von einer Linksabzweigung. Sie folgen diesem mit roten Punkten markierten, schmalen Pfad abwärts und müssen unterwegs ein Zaungatter öffnen (und wieder schließen). Nach 250 m erreichen Sie wieder den Parkplatz von Kares.

22 Meskla und (westliche!) Sarakina-Schlucht

Tour für Landschaftsgenießer

Die kleine und eher unbekannte Sarakina-Schlucht (nicht zu verwechseln mit der gleichnamigen in Ostkreta!) beginnt außerhalb von Meskla. Dieses ursprüngliche Dorf liegt in einer der grünsten Gegenden von Chania mit vielen Orangenplantagen, Wald und viel Wasser. Nach dieser kleinen Schlucht wandern Sie durch einen schönen Wald. Entlang einer ruhigen und aussichtsreichen Straße geht es zurück zum Dorf. Nicht weit von Chania entfernt entführt Sie diese Wanderung in eine andere Welt!

Start/Ziel: Panagia-Kirche und Taverne Halaris in Meskla, GPS N 35°24.016' E 023°57.322'

7,1 km

2 Std.

280 m/280 m

214-477 m

einige Holzpfeile

In der Schlucht wandern Sie durch das Flussbett, wobei Sie an einigen Stellen über Steine klettern müssen. Ansonsten erwarten Sie ein deutlicher Pfad durch Wald, eine Schotterstraße und eine ruhige Asphaltstraße.

In Meskla gibt es einige traditionelle Kafenia. Am Start-/Zielpunkt lockt die Taverne Halaris mit einer tollen Lage!

picknickgeeignete Bänke am Anfang der Schlucht (km 0,5) sowie eine Bank an deren Ende (km 1,3)

Diese kleine Schlucht ist aufregend und damit ideal für Kinder. Der Weg durch Wald führt zwar steil, aber beschattet aufwärts. Die Tour kann abgekürzt werden, indem Sie ein kurzes Stück entlang einer Asphaltstraße zurückgehen.

Die Tour ist für Hunde geeignet – Wasser nicht vergessen!

P Freies Parken am Startpunkt vor der Kirche und vor der Taverne Halaris. Mit dem Auto von Chania kommend folgen Sie den Wegweisern nach Omalos. Im Dorf Fournes führt die Strecke nach Omalos nach rechts, Sie aber folgen den Schildern geradeaus nach Meskla. Sie fahren durch das Dorf, bis Sie die Panagia-Kirche erreichen.

Busverbindungen von/nach Chania Mo, Mi und Fr, von Chania nach Meskla um 6:30 und 14:00, von Meskla nach Chania um 7:20 und 14:30, www.e-ktel.com. Der Bus hält etwas vor dem Startpunkt am kleinen Platz, sodass Sie noch ein kleines Stück weitergehen müssen.

Von Chania gibt es mehrere Taxianbieter (einfache Fahrt nach Meskla etwa € 35), z. B. Crete Taxi Service, 69 73 20 49 23, www.crete-taxi-service.com.

Bei einer Abkürzung am Ende der Steigung durch Wald sparen Sie 3,4 km.

Von der Panagia-Kirche folgen Sie der Straße mit der Taverne Halaris zur Linken. Nach 200 m gehen Sie bei einer scharfen rechten Haarnadelkurve links abwärts entlang eines Schotterweges (hölzerner Pfeil Richtung Zourva). Nach einigen Metern erreichen Sie das Flussbett und einen großen Brunnen unter Schatten spendenden Platanen und kurz darauf einen schönen Picknickplatz mit Bänken (km, 0,5). Sie gehen über die kleine Brücke und biegen nach rechts zum Start der **Sarakina-Schlucht** ab ❶ (km 0,6).

Sarakina-Schlucht

Die kleine, aber beeindruckende Sarakina-Schlucht verdankt ihren Namen dem lokalen Glauben, dass sich hier einst Sarazenen versteckt haben sollen. Die Felsen dieser Schlucht sehen wie mittig gespalten aus: Die Erosionskräfte der Natur haben hier erstaunliche Skulpturen aus den Felsen geformt.

Weg in der Sarakina-Schlucht

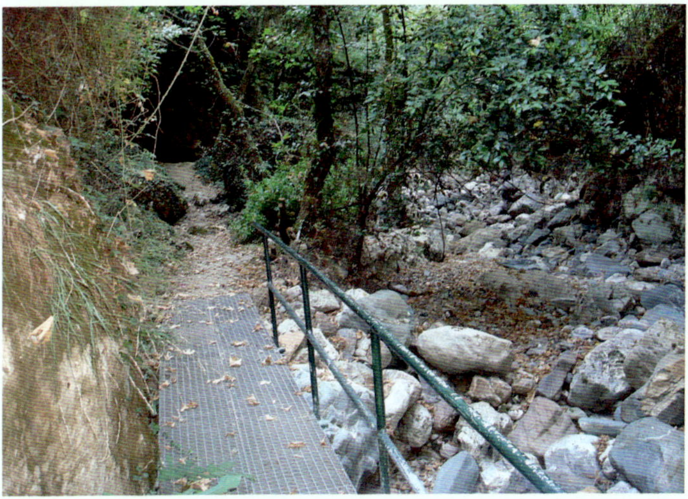

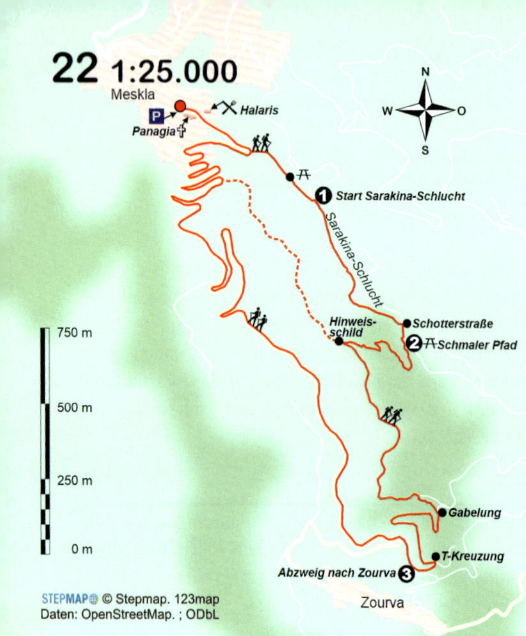

Entlang des Flussbetts erleichtert eine Metallkonstruktion das Vorankommen, ehe Sie das Flussbett und einen schönen, schmalen Durchgang durch die Schlucht erreichen. Infolge starker Regenfälle im Winter 2019 sieht der Abschnitt dahinter womöglich noch etwas unaufgeräumt aus. Aber trotz umgestürzter Bäume und Erdrutsche lässt sich dieses Teilstück gut passieren.

Sie folgen dem Flussbett, bis Sie in einigen Metern Entfernung zur Linken einen Schotterweg erkennen. Wegen eines großen Bergrutsches ist es einfacher, hier etwas aufwärtszugehen und dem Schotterweg zu folgen (km 1,2). Nach etwa 100 m erscheinen rechts einige Holzstufen auf der anderen Seite des Flussbetts. Hier beginnt bei einer Holzbank ein schmaler Pfad ❷ (km 1,3), dem Sie steil hinauf durch Wald folgen. Nach einigen Steinstufen erreichen Sie eine Schotterstraße und ein Hinweisschild nach links zum 2 km entfernten Dorf Zourva (km 1,7).

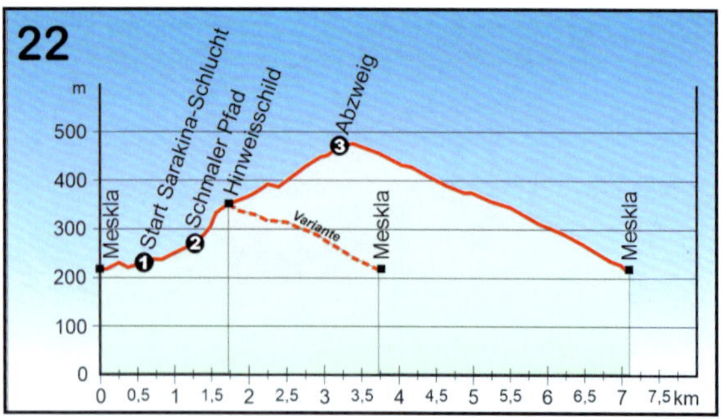

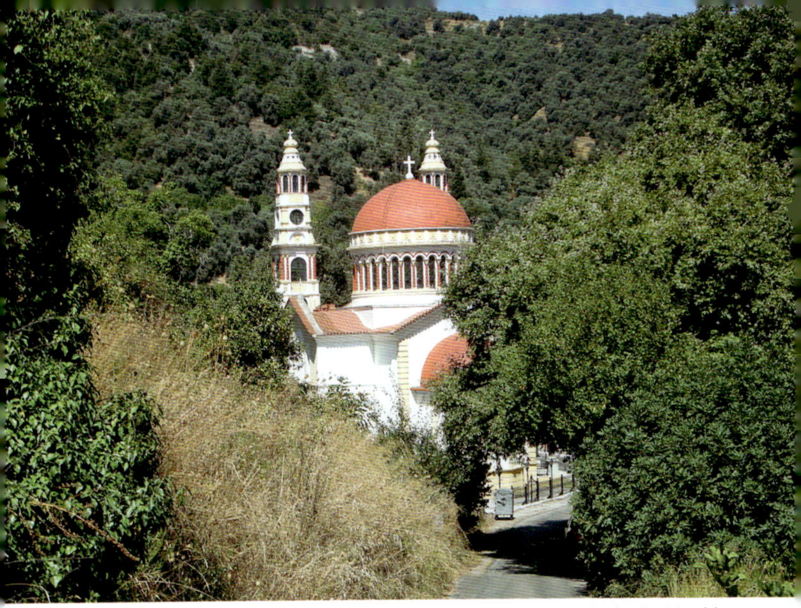

Blick auf die Panagia-Kirche in Meskla

Abkürzung direkt nach Meskla
(➲ 2 statt 5,4 km zurück zum Ausgangspunkt)

Für eine Abkürzung biegen Sie bei dem Hinweisschild nach rechts ab und wandern auf der Schotterstraße etwa 750 m bis zu einer Asphaltstraße. Dieser folgen Sie nach rechts 1,2 km abwärts zur Kirche und Taverne in Meskla.

Sie folgen der Schotterstraße bei dem Hinweisschild nach links und ignorieren eine scharfe Abzweigung nach rechts. Bei einer Gabelung gehen Sie rechts (Schild: „Zourva 1300 m") und bei der nach 700 m folgenden T-Kreuzung wieder rechts (Schild: „Zourva 600 m"). 100 m weiter ignorieren Sie die linke Abzweigung nach **Zourva** ❸ (km 3,2) und gehen geradeaus weiter, ehe Sie nach 200 m eine Asphaltstraße erreichen. Dieser verkehrsarmen Straße folgen Sie rechts für gut 1 Std. (3,8 km) zurück zum Ausgangspunkt der Wanderung. Unterwegs passieren Sie schöne Ausblicke sowie die von rechts einmündende Abkürzung (km 5,9). Zurück in Meskla lädt die Taverne unter einer großen Platane zu einer Erfrischung ein.

Taverne Halaris in Meskla, ☏ 28 21 06 74 80, täglich 10:00-22:00

Osten – Rethymno und Plakias

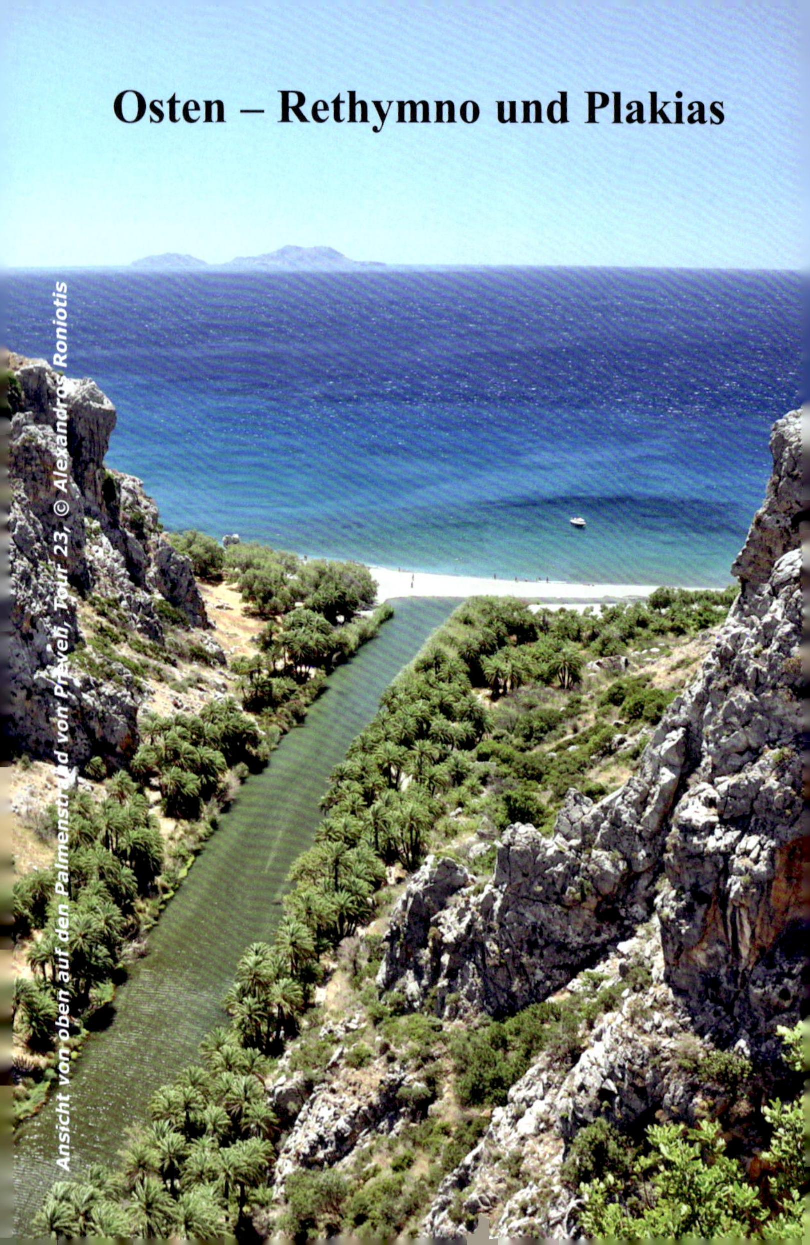

Ansicht von oben auf den Palmenstrand von Preveli, Tour 23, © Alexandros Roniotis

23 Panorama-Rundwanderung zum Palmenstrand von Preveli

Wanderung für Panorama- und Badefreunde

Diese schöne Rundwanderung führt Sie nach Preveli, zu einem der beliebtesten Strände von Kreta mit schönem Palmenhain an der Mündung des Flusses Megalopotamos. Sie starten bei einer alten türkischen Brücke. Unterwegs bieten sich fantastische Blicke in die tiefe, palmenbestandene Schlucht.

Start/Ziel: alte türkische Brücke neben der Taverne Gefyra, GPS N 35°10.431' E 024°27.968'

8,4 km

2 Std. 30 Min.

325 m/325 m

0-118 m

rote Punkte entlang des Pfades zum Strand von Preveli

Sie gehen über schmale Pfade und unbefestigte Straßen. An einer Stelle ist der Pfad leicht ausgesetzt (km 1,3). Nach dem Mast (km 2,8) führt der Pfad ziemlich steil abwärts. Am Strand muss der Fluss barfuß gequert werden!

Café/Taverne beim Start-/Zielpunkt. Am Strand sind bei einem Kiosk Kleinigkeiten erhältlich (km 3,6). Es gibt keine Gelegenheit zum Auffüllen der Wasserflasche mit Ausnahme von gekauften Wasserflaschen am Strandkiosk.

Rastgelegenheit unten Schatten spendenden Bäumen am Strand (km 3,6).

Möglich für ältere Kinder, aber Vorsicht bei der ausgesetzten Stelle (km 1,3). Belohnung für die Mühe ist der Strand.

möglich mit Vierbeinern, aber nicht ideal wegen wenig Schatten, eines steilen, steinigen Pfades und des oft stark besuchten Strandes von Preveli

P An der alten türkischen Brücke können Sie gratis parken. Falls Sie die Wanderung am Parkplatz oberhalb des Preveli-Strandes starten, muss eine Parkgebühr gezahlt werden (€ 2). Zu erreichen von Rethymno auf der Straße Richtung Spili. 7 km vor Spili biegen Sie rechts nach Plakias ab und fahren durch die Kourtaglioto-Schlucht. 6 km vor Plakias folgen Sie den Wegweisern nach Preveli und erreichen nach 2 km die Brücke. Optional kann die Tour wesentlich verkürzt werden, wenn Sie am gebührenpflichtigen Parkplatz (€ 2) oberhalb des Strandes parken (km 5,3), GPS N 35°09.210' E 024°28.217', ab wo Sie dann entweder nur hinunter zum Strand und in den Palmenhain gehen oder die ganze Runde gehen können.

Busverbindungen zwischen Rethymno und Preveli nur in der Saison: täglich ab Rethymno nach Preveli um 9:00, 11:00 und 14:30 – bitten Sie den Fahrer, an der Brücke zu halten –, von Preveli nach Rethymno um 11:30, 14:30 und 18:30, www.e-ktel.com

von/nach Plakias (einfache Fahrt € 15): Plakias Transfer, ☏ 28 32 03 15 90, www.plakias-transfers.com

In den Sommermonaten (Mai-Oktober) verkehren Boote von Plakias zum Strand von Preveli ❷; Sie können die Wanderung dann dort starten bzw. beenden. Täglich ab Plakias 10:20, 12:20, 14:20, zurück 13:40, 15:15, 17:00, einfache Fahrt € 8, www.lbferries.gr

Vom kleinen Parkplatz an der türkischen Brücke kommend queren Sie das Flussbett des Megalopotamos oder gehen über die alte Brücke und halten sich danach rechts, vorbei an einer Einkehrgelegenheit.

Taverne Gefyra, 69 44 98 67 40, in der Saison täglich 9:00-19:00

Nach 100 m wird die Straße unbefestigt und passiert kurz darauf einen Hain mit knorrigen alten Oliven (km 0,4). Kurz darauf queren Sie einen Nebenfluss des Megalopotamos über eine alte Steinbrücke und biegen danach mit schönem Ausblick rechts ab.

Nach 10 Min. passieren Sie – eine alte Kapelle im Rücken – ein Metallgatter und biegen 20 m danach rechts in eine kleine, unbefestigte Straße mit dem Wegweiser „Preveli beach" ein ❶ (km 1,1), die Sie nach 30 m wieder verlassen, indem Sie rechts an einem Zaun entlang den schmalen Pfad hinunter zum Flussbett nehmen (rote Punkte). Auf der anderen Seite geht es wieder aufwärts und bei einer T-Kreuzung nach rechts (nicht links dem roten Pfeil folgen!).

Die ersten Meter sind leicht ausgesetzt – der Pfad verläuft etwa 40 m oberhalb des Flusstals. Kurz darauf wird das Wandern auf diesem schönen Pfad wieder entspannter.

400 m nach der T-Kreuzung verbreitert sich der Weg und führt aufwärts, bis Sie den rechts abzweigenden, schmalen Pfad mit dem Wegweiser „Preveli Rooms" nehmen (km 2). Kurz darauf muss ein Tor mit der Aufschrift „Preveli" geöffnet (und wieder geschlossen!) werden. Der Pfad ist mit roten Punkten markiert und führt leicht aufwärts. Hier bietet sich bei Stromleitungen und einem kleinen Telefonmast (km 2,8) ein tolles Panorama über die Südküste, die Paximadia-Inseln und links die Bucht und den Strand von Drimiskianos.

Sie folgen dem Pfad steil abwärts, anfangs entlang eines Zauns (rote Punkte) und kurz darauf durch ein Gatter. Danach halten Sie sich etwas links und nach 50 m rechts steil abwärts (rote Punkte und Steinmännchen). Bei einer T-Kreuzung mit einem anderen Pfad (km 3,3) gehen Sie rechts und passieren einen Zaun.

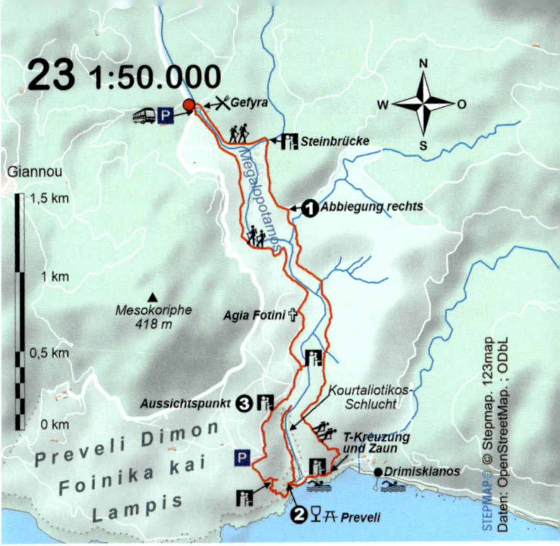

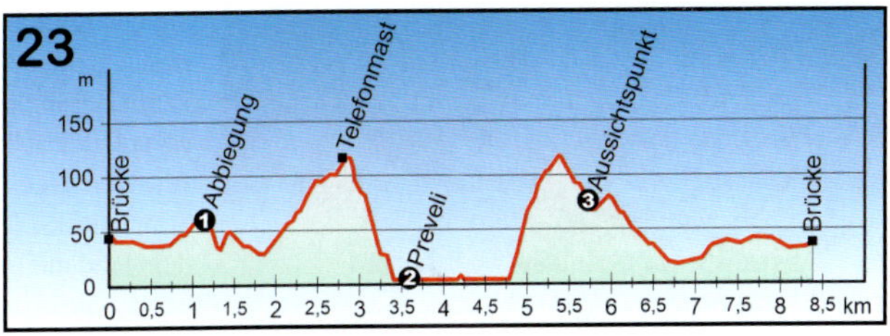

➪ Wenn Sie bei der T-Kreuzung links gehen, erreichen Sie den Strand von Drimiskianos (➲ hin und zurück 0,6 km).

Nach 100 m bieten sich tolle Blicke hinunter zum Strand von Preveli.

Sie gehen abwärts über Stufen zum Strand und über diesen hinweg. Am anderen Ende müssen Sie barfuß den Fluss queren und erreichen auf der anderen Seite den Strandkiosk von Preveli ❷ (km 3,6).

Strandbar von Preveli mit kleinen Erfrischungen (Getränke, Kleinigkeiten zum Essen), täglich in Sommermonaten

Der Strand ist ein idealer Rastplatz mit Schatten spendenden Tamarisken. Beim Baden hat man die Wahl zwischen Salz- und Süßwasser! Ansonsten ist der Strand kaum erschlossen (keine Sonnenschirme), weil das Gebiet geschützt ist.

Palmenparadies Preveli und Megalopotamos-Mündung

Der Strand von Preveli liegt am Ausgang der beeindruckenden Kourtaliotikos-Schlucht, durch die ganzjährig der Megalopotamos fließt. Neben Vai in Nordost-Kreta ist es der einzige palmenbestandene Strand der Insel. Die Kretischen Dattelpalmen (*Phoenix Theophrasti*) am Ufer des Megalopotamos sorgen für ein tropisches Flair. Ein Waldbrand zerstörte 2010 dieses schon von den Hippies der 1960er- und 1970er-Jahre geschätzte Paradies, aber erstaunlicherweise erholten sich die meisten Palmen von dem Schaden.

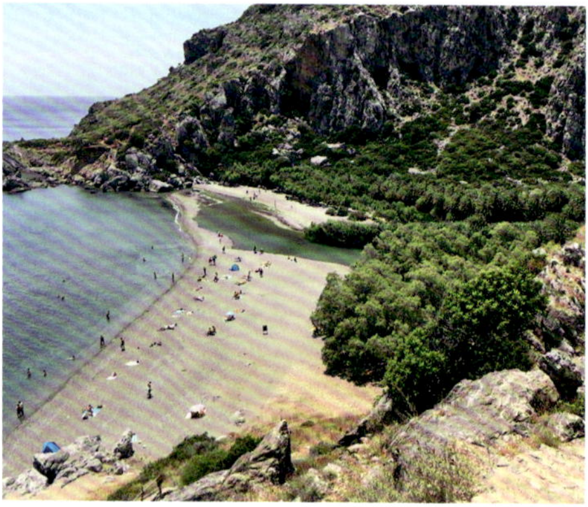

Strand von Preveli

Der Weg hinein in die Schlucht des Megalopotamos mit dem Palmenhain ist ein „Muss“. Der Pfad startet neben der Terrasse beim Kiosk. Nach 400 m erreichen Sie das Ende des Pfades bei großen Felsen. Zurück zum Strand geht es auf demselben Weg. An der Seeseite des Strandkiosks folgen Sie dem Pfad mit Stufen aufwärts. Sie kommen an einen Aussichtspunkt (km 5,1) mit Blick hinunter in die Schlucht und auf den Palmenstrand.

Etwas weiter aufwärts erreichen Sie den (gebührenpflichtigen) Parkplatz vom Strand (km 5,3), den Sie nach rechts diagonal queren (zum Ostende). Weiter geht es durch einen Zaun und links auf einem schmalen Pfad am Zaun entlang. Sie erreichen einen schönen Aussichtspunkt mit hölzernem Geländer vor einem kleinen Mast ❸ (km 5,7).

Sie folgen weiter dem Pfad, passieren einen ähnlichen Aussichtspunkt und kurz darauf einen Zaun und gehen abwärts. Einen rechts abzweigenden Pfad ignorieren Sie. Sie kommen zu einer weiteren Aussichtsplattform mit hölzernem Geländer (km 6,1) und Blick tief hinunter in den Canyon.

Etwas weiter folgen Sie dem Pfad durch einen Zaun und leicht abwärts zur kleinen Kapelle **Agia Fotini** mit schöner Glocke in einer Zypresse (km 6,5). Ab hier gehen Sie 1,9 km auf der unbefestigten Straße stellenweise am Fluss entlang zurück zur alten türkischen Brücke mit der Café-Taverne Gefyra.

24 Von Plakias zu alten Wassermühlen

Rundwanderung für Landschaftsgenießer

Diese kurze, aber schöne Wanderung führt Sie in das grüne Hinterland von Plakias mit zwei alten Wassermühlen. Die zweite Mühle mit ihrem großen Aquädukt vermittelt einen guten Eindruck davon, wie früher Getreide gemahlen wurde. Sie finden hier außerdem eine Kapelle und erreichen kurz darauf das Dorf Myrthios, ein perfekter Pausenplatz mit mehreren Tavernen und schönen Blicken über Plakias.

↻ Start/Ziel: Zentrum mit Boulevard von Plakias beim Parkplatz, Taxistand und der Bushaltestelle, GPS N 35°11.417' E 024°23.710'

4,7 km

2 Std.

↑↓ 190 m/190 m

⇧ 4-166 m

Boulevard von Plakias

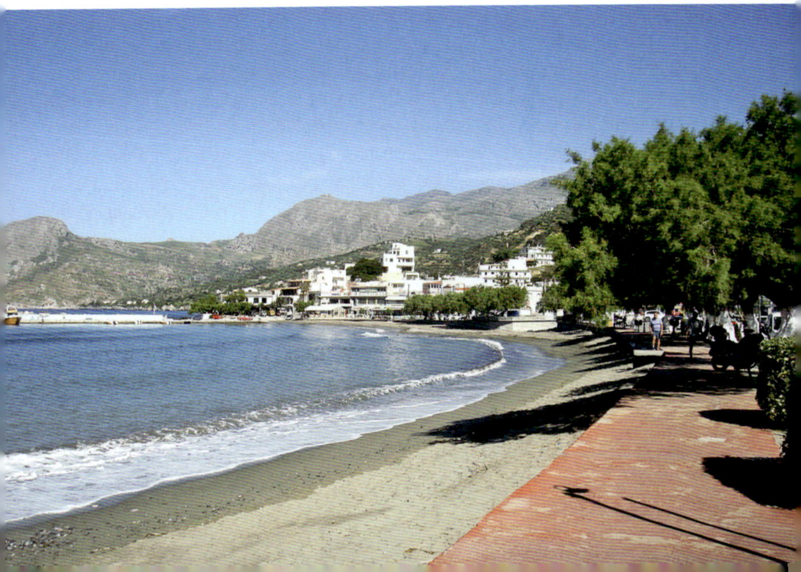

einige blaue Punkte von der alten Wassermühle nach Myrthios

Unbefestigte Straßen und steiler Pfad von der alten Wassermühle abwärts nach Myrthios. An einer Stelle muss ein Flussbett über Steine gequert werden. Bei Hochwasser zu Beginn der Saison müssen Sie hier ggf. Ihre Schuhe ausziehen. Der letzte Teil von Mirthios zurück nach Plakias ist ein steiler Abstieg auf betonierter Straße.

In Plakias gibt es viele Cafés und Tavernen, auch das Dorf Myrthios bietet mehrere Einkehrgelegenheiten; aussichtsreich ist die Taverne Plateia (km 3,2). Am Rastplatz in Myrthios gibt es eine Wasserstelle (km 3,1).

Am alten Waschplatz von Myrthios gibt es einen beschatteten Rastplatz (km 3,1).

kleiner Supermarkt in Plakias

Diese kurze und kurzweilige Tour bietet viele Höhepunkte für Kinder: Flussquerung über eine Furt, ein schmaler Pfad zu den Ruinen der Wassermühle sowie ein schöner Pausenplatz in Myrthios.

gut geeignet für Vierbeiner mit vielen Trinkgelegenheiten (Fluss, Waschplatz, Wassergraben)

P viele Parkgelegenheiten im Zentrum von Plakias und entlang dem Boulevard (frei)

Busse von Rethymno nach Plakias: täglich um 11:00 und 14:30, Mo und Fr auch um 6:15, von Plakias nach Rethymno täglich um 10:00, 15:15, Mo-Fr auch um 7:00, www.e-ktel.com

Vom Startpunkt mit Parkplatz, Taxistand und Bushaltestelle wandern Sie westlich in Richtung der kleinen Brücke über das Flussbett des Kotsifos. Sie gehen über die Brücke und den zweiten Parkplatz. Nach 100 m passieren Sie das Restaurant Sifis und einen kleinen Supermarkt (ungewiss) zur Rechten.

Nach dem Restaurant biegen Sie rechts in eine kleine Straße und folgen dieser für 5 Min., um bei einer T-Kreuzung rechts abzubiegen und wieder eine kleine Brücke zu queren (km 0,4). Bei der der nächsten Abzweigung halten Sie sich links – in Gehrichtung geradeaus – und passieren die Jugendherberge von Plakias (km 0,5). Die Straße wird zum Schotterweg, dem Sie durch die Olivenhaine folgen. Kurz hinter einer kleinen Bücherei und dem Studio/Apartment Antonis erreichen Sie die Ruinen der ersten Wassermühle ❶ (km 1,1).

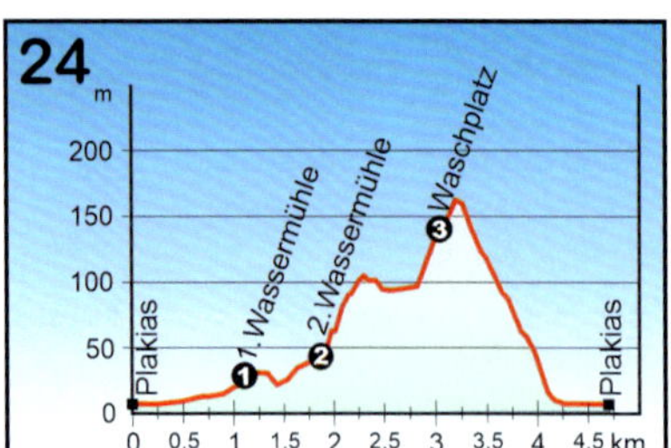

Sie folgen dem Weg noch 100 m bis zu einer T-Kreuzung, wo Sie links gehen. Nach 100 m ignorieren Sie einen rechts aufwärtsführenden Weg und gehen 30 m danach bei einer Gabelung links abwärts.

Der Weg knickt bald nach links und ein kleiner Pfad führt Sie zum Flussbett, das Sie über Steine queren (km 1,4).

Im Frühjahr kann das Wasser so hoch stehen, dass Sie Ihre Schuhe ausziehen müssen.

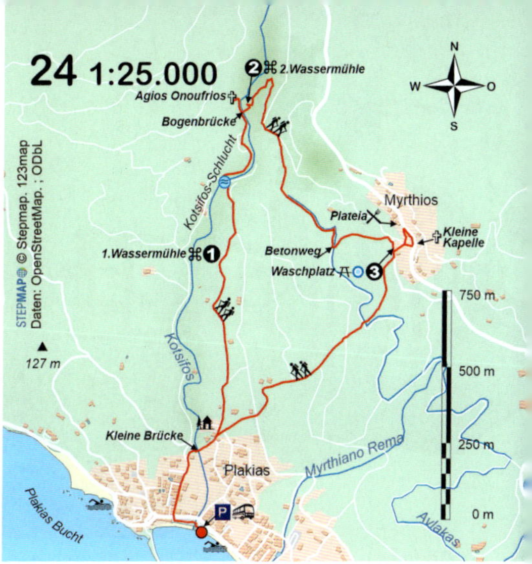

Auf der anderen Flussseite halten Sie sich rechts. Der breite Weg führt entlang des Kotsifos flussaufwärts und verjüngt sich nach 200 m zu einem schmalen Pfad. In der Ferne können Sie die zweite Wassermühle erkennen. Dieser schöne Pfad führt Sie zu einer alten Bogenbrücke (km 1,8) und links daran vorbei zu einer 50 m entfernten, kleinen Kapelle, geweiht dem heiligen Onoufrios. Zurück geht es zur Brücke, über diese hinüber und weiter zu der beeindruckenden zweiten Wassermühle ❷ (km 1,9).

Wassermühle am Kotsifos

Diese am Ausgang der Kotsifos-Schlucht gelegene (zweite) Wassermühle mahlte früher Weizen. Das Wasser wurde vom Hauptstrom in einem steinernen Aquädukt 1 km talaufwärts zur Mühle geleitet. Dort lief es durch ein vertikales Steinrohr auf das Mühlrad, dessen Blätter in einer Höhle unterhalb zu sehen sind. Erhalten sind oberhalb der Mühle Reste des Aquädukts. Die wassergetriebene Weizenmühle war bis Mitte der 1960er-Jahre in Betrieb (Infos zu Wassermühlen auf Kreta ☞ Tour 27).

Unter der Wassermühle gehen Sie rechts aufwärts (kleines Schild Richtung Myrthios) und passieren ein Aquädukt (blaue Punkte). Der Pfad knickt nach rechts und bietet schöne Ausblicke auf die Mühle und kleine Kapelle unten im Tal. Der Pfad endet an einem breiten Schotterweg, dem Sie rechts folgen. Dabei ignorieren Sie nach 50 m einen links aufwärtsführenden Pfad. Der mit blauen Punkten markierte Weg wird bald schmaler und bietet tolle Blicke.

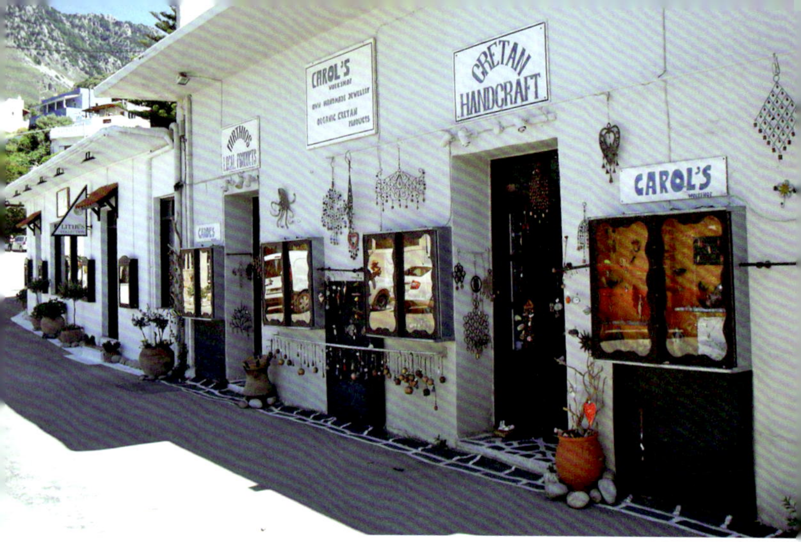

Myrthios

Möglicherweise müssen unterwegs mehrere (Vieh-)Gatter geöffnet (und wieder geschlossen) werden. Der Weg wird bei einem Wasserkanal mit einigen Abdeckplatten aus Stahl wieder breiter (km 2,5). Sie folgen dem Weg entlang des Wasserkanals und nehmen nach 300 m den links steil aufwärtsführenden Betonweg. Nach 200 m halten Sie sich bei einer T-Kreuzung rechts und erreichen nach 40 m den alten Waschplatz von **Myrthios** ❸ (km 3,1), einen ⛼ 💧 idealen Rastplatz mit Wasserbrunnen!

Beim Waschplatz biegen Sie links ab und folgen den Stufen aufwärts, bei einer Gabelung links haltend, zur Hauptstraße des Dorfes bei einer Einkehrgelegenheit (km 3,2).

✕ Taverne Plateia, ☏ 28 32 03 15 60, 🚪 in der Saison täglich 11:00-0:00

Sie folgen der Hauptstraße nach rechts und biegen nach 70 m nach einer kleinen Kapelle rechts ab. Die Stufen führen abwärts zurück zum Waschplatz ❸. Beim breiten Weg gehen Sie links und gleich darauf rechts steil aufwärts. Sie ignorieren alle Abzweigungen und erreichen wieder den Rand des Dorfes, die Jugendherberge und die vom Hinweg bekannte kleine Brücke über den Fluss Kotsifos. Nach der Brücke halten Sie sich links und folgen der Straße zurück zum Boulevard und Strand von Plakias. Dort halten Sie sich links, gehen über die kleine Brücke und erreichen wieder den Startpunkt beim Parkplatz und der Bushaltestelle von Plakias.

㉕ Wanderung bei Argyroupolis, der römischen Stadt Lappa

Tour für Kulturfreunde

Diese kurze, aber an Sehenswürdigkeiten reiche Tour beginnt in Argyroupolis, der alten römischen Stadt Lappa. Sie wandern auf beschatteten Pfaden durch eine grüne Landschaft mit der größten Platane Kretas. Unterwegs erinnern ein Mosaik, eine Römerstraße und Gräber an die Zeit der Römer auf Kreta. Unterhalb des Dorfes laden viele Tavernen zur Rast ein, umgeben von Wasserquellen.

Start/Ziel: am Platz beim oberen Ortsteil von Argyroupolis bei der großen Kirche Agios Ioannis (20 m weiter nördlich steht der alte Torbogen als Zugang in den alten Ortsteil), GPS N 35°17.146' E 024°20.118'

7,1 km

2 Std.

330 m/330 m

118-353 m

stellenweise blaue Punkte

schmale Wanderpfade mit viel Schatten, eine Römerstraße und Kieswege

Viele Tavernen im unteren Ortsteil von Argyroupolis, die teilweise selbst gezüchtete Forellen servieren. Im oberen Ortsteil gibt es zwei kleine Cafés hinter dem Torbogen am Anfang der Tour: Lappa Café und Bistro Café. In Kato Poros gibt es ein Café und die kleine Taverne Sarakas (km 4,6). Am Rastplatz können Sie Ihr Wasser auffüllen (km 3,2).

An der großen Platane (km 3,2) gibt es einen beschatteten Rastplatz. An einer Asphaltstraße finden Sie einen Picknicktisch (km 4,2).

Minimarkt in Argyroupolis an der Hauptstraße rechts des Torbogens

Geeignet für Kinder trotz einiger An-/Abstiege, die Tour ist nicht zu lang und beschattet. Es gibt einen schönen Pausenplatz mit Wasser.

Geeignet für Hunde, auch ohne Leine. Nahe dem Dorf Kato Poros sollten Sie den Hund wegen Schafen besser anleinen.

P kleiner Parkplatz am Anfang der Tour bei der Kirche (freies Parken)

Bushaltestelle am kleinen Platz am Start, Verbindungen von Rethymno nach Argyroupolis Mo-Fr um 6:00 und 14:45, zurück ab Argyroupolis um 15:45, www.e-ktel.com

Radio Taxi Rethymno (ab Rethymno € 25), ☎ 28 31 02 50 00, www.taxirethymno.gr. Taxi von Georgioupolis (ab Georgioupolis € 15), ☎ 28 25 06 12 78, www.taxi-georgioupolis.com.

Antikes Lappa: von Agamemnon bis Argyroupolis

Lappa war einst eine wichtige und mächtige Stadt. Nach mykenischen Legenden wurde Lappa vom griechischen Feldherrn Agamemnon gegründet. Das heutige Dorf Argyroupolis liegt auf den Mauern der antiken Stadt Lappa. Einige Fundamente der jetzigen Häuser gehen auf antike und venezianische Gebäude zurück. Im 2. Jh. v. Chr. verbündete sich Lappa mit Lyttos zu einer Allianz gegen Knossos. Letzteres zerstörte Lyttos, dessen Einwohner in dem verbündeten Lappa geschützt wurden. Spätere Bündnispartner von Lappa waren Teos (193 v. Chr.) und Pergamon (183 v. Chr.). Im römischen Bürgerkrieg nach Cäsars Ermordung schlug sich Lappa auf die Seite von Octavian (dem späteren Kaiser Augustus) gegen Marcus Antonius. Nach Octavians Sieg erhielt Lappa besondere Privilegien und Unabhängigkeit.

Viele architektonische Funde weisen auf eine Blütezeit in der spätrömischen Periode hin (2. bis 4. Jh. n. Chr.). Ausgrabungen förderten außerdem römische Bäder und Münzen zutage.

Vom kleinen Platz an der Kirche Agios Ioannis wandern Sie zum alten Torbogen, unter dem ein Geschäft Produkte aus Avocados verkauft. Weiter geht es geradeaus entlang der gepflasterten Straße. Nach 160 m passieren Sie zur Linken einen alten venezianischen Adelssitz mit der lateinischen Inschrift „Omnia Mundi Fumus et Umbra" („Alles in der Welt ist Rauch und Schatten"). Sie wandern weiter geradeaus und folgen bei einer T-Kreuzung der gepflasterten Straße nach links. Nach 200 m (km 0,5), 30 m nach einer kleinen, weißen Kapelle, erreichen Sie zur Linken den Mosaikboden eines alten römischen Badehauses aus dem 3. Jh. n. Chr. Sie folgen dem Pfad und Stufen abwärts zur Hauptstraße, halten sich rechts und passieren wieder den Torbogen. Gleich nach dem Torbogen nehmen Sie rechts die abwärtsführende Betonstraße und erreichen nach 130 m den kleinen Platz des unteren Ortsteils. Hier halten Sie sich links und folgen der Betonstraße zwischen Häusern entlang. Nach dem letzten Haus auf der rechten Seite gehen Sie rechts und abwärts auf einem alten Steinpfad (*kalderimi*).

Bei einem offenen Wasserreservoir zur Linken gehen Sie geradeaus. Kurz darauf geht es über Stufen abwärts, links vorbei an einer ✞ kleinen Felskirche mit einer Quelle mit nicht trinkbarem Wasser darin, geweiht Agia Dynami(s) (= „heilige Kraft"). Sie erreichen die Hauptstraße bei der Taverne Agia Dynamis ❶ zur Linken (km 1,2).

✕ Taverne Agia Dynamis in Argyroupolis, ☏ 28 31 08 12 10, in der Saison täglich 10:00-16:00

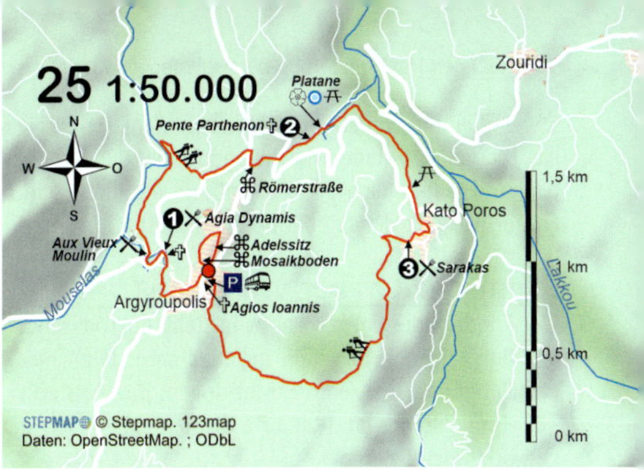

Sie folgen der Straße nach links und passieren mehrere ✕ Restaurants (April-Ende Oktober). Nach 130 m gehen Sie rechts abwärts auf der Betonstraße zum Restaurant Aux Vieux Moulin. Nach 70 m halten Sie sich rechts und folgen dem Betonweg rechts am Garten und der Terrasse des Restaurants vorbei. Nach 160 m zweigt der Weg scharf nach links ab; hier nehmen Sie rechts bzw. in Gehrichtung geradeaus den Schotterweg, später ein schmaler Pfad.

Bei einer Gabelung mit einem blauen Punkt gehen Sie links abwärts. Dieser angenehm beschattete Pfad führt entlang des Flusses Mousalas. Bei einer T-Kreuzung (blauer Punkt) wandern Sie rechts aufwärts. Unterwegs sehen (und riechen) Sie viel Salbei.

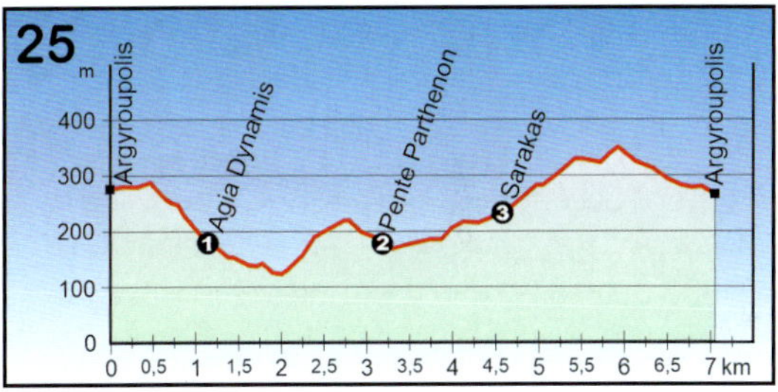

Bei einer etwas undeutlichen T-Kreuzung gehen Sie rechts (kleiner Wasserhydrant und blaue Punkte), kurz darauf wird der Weg etwas breiter. Bei einer weiteren Gabelung wandern Sie rechts und erreichen nach 50 m eine Asphaltstraße. Dieser folgen Sie etwa 300 m nach links zu einer T-Kreuzung mit dem Straßenschild „Episkopi/Argyroupolis“. Hier gehen Sie rechts und tauchen nach 70 m auf der links abwärtsführenden Römerstraße in die Vergangenheit ein (km 2,8). Nach 180 m queren Sie eine Asphaltstraße und folgen dem Pfad 200 m weiter geradeaus zum Eingangstor der Kirche der fünf Heiligen ❷ (km 3,2).

✝ Die **Kirche Pente Parthenon** verdankt ihren Namen den fünf Heiligen Thekla, Marianna, Ethane, Martha und Maria, die der Überlieferung nach hier gestorben sind. Tatsächlich gibt es rund um die Kirche eine Menge römischer Gräber: Früher war hier der Friedhof (Necropolis) von Lappa.

Römische Gräber von Lappa

Der Friedhof des antiken Lappa besteht aus römischen Grabkammern, die am Fuß der Berge in den Kalkstein gehauen sind. Die rund 70 Steingräber dienten als Familiengräber mehreren Bestattungen; die meisten wurden unberührt vorgefunden. Im Laufe der Jahrhunderte dienten einige Denkmäler als einfache Behausungen oder kleine Tempel.

Römische Gräber, © Alexandros Roniotis

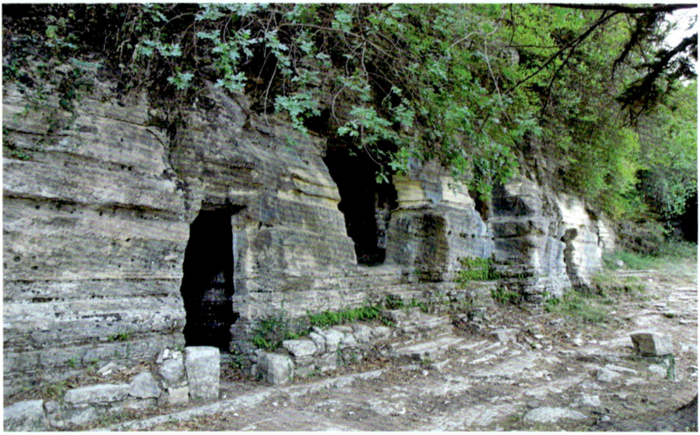

Sie folgen der Römerstraße abwärts zu einer großen alten Platane (km 3,2). Hier ist ein Rastplatz mit einer Wasserquelle (Trinkwasser).

Beim Rastplatz gehen Sie rechts und queren ein Flussbett (blauer Punkt). Sie folgen dem angenehm beschatteten Pfad für 900 m, ehe es aufwärtsgeht: Sie passieren einige Ställe und erreichen eine Asphaltstraße mit einem Picknicktisch zur Linken (km 4,2). Der Straße folgen Sie geradeaus 300 m zum Dorf **Kato Poros** und einem kleinen Parkplatz. Hier nehmen Sie rechts die gepflasterte Straße und erreichen nach 120 m die Taverne Sarakas ❸ (km 4,6).

Café/Taverne Sarakas in Kato Poros, ☏ 28 31 08 12 37, täglich 8:00-1:00

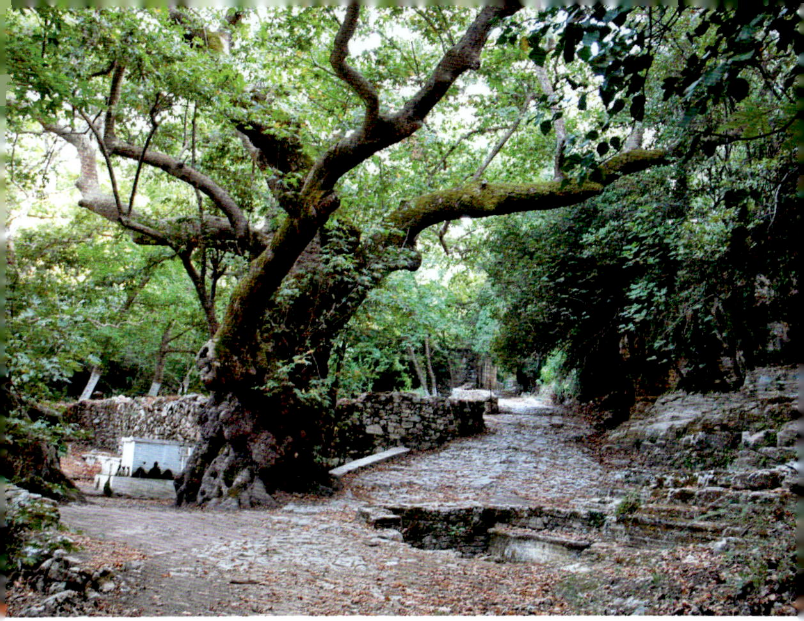

Platane und römische Straße, © Alexandros Roniotis

Nach der Taverne halten Sie sich rechts und nach 30 m noch einmal rechts. 100 m weiter folgen Sie bei einer Gabelung links dem Betonweg. Kurz darauf gehen Sie bei der nächsten Gabelung links aufwärts. Dieser Weg führt Sie nach 700 m leichtem Anstieg zu einer Mauer auf der linken Seite. Der Weg bietet tolle Ausblicke – an klaren Tagen bis zum Berg Ida, dem höchsten Berg Kretas (⇧ 2.456 m, ☞ Tour 30).

Der Pfad wird bald schmaler. Kurz darauf führt er wieder leicht aufwärts zum höchsten Punkt dieser Wanderung (km 6) bei einem großen Stall auf der rechten Seite. Sie folgen dem Weg weiter leicht abwärts, das Dorf Argyroupolis im Blick.

Der Weg führt Sie in rund 15 Min. zur Schule von Argyroupolis (km 6,8). Nach der Schule ignorieren Sie die linke Abzweigung und folgen rechts dem gepflasterten Weg in das Dorf und dort der Asphaltstraße links zum kleinen Platz, dem Startpunkt dieser Rundwanderung.

26 Die Schluchten von Kato Poros und Moundros

Rundwanderung für Landschaftsgenießer

Diese Wanderung führt durch die eher unbekannten Schluchten von Kato Poros und Moundros. Vom Dorf Kato Poros wandern Sie zunächst durch ein grünes Tal zur ersten, stellenweise sehr schmalen Schlucht und entlang deren Flussbett. Anders die zweite Schlucht, Moundros: Ein alter Pfad führt durch diese breite Schlucht, bekannt für Gänsegeier. Über das Dorf Moundros und das verlassene Nisi wandern Sie zurück nach Kato Poros.

Start/Ziel: am kleinen Parkplatz und dem Platz neben der Kirche in Kato Poros, GPS N 35°17.283' E 024°20.974'

12,2 km

4 Std. 30 Min.

↑ ↓ 400 m/400 m

170-358 m

Holzpfeile, blaue Punkte und rote Punkte in der Kato-Poros-Schlucht, schwarz-gelbe E4-Markierungen, rote Punkte und einige blaue Punkte in der Moundros-Schlucht

Sie wandern oft über schmale Pfade, stellenweise unbefestigte Straßen und eine ruhige, asphaltierte Straße. In der Kato-Poros-Schlucht geht es durch das Flussbett – inkl. einiger kurzer Kletterpartien über große Steine. In der Moundros-Schlucht erwartet Sie ein steiniger Pfad. Im frühen Frühjahr können die Flüsse so viel Wasser führen (je nach Winterwetter), dass das Queren schwierig bzw. nur barfuß möglich ist. Nach/bei schwerem Regen kann in beiden Schluchten der Wasserstand schnell steigen!

Einfache Cafés/Tavernen gibt es in Kato Poros (Taverne Sarakas) und in Moundros (km 7,8). Brunnen mit Trinkwasser in Moundros (km 7,9) sowie Quelle kurz vor Schluss (km 11,6)

In beiden Schluchten laden viele schattige Plätze zur Rast ein – allerdings ohne Bänke.

Diese Tour ist anspruchsvoll, aber für ältere Kinder geeignet. Der Abschnitt durch das Flussbett ist genauso wie die Moundros-Schlucht möglicherweise mit Geiern aufregend.

Die Passagen durch die Schluchten sind für Hunde schwierig, insbesondere die Moundros-Schlucht mit ihren scharfen Steinen. In beiden Schluchten trifft man auf Ziegen und Schafe, in Moundros auf Wasserquellen.

P Kleiner (freier) Parkplatz am Start der Tour beim kleinen Platz von Kato Poros, alternativ entlang der Straße direkt vor dem Platz. Um Kato Poros mit dem Auto zu erreichen, folgen Sie erst den Schildern nach Argyroupolis. Direkt vor Argyroupolis nehmen Sie die linke Abzweigung nach Kato Poros (2 km).

keine Anbindung

Taxi von Rethymno (ca. € 30): Radio Taxi Rethymno, ☏ 28 31 02 50 00, www.taxirethymno.gr; Taxi von Georgioupolis (€ 25): Taxi Georgioupolis, ☏ 28 25 06 12 78, www.taxi-georgioupolis.com

Bei einer Abkürzung ohne Moundros sparen Sie 1,2 km.

Vom kleinen Platz neben der Kirche von **Kato Poros** gehen Sie nach links zur gepflasterten Straße und folgen dieser nach rechts zur kleinen Einkehrgelegenheit Sarakas (km 0,2).

Café/Taverne Sarakas, ☏ 28 31 08 12 37, täglich 8:00-1:00

Hinter der Taverne biegen Sie nach links ab, nach weiteren 80 m nach rechts aufwärts hinaus aus dem Dorf und nach 100 m nach links auf einen breiteren Weg (E4) neben einer Trockensteinmauer mit alten Olivenbäumen. In einer Linkskurve des Weges (zu einer Kapelle) nehmen Sie den rechts abwärtsführenden steinigen Pfad. Kurz darauf knickt der Pfad nach rechts ab, ehe vor Ihnen ein schönes, grünes Tal auftaucht und in der Entfernung die Kato-Poros-Schlucht. Dieser schöne Pfad führt entlang des Randes des Tals mit duftenden Kräuterpflanzen wie Salbei, Thymian, Bohnenkraut und Oregano. Der möglicherweise etwas überwucherte Pfad endet nach 1 km bei einer T-Kreuzung mit einem Betonweg. Dort gehen Sie links und nach 10 m rechts in einen Schotterweg. Diesen verlassen Sie nach 350 m in einer scharfen Linkskurve, indem Sie geradeaus auf einen Zaun zugehen. Rechts liegt ein hölzerner Schuppen ❶ (km 1,5). Sie passieren den Zaun und erreichen nach wenigen Metern das Flussbett der Kato-Poros-Schlucht.

Schmalste Stelle der Schlucht

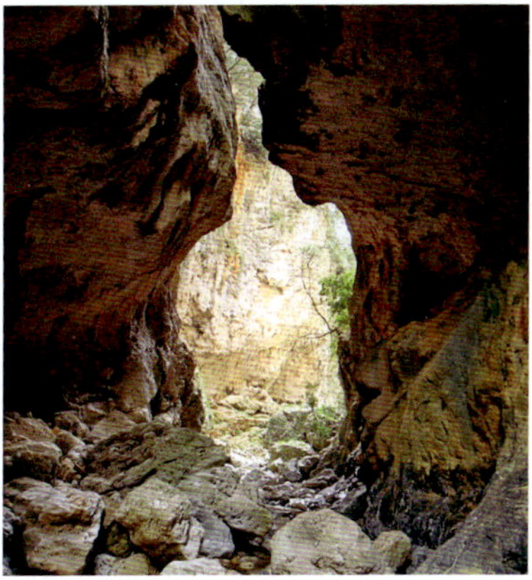

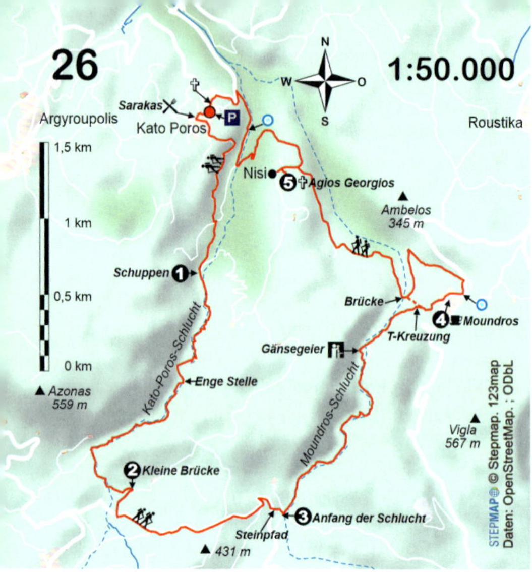

Weiter geht es durch das Flussbett mit schattigen Platanen. Holzpfeile, blaue Punkte und stellenweise rote Pfeile weisen den Weg. Nach 150 m scheint der Pfad durch die Schlucht nach links abzuzweigen, aber Sie halten sich rechts (südliche Richtung). Nach etwa 25 Min. erreichen Sie eine tunnelartige, schmale Stelle der Schlucht, wo sich die Felswände beinahe berühren (km 2,4).

Sie folgen weiter dem Flussbett und halten sich bald links auf einen Zaun zu. Nach dem Passieren des Zauns führt der Pfad auf der linken Seite des Flussbetts weiter. Kurz darauf schwenkt der Pfad wieder zur rechten Flussseite, ehe vor Ihnen ein umzäuntes Feld an einem Punkt auftaucht, wo zwei (trockene) Flüsse aufeinanderstoßen (km 3,3). Rechts oberhalb liegen einige Ställe. Hier gehen Sie nicht weiter geradeaus durch das Flussbett, sondern biegen links in das andere Flussbett mit Schatten spendenden Platanen ab (E4-Schilder).

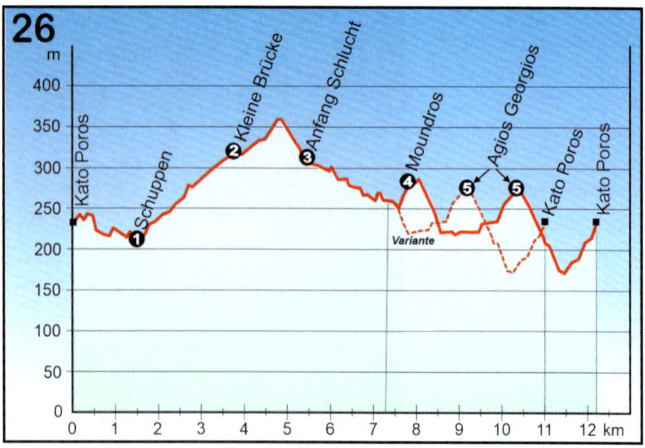

Bald gehen Sie auf einem schmalen Pfad rechts des Flussbetts und queren dieses nach 250 m (rote Punkte). Sie folgen dem Pfad mit den roten Punkten, gehen am Ende über eine kleine Betonbrücke ❷ (km 3,8) und erreichen einen Schotterweg. Hier gehen Sie rechts (bald auf Beton) zu einer verkehrsarmen Asphaltstraße, der Sie links folgen – bald die Häuser des Dorfes Velonado im Blick.

Etwa 100 m nach einer scharfen Rechtskurve der Straße (km 5,3) biegen Sie links auf den steil hinunterführenden Steinpfad ab (roter Pfeil), gehen nach 50 m rechts, ignorieren kurz darauf eine scharfe linke Abzweigung (mit roten Punkten) und gehen auf eine Betonbrücke am Anfang der **Moundros-Schlucht** zu ❸ (km 5,4).

Vor der Brücke biegen Sie nach links ab und gehen durch ein kleines Tor, um nach 100 m das Flussbett zu queren (blauer Pfeil). Weiter geht es auf dem Pfad rechts des Flussbetts. Der Weg durch diese Schlucht ist gut markiert (überwiegend schwarz-gelb) und führt Sie mehrmals über das Flussbett. Nach rund 35 Min. geht es bei viel Salbei etwas aufwärts. Links nistet in den Steilwänden eine Kolonie Gänsegeier – rund 30 Paare (km 7,1). Sie folgen dem stellenweise leicht ausgesetzten Pfad, ehe vor Ihnen die Häuser von Moundros auftauchen. Bei einer T-Kreuzung (km 7,6) mit einem alten Steinpfad gehen Sie rechts aufwärts in das Dorf.

Abkürzung ohne Moundros (➲ 1,2 km weniger)

Sie können bei der T-Kreuzung die Tour abkürzen und damit auf den Besuch von Moundros mit seinem Kafenion und einem Brunnen verzichten, indem Sie links abwärtsgehen. Bei einem Schotterweg biegen Sie links ab und gehen zur Betonbrücke, wo Sie bei km 8,9 wieder auf die beschriebene Route stoßen.

Bei den ersten Häusern von **Moundros** folgen Sie der Betonstraße zu einer Asphaltstraße mit einer Einkehrgelegenheit auf der anderen Seite ❹ (km 7,8).

Moundros Cafe, 69 37 49 15 14, täglich 7:00-21:00, traditionelles Kafenion

Das Kafenion im Blick halten Sie sich links und folgen der Straße hinaus aus dem Dorf. Nach 100 m bietet sich auf der rechten Seite der Dorfbrunnen zum Auffüllen der Trinkflasche an (km 7,9).

Sie folgen der Straße und biegen nach 100 m links in einen Weg (Schild „Nisi") mit anfangs Beton ab. Nach dem Abstieg erreichen Sie eine Betonbrücke, wo von links der Pfad der Abkürzung (s. o.) einmündet (km 8,9).

Nach der Brücke folgen Sie dem Schotterweg. Alte Eichen und viel Farn weisen auf ausreichend Wasser hin. Sie ignorieren einen links aufwärtsführenden Weg und folgen dem Schotterweg geradeaus Richtung Nisi, bald aufwärts. Unterwegs sind möglicherweise mehrere Tore zu öffnen (und wieder zu schließen).

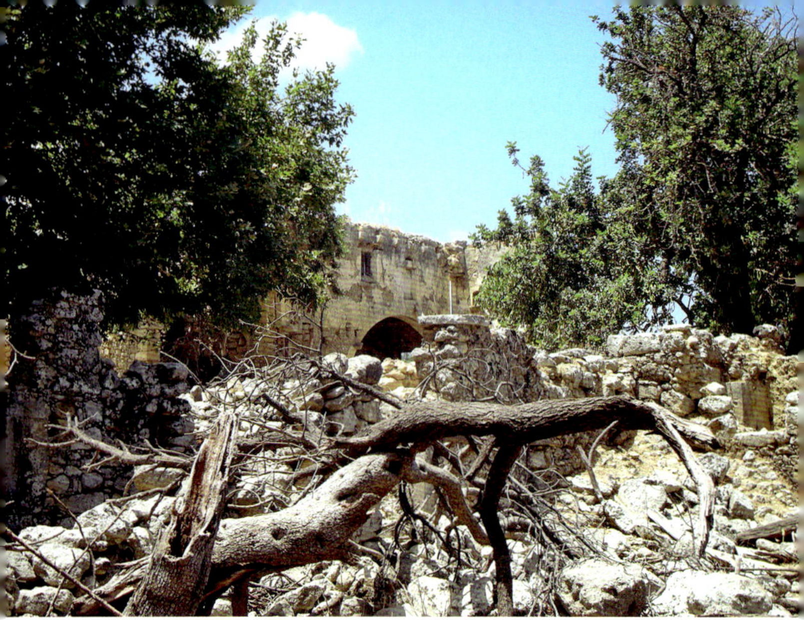

Das entvölkerte Dorf Nisi

Bei einer Betonstraße folgen Sie dieser nach links um das entvölkerte Dorf Nisi herum zur kleinen Friedhofskapelle Agios Georgios, die nach 100 m links auftaucht ❺ (km 10,4).

Sie können noch etwas weiter zu weiteren Ruinen von Nisi gehen. Zurück geht es auf demselben Weg, den Sie gekommen sind, und auf dem Betonweg zur Gabelung, wo Sie links gehen (Sie waren von rechts gekommen). Nach leichtem Abstieg halten Sie sich bei einer T-Kreuzung links und erreichen nach etwa 200 m einige Hütten mit ein bis zwei (angeleinten) Hunden. Der Weg führt weiter abwärts zu einer schmalen Betonbrücke (km 11,3) und auf dieser über den Fluss. Hinter der Brücke gehen Sie rechts und folgen dem Schotterweg leicht aufwärts. Kurz darauf bietet sich links eine 💧 Quelle zum Auffüllen der Trinkflasche an (km 11,6) – das Wasser strömt direkt aus den Felsen!

Sie wandern weiter aufwärts, stellenweise entlang Sandsteinhängen, zu einer Asphaltstraße (km 11,9), der Sie links aufwärts nach Kato Poros folgen. Vor einem Gebäude auf der rechten Seite nehmen Sie den links abzweigenden, schmalen, steinigen Pfad, der Sie nach 100 m zu einer Straße führt. Dort biegen Sie links ab und erreichen den Ausgangspunkt mit der Kirche und dem kleinen Platz von Kato Poros.

27 Durch die Schlucht der Mühlen

Tour für Geschichtsfreunde und Naturgenießer

Diese Wanderung führt in die grüne Myli-Schlucht, die ihren Namen den vielen Wassermühlen verdankt (griechisch „myli" steht für „Mühle"; oft auch „Mili" geschrieben). Die nur wenige Kilometer von Rethymno entfernte Schlucht führt ganzjährig Wasser und ist daher fast immer grün. Zu venezianischer Zeit mahlten hier rund 30 Mühlen Getreide für den lokalen Bedarf. Wegen der Gefahr von Landrutschen verließen die Bewohner die Schlucht, der letzte im Jahr 1972. Heute erinnern Ruinen an die wirtschaftliche Blüte der Mühlen; nur wenige Gebäude sind renoviert.

→ Start: kleiner Parkplatz am Eingang zum Dorf Chromonastiri mit großem, braunem Schild zum Militärmuseum, GPS N 35°19.632' E 024°30.712'; Ziel: Boulevard in Perivolia, GPS N 35°22.096' E 024°30.370'

6,3 km

2 Std.

↑ ↓ 68 m/425 m

⇧ 1-363 m

keine Markierung

Flussquerung bei Kato Myli

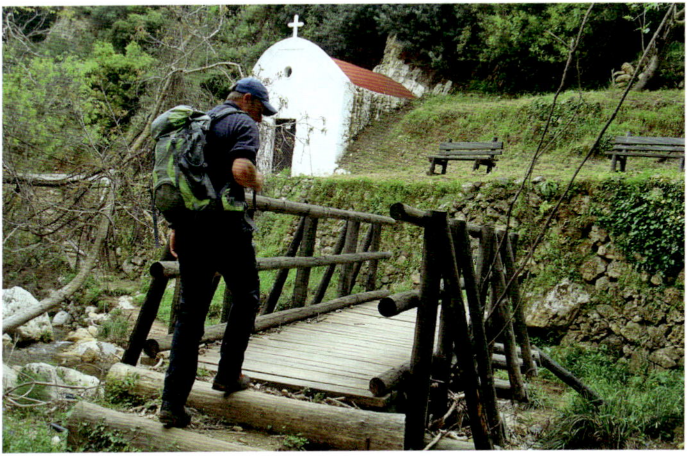

kleine Straßen mit Kies- oder Asphaltbelag, in der Schlucht Pfad mit viel Schatten und zum Schluss Asphaltstraße in den Ort Perivolia (Ost-Rethymno)

Taverne am Start in Chromonastiri, Tavernen/Café in der Mühlenschlucht bei der Mühle Ano (km 2), Banana Bar am Ende der Schlucht (km 4,1) sowie mehrere Restaurants/Cafés am Ende der Wanderung am Boulevard in Perivolia. Am Felsen der Kirche von Agios Antonios (km 1,7) und am kleinen Friedhof (km 2,3) können Sie am Wasserhahn Ihre Flasche auffüllen.

In der Schlucht gibt es mehrere Rastplätze mit Sitzgelegenheiten.

am Ende der Wanderung Strand von Perivolia (der östliche Teil des langen Strandes in Rethymno)

Die Tour ist gut geeignet für Kinder: kurz und schattig mit mäßigem Abstieg. Möglichkeit zur Pause mit Trinkwasser sowie Einkehrgelegenheit in einer Taverne. Bei km 4,1 (Banana Bar) könnte die Tour durch Bestellung eines Taxis beendet werden.

Die Tour ist geeignet für Hunde, die mit Rücksicht auf andere Wanderer in der kleinen Schlucht besser angeleint sein sollten.

Kleiner Parkplatz am Anfang von Chromonastiri (gratis). Entlang der Straße gibt es weitere Parkgelegenheiten. Um von Rethymno nach Chromonastiri zu kommen (ca. 10 km), fahren Sie von der Innenstadt ostwärts nach Perivolia (Vorort von Rethymno) und folgen der Beschilderung nach Myli und Chromonastiri.

Bushaltestelle in Chromonastiri beim Sportplatz am Anfang des Dorfes, 100 m nördlich des Startpunkts (an derselben Straße). Es gibt keine Busverbindung vom/zum Zielpunkt, aber von/nach Rethymno; von Rethymno nach Chromonastiri Mo-Fr 8:45, 11:45, 14:45, 17:45, 20:45, Sa 8:45, 11:45, 14:45, zurück Mo-Fr 9:15, 12:15, 15:15, 18:15, 21:15, Sa 9:15, 12:15, 15:15. www.e-ktel.com

Die Fahrt mit dem Taxi kostet von Perivolia oder Rethymno nach Chromonastiri bzw. zurück einfach ca. € 15. In Rethymno gibt es viele Taxistellplätze. Radio Taxi Rethymno, ☏ 28 31 02 50 00, www.taxirethymno.gr

Die Tour kann um ca. 2,2 km abgekürzt werden, indem man an der Banana Bar die Tour beendet und mit dem Taxi zurückkehrt.

Die Tour beginnt in **Chromonastiri** (Infos zum Ort und Museum ☞ Tour 28) am Parkplatz mit einer Einkehrgelegenheit.

Taverne/Café Athivoles, ☏ 28 31 07 52 27, täglich 11:00-1:00

Vom kleinen Parkplatz mit dem braunen Schild des Militärmuseums folgen Sie der Beschilderung „Villa Dimitra" und gehen nach 30 m unter einem Torbogen hindurch. Sie folgen der Betonstraße etwa 150 m bis zu einer T-Kreuzung, wo Sie rechts abbiegen und einen gepflasterten Platz mit der Kirche Agios Panteleimon zur Linken erreichen. Die Straße führt Sie weiter abwärts, rechts an einem Spielplatz vorbei. Bei der T-Kreuzung mit einer Asphaltstraße gehen Sie links und nach 90 m bei einem kleinen, weißen Schrein zur Rechten rechts. Sie folgen der asphaltierten Straße rund 800 m leicht abwärts zur Hauptstraße Rethymno – Chromonastiri und dieser für rund 500 m nach links zum Eingang und einer Infotafel zur Myli-Schlucht auf der rechten Seite – bei einem weißen Schrein ❶ (km 1,7). Über Treppen steigen Sie hinab zur kleinen ✞ **Felskirche Agios Antonios** mit 💧 Wasserquelle. Weiter geht es auf dem Pfad entlang des Flussbetts unter hohen, Schatten spendenden Platanen. Bei einer Gabelung nach 300 m halten Sie sich rechts und erreichen kurz darauf die oberen Ruinen des alten Dorfes Ano Myli und eine Einkehrgelegenheit (km 2).

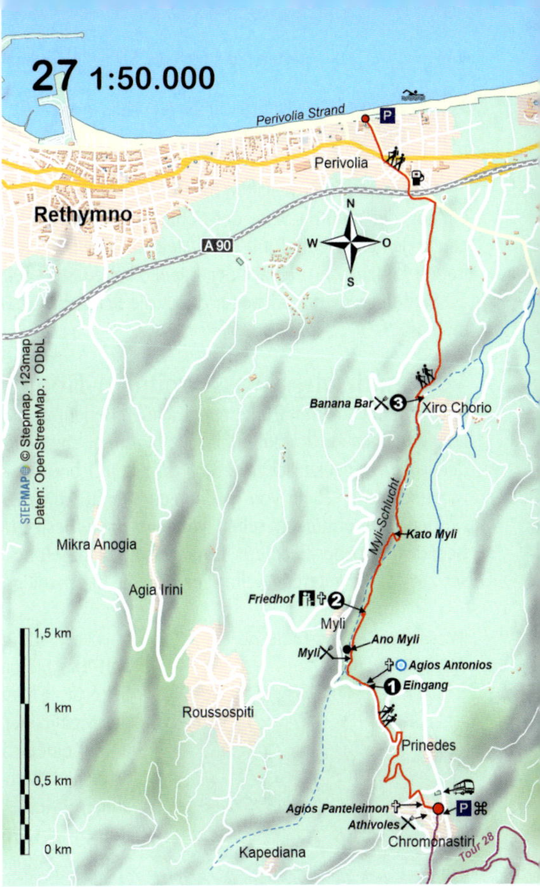

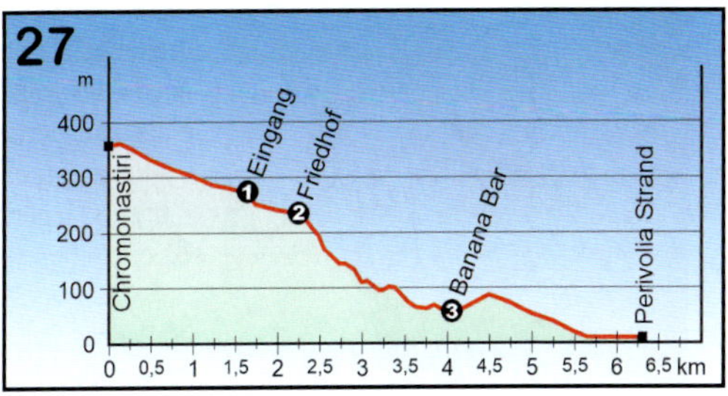

Taverne Mili in der Schlucht bei Ano Myli, 69 77 70 10 07, April-Anfang November täglich 9:30-20:00

Hinter der Taverne halten Sie sich rechts (kleiner hölzerner Pfeil) und wandern entlang der rechten Seite der Schlucht. 200 m nach der Taverne erreichen Sie einen kleinen Friedhof mit einer kleinen Kapelle, geweiht den heiligen fünf Jungfrauen ❷ (km 2,3). Hinter der Kapelle haben Sie tolle Ausblicke.

Sie folgen dem Pfad weiter durch die Schlucht mit vielen Ruinen alter Wassermühlen.

Venezianischer Wassermühlen-Boom

Wassermühlen hatten früher eine wichtige Bedeutung auf Kreta. Die ersten Erwähnungen gehen zurück auf die zweite byzantinische Periode (961-1211 n. Chr.). In der frühen venezianischen Zeit (13.-14. Jh.) boomten Wassermühlen, die überwiegend in der Nähe von Siedlungen gebaut wurden. Wegen der hohen Kosten wurden Wassermühlen selten von einzelnen Besitzern betrieben, sondern von Bediensteten oder Pächtern. Erhalten sind heute oft noch die Kanäle, die das Wasser zur Mühle leiteten. Auffälliger sind die gleichzeitig erbauten Wassertürme.

Wasserkanal am Ende der Myli-Schlucht

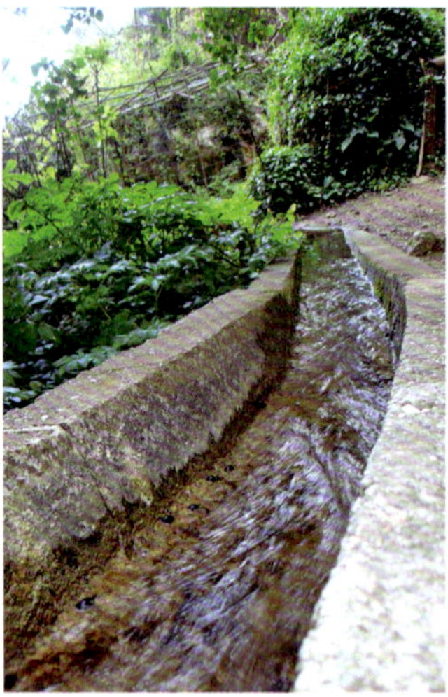

Der Pfad führt Sie abwärts zum Flussbett, das Sie queren, um auf der anderen Seite des Flusses, entlang beeindruckender Steinmauern, zu gehen. Sie wandern unter einem Aquädukt hindurch und erreichen Kato Myli (km 2,9), wörtlich „untere Mühle". Sie wandern entlang der Ruinen abwärts, unter einem weiteren schönen Aquädukt hindurch, über eine Brücke und vorbei an der kleinen Kapelle Agia Paraskevi. Der Pfad führt Sie schließlich zu einer Betonstraße, der Sie nach links folgen, nach 100 m vorbei an einer künstlerischen Höhlenbehausung.

Kurz darauf können Sie sich bei einer Einkehrgelegenheit am Ende der Schlucht ❸ erfrischen (km 4,1).

Banana Bar, 69 48 13 42 80, April-Anfang November täglich 10:00-0:15

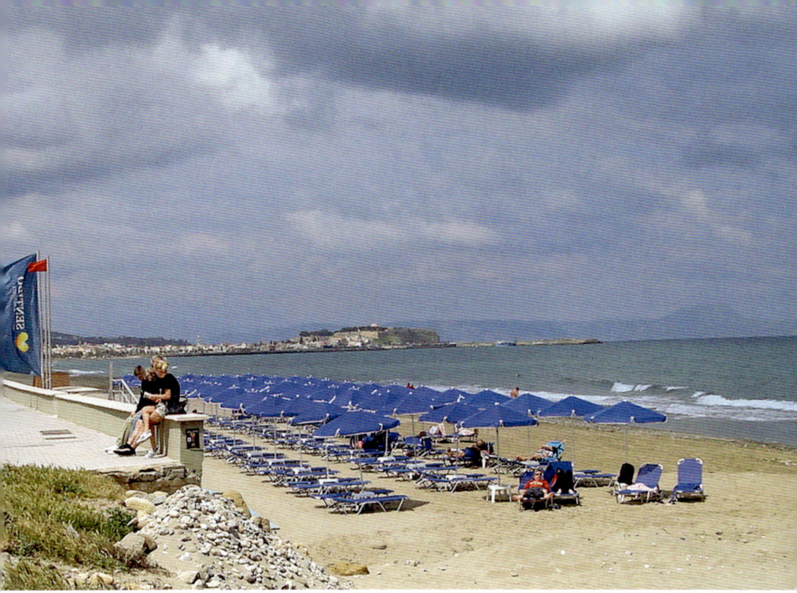

Boulevard und Strand von Perivolia

↳ 🚗 Von der Bar ist die Rückfahrt per Taxi möglich (zum Startpunkt ca. € 12).

Die Tour führt weiter über das Flussbett und aufwärts entlang eines schmalen Pfades, der später einen Schotterweg erreicht, auf dem Sie 400 m zu einer Kreuzung gehen und dort geradeaus (Schild Richtung Rethymno). Die asphaltierte Straße führt nach 500 m zur Hauptstraße, der Sie rechts folgen. Nach 120 m zweigt die Hauptstraße nach links ab, Sie aber gehen geradeaus entlang einer schmalen Asphaltstraße (km 5,1).

Nach 350 m erreichen Sie eine breite, stärker befahrene Asphaltstraße und folgen ihr nach links und unter der Nationalstraße hindurch. Bei der Tankstelle gehen Sie links und nach 250 m bei einer T-Kreuzung wieder links. Sofort danach halten Sie sich rechts, queren die stark befahrene Straße und gehen 5 Min. zum Strand und Boulevard von **Perivolia** (km 6,3).

↳ Von hier sind es entlang des Boulevards zur Ortsmitte von Rethymno etwa 2 km.

🚗 Optional können Sie vom Anfang des Boulevards mit dem Taxi in das Zentrum fahren (rechts Taxistand; zum Zentrum ca. € 5).

28 Von Chromonastiri nach Prasies

Tour für Kulturfreunde

Diese schöne Rundwanderung beginnt in Chromonastiri, mit seinen venezianischen Gebäuden einem der wichtigsten historischen Orte in der Umgebung von Rethymno. Unterwegs passieren Sie Prasies (auf Karten/Schildern auch „Prasses" oder „Prases"), ein gut erhaltenes Dorf aus venezianischer Zeit, sowie eine byzantinische Kirche aus dem 11. Jh. mit interessanten Fresken und einer schönen Aussicht auf die Prassano-Schlucht.

Start/Ziel: kleiner Parkplatz am Eingang zum Dorf Chromonastiri mit großem, braunem Schild zum Militärmuseum und zwei braunen Schildern zur Panayia-Kirche und der venezianischen Villa Clodio, GPS N 35°19.630' E 024°30.715'

11,5 km

3 Std.

400 m/400 m

289-416 m

keine Markierung

Diese Tour führt überwiegend über Schotter-/Sandwege sowie ruhige betonierte Landstraßen. Einige Stellen der Schotterstraßen sind so stark erodiert, dass sie Pfaden gleichen.

Einkehrgelegenheiten am Start in Chromonastiri und in Prasies (km 6,8), jeweils in der der Ortsmitte. Wasser gibt es an zwei beschatteten Plätzen (km 4,8 und 6,8).

Rastplätze bei der Kirche Agios Antonios (km 1,4) und beschattet an Plätzen (km 4,8 und 6,8)

Diese Tour ist für etwas ältere Kinder gut geeignet, die sich auf den Panoramapunkt freuen können (km 7,6), wo sich mit hoher Wahrscheinlichkeit Geier beobachten lassen.

Hunde können mit, sollten aber nahe dem Dorf Prasies und bei Ställen besser an der Leine geführt werden. Unterwegs gibt es zwei natürliche Wasserstellen.

P Kleiner Parkplatz an der Straße am Anfang von Chromonastiri und entlang der Straße weitere Parkgelegenheiten. Um von Rethymno nach Chromonastiri zu kommen (ca. 10 km), fahren Sie von der Innenstadt ostwärts nach Perivolia (Vorort von Rethymno) und folgen der Beschilderung nach Mili und Chromonastiri.

Bushaltestelle in Chromonastiri beim Sportplatz am Anfang des Dorfes, 100 m nördlich des Startpunkts (an derselben Straße), von Rethymno nach Chromonastiri, Mo-Fr 8:45, 11:45, 14:45, 17:45, 20:45, Sa 8:45, 11:45, 14:45, zurück Mo-Fr 9:15, 12:15, 15:15, 18:15, 21:15, Sa 9:15, 12:15, 15:15. www.e-ktel.com www.e-ktel.com

Wegen der geringen Distanz ist eine Taxifahrt zwischen Rethymno und Chromonastiri nicht teuer (ca. € 15). In Rethymno gibt es viele Taxistellplätze. Radio Taxi Rethymno, ☏ 28 31 02 50 00, www.taxirethymno.gr

Bei einem Verzicht auf die Kirche Panagia Kera verkürzt sich die Tour um 1,6 km.

Denkmalgeschütztes Dorf Chromonastiri

Das im späten Mittelalter (12./13. Jh.) gegründete Chromonastiri gilt als einer der bedeutendsten historischen und daher denkmalgeschützten Orte der Region Rethymno. Die meisten Häuser sind venezianisch, darunter die Villa Clodio. Wo früher im Sommer die venezianische Adelsfamilie Clodio residierte, ist heute das Militärmuseum untergebracht.

Vom kleinen Parkplatz mit dem braunen Schild des Militärmuseums wandern Sie Richtung Steintor (kleines Schild „Villa Dimitra"). Nach 20 m biegen Sie links in die Straße (Emman. Epan Prinaraki) und folgen ihr 60 m zu einem kleinen Platz mit dem restaurierten Gebäude einer alten Olivenfabrik und einer Einkehrgelegenheit.

Taverne/Café Athivoles, Chromonastiri, ☏ 28 31 07 52 27, täglich 11:00-1:00

Blick auf Prasies

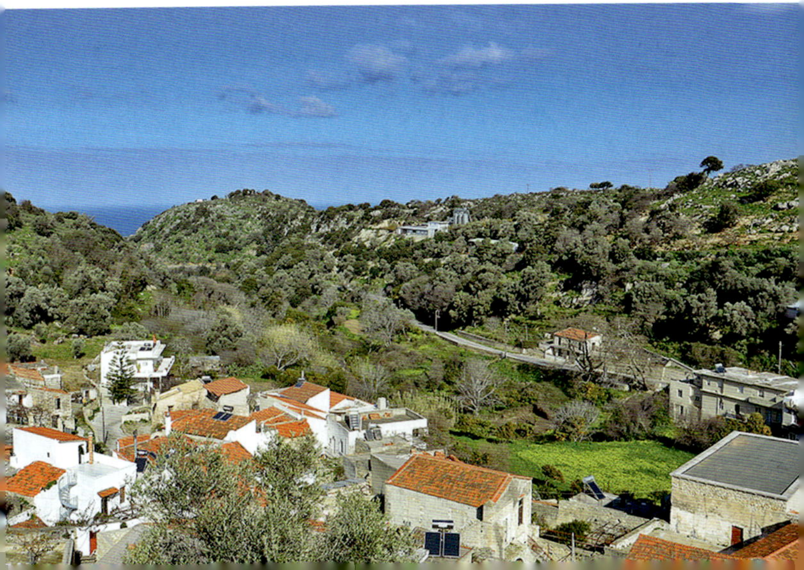

Sie folgen der Straße links von dem Gebäude der Olivenfabrik, ignorieren eine rechte Abzweigung und passieren die Kirche. Nach einem Rechtsknick der Straße erreichen Sie eine T-Kreuzung und halten sich dort links. Bei der Rückseite des Militärmuseums folgen Sie der gepflasterten Straße nach links und dann rechts zum Eingang des Militärmuseums (km 0,3).

⌘ Militärmuseum, ☏ 28 31 07 51 35, Di-Fr 9:00-15:00, Sa/So 10:00-14:00, Eintritt: € 3. Das 2010 eröffnete Militärmuseum in der renovierten Villa Clodio zeigt u. a. Militäruniformen, Waffen und Orden.

Kurz darauf biegen Sie rechts in die Asphaltstraße und ignorieren nach 80 m die rechte Abzweigung. Nach 250 m entlang der jetzt über Kies verlaufenden Straße erreichen Sie eine Gabelung mit einem Schild zur Panagia-Kirche (km 0,7).

Abkürzungsmöglichkeit ohne Kirche Panagia Kera (➲ 1,6 km weniger)

Wenn Sie auf die Kirche verzichten wollen, gehen Sie bei der Gabelung nach links Richtung Prasies.

Für einen Besuch der Kirche gehen Sie bei der Gabelung rechts aufwärts und folgen der Betonstraße 450 m bis zur linken Abzweigung zur Kirche. Von dort sind es (nach links) 350 m zur byzantinischen Kirche **Panagia Kera** ❶ (km 1,4).

Kirche Panagia Kera

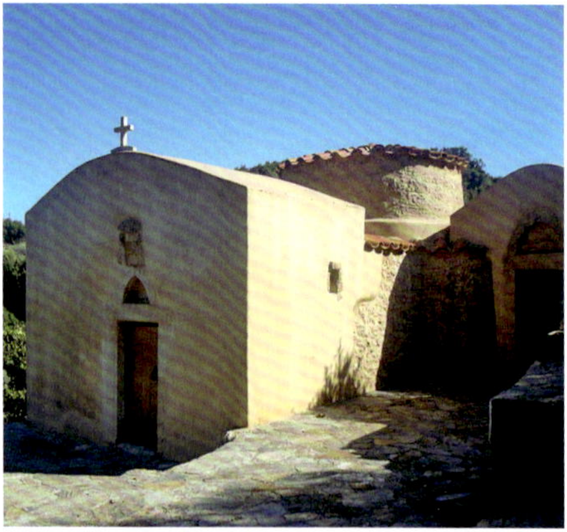

✝ Die byzantinische Kirche Panagia Kera mit Kuppel und kreuzförmigem Grundriss geht auf das 11. Jh. zurück. Auffällig sind der große Narthex (Gebetsraum im Eingang) und die Fresken aus dem 14. Jh., darunter ein großes Bildnis der Jungfrau Maria.

Sie gehen auf demselben Weg, den Sie gekommen sind, zurück zur Gabelung (von km 0,7) und nehmen dort die rechts abzweigende Schotterstraße (Schild nach Prasses). Nach 300 m ignorieren Sie erst eine rechte Abzweigung, um dann nach weiteren 200 m bei einer Gabelung rechts den kleineren Weg zu nehmen. Diese stellenweise betonierte Straße führt leicht aufwärts. Unterwegs müssen unter Umständen einige Viehgatter geöffnet (und wieder geschlossen) werden. Abzweigende kleinere Wege (zu Privatgelände) ignorieren Sie, genauso wie nach 1,5 km einen scharf rechts abzweigenden Weg. Die Schotterstraße geht in einen breiten Pfad über und bald sind oben Reste alter Festungsmauern erkennbar. Bei einem von einer großen Platane beschatteten ⩚ Platz ❷ (km 4,8) können Sie am 💧 Brunnen Ihre Wasserflasche auffüllen.

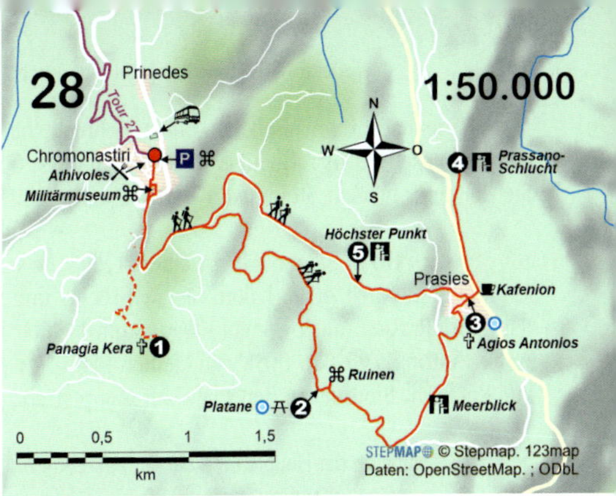

Nach 50 m sind links die Ruinen eines alten türkischen Gebäudes erkennbar (km 4,9), das früher als Farmgebäude zum Melken von Schafen und zur Käsebereitung genutzt wurde. Links führt ein kleiner Pfad zu dem Gebäude. Diese Tour folgt weiter dem Hauptweg über ein offeneres Gelände mit Blick auf den Berg Ida. Sie ignorieren alle Abzweigungen und halten sich nach 750 m bei einer Gabelung links (Schild Richtung Chromonastiri, auf Griechisch!) und gehen in Richtung einiger großer Stallgebäude mit einem Silo. Sie passieren diese Ställe. Nach dem höchsten Punkt mit Aussicht auf das Meer wandern Sie abwärts, die ersten Häuser von Prasies im Blick.

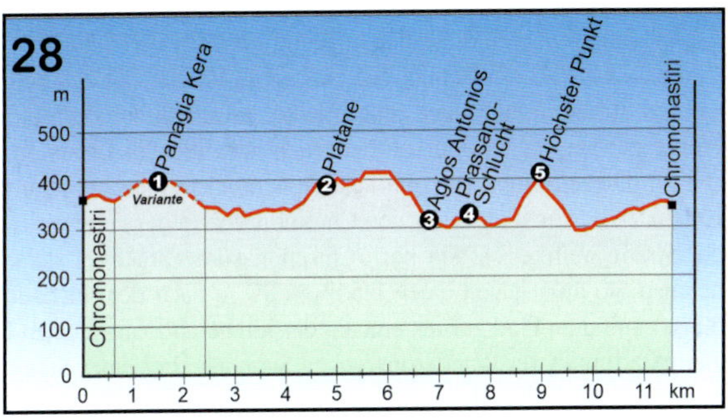

300 m nach dem höchsten Punkt nehmen Sie die erste Abzweigung nach rechts. Diese Betonstraße führt bald steil abwärts. Oberhalb vor dem Dorf biegen Sie bei einer großen Steinmauer zur Rechten rechts ab.

Nach 80 m biegen Sie vor einem Gebäude scharf links ab und steigen Stufen hinunter. Nach 40 m halten Sie sich rechts und folgen den Stufen abwärts in das Dorf Prasies und dort geradeaus zum kleinen Platz mit der alten Kirche **Agios Antonios** ❸ (km 6,8). Am kleinen Platz ist ein Brunnen mit Trinkwasser zur Rechten. Sie queren den Platz zur Hauptstraße.

Kafenion an der Hauptstraße auf der anderen Straßenseite, ☏ 28 31 07 50 60, meistens (aber nicht immer) 8:00-20:00

Sie folgen der Straße 350 m nach links zu einem kleinen Schrein auf der rechten Seite. Hier biegen Sie rechts ab und gehen 350 m aufwärts zu einem Haus ❹ (km 7,5). Hinter dem Haus haben Sie die schönsten Blicke hinunter in die Passano-Schlucht. Oft sieht man Gänsegeier über der Schlucht fliegen.

Passano-Schlucht – Paradies für Gänsegeier

Die Passano-Schlucht erstreckt sich zwischen Prasies und Platanias im Osten von Rethymno und kann in 3 Std. begangen werden, allerdings wegen des sonst fließenden Wassers nur von Mitte Juni bis Mitte Oktober. In den Felsenhängen ist eine der größten Gänsegeierkolonien Kretas zu Hause. Mit etwas Glück können Sie die Geier oberhalb der Schlucht kreisen sehen, wenn sie die thermischen Aufwinde nutzen.

Sie gehen wieder auf demselben Weg zurück nach Prasies mit dem Platz und der Kirche ❸. Sie bleiben rechts von der Kirche und biegen rechts ab, vorbei an einer alten venezianischen Villa. Sie folgen der schmalen Straße 80 m zu einer Asphaltstraße, queren diese diagonal und wandern steil aufwärts auf einer Betonstraße. Nach 150 m erkennen Sie ein großes Wasserrohr aus Beton; hier können Sie den Straßenverlauf über einige kleine, aufwärtsführende Stufen abschneiden. Weiter geht es rechts und sofort danach links (Schild: Chromonastiri, auf Griechisch). Diese Betonstraße führt Sie 400 m leicht aufwärts zum höchsten Punkt ❺ (km 9), wo Sie die Häuser von Chromonastiri in der Ferne erkennen. Sie folgen der Straße weitere 2,2 km nach Chromonastiri. Direkt vor dem Militärmuseum nehmen Sie links davon einen Pfad, um 30 m nach dem Gebäude rechts abzubiegen und dem Pfad zurück entlang der Kirche und zum kleinen Platz zu folgen. Zum Startpunkt der Wanderung gehen Sie noch ein kleines Stück geradeaus und zweigen dann rechts ab.

29 Am Arkadi-Kloster

Wanderung für Kirchen- und Kulturfreunde

Das historisch bedeutende Arkadi-Kloster ist bekannt für die Ereignisse zur Zeit der Revolution gegen die Türken. Von diesem schön gelegenen Kloster mit Blick zum höchsten Berg Kretas (Ida) wandern Sie entlang der Arkadi-Schlucht und durch ein grünes Tal zum versteckten Dorf Pikris. Weiter geht es entlang des nett renovierten Weilers von Kapsaliania und kurz darauf des alten venezianischen Dorfes Amnatos. Durch das Arkadi-Tal wandern Sie zurück zum Arkadi-Kloster.

- Start/Ziel: großer Parkplatz vor dem Arkadi-Kloster, GPS N 35°18.605' E 024°37.734'
- 13,5 km
- 3 Std. 30 Min.
- 520 m/520 m
- 156-534 m
- Der Großteil des Weges ist nicht markiert, außer dem Pfad entlang des Randes der Schlucht (hölzerne Pfeile). Auch der Pfad zum Queren der Schlucht am Tourenende ist markiert – mit roten Punkten.

Aussicht über die Schlucht nach Amnatos

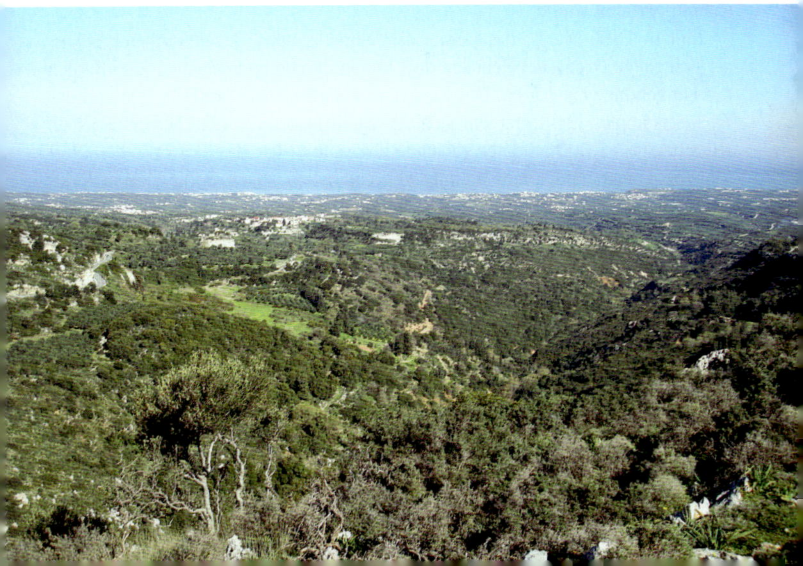

Sie wandern über ruhige Schotterstraßen, stellenweise auch asphaltierte sowie kleine Wanderpfade. An einigen Stellen müssen Sie den Pfad etwas suchen.

touristisches Café/Restaurant gegenüber vom Arkadi-Kloster sowie Kafenion in Amnatos (km 8,9)

von großen Bäumen beschatteter Rastplatz bei der Kapelle Astarikia (km 2,7 und 11,2)

WC In dem Gebäude vor dem Kloster gibt es (in der Regel saubere) Toiletten.

Diese Tour ist bedingt kindergeeignet: wenn, dann eher für ältere. Der Anstieg am Ende zurück nach Arkadi ist recht anstrengend.

Auch für Vierbeiner ist diese Tour nur bedingt geeignet: Es gibt zwar Wasser in den Dörfern, aber unterwegs lenken häufig viele Ziegen den Hund und damit dessen Halter vom Wandervergnügen ab.

P Großer (kostenfreier) Parkplatz vor dem Arkadi-Kloster. Der Weg dorthin ist gut zu finden; das Kloster ist gut ausgeschildert.

Der Bus zwischen Rethymno und Arkadi verkehrt selten: von Rethymno nach Arkadi Mo-Fr 10:00, 13:30, zurück 12:45, 16:15. www.e-ktel.com

Arkadi-Kloster

Das Arkadi-Kloster war während der letzten acht Jahrhunderte untrennbar mit der kretischen Geschichte verbunden: Verschiedene Quellen beschreiben das Kloster als Zentrum der Erziehung und des Vervielfältigens von Manuskripten. Im 17. und 18. Jh. wurden in dem Kloster Textilien mit Gold bestickt, deren Schönheit weithin gerühmt wurde.

Im Jahr 1866 erregte das Kloster die Aufmerksamkeit des türkischen Paschas, als sich einige (kretische) Rebellen dort und in den tiefen Schluchten und Bergen der Umgebung versteckten. Das Kloster wurde als Symbol der Rebellion und des Freiheitskampfes für Kreter ein sicherer Zufluchtsort vor den Türken. Folglich stürmte eine 15.000 Soldaten zählende türkische Armee das Kloster, in dem 964 Männer, Frauen und Kinder Schutz gesucht hatten. Nach erfolgreichem türkischem Angriff am 9. November 1866 gab der Abt den vorab vereinbarten selbstmörderischen Befehl, das Arsenal (Pulverraum) zu sprengen und damit die versteckten Kreter zu töten – immer noch besser, als in die Hände der Türken zu fallen. Nur 114 Kreter überlebten den Angriff und die Explosionen, während die türkischen Verluste auf rund 1.500 Personen geschätzt wurden. Die venezianische Kirche, das Arsenal, der Speisesaal, das Beinhaus und das Klostergelände können besichtigt werden.

⌘ Auf dem Klostergelände erzählt ein Museum die Klostergeschichte ab 1866, ☏ 28 31 08 31 36, www.arkadimonastery.gr, täglich April-Oktober 9:00-19:00, November-März 9:00-16:00, Eintritt: € 3.

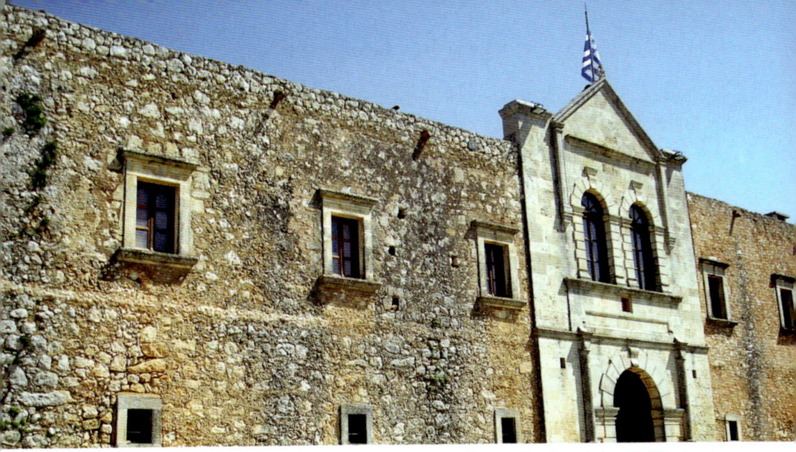

Fassade des Arkadi-Klosters

Vom großen Parkplatz beim Arkadi-Kloster gehen Sie in Richtung des großen Arkadi-Cafés (gegenüber dem Kloster) und wa ndern auf Asphalt in nördliche Richtung (Schild „Elefterna").

✕ Arkadi-Café, ☏ 28 31 08 31 27, 📱 69 44 61 19 89, 💻 www.arkadicafe.wixsite.com, 🚪 täglich April bis Ende Oktober 9:00-18:00

Nach 100 m biegen Sie in der Rechtskurve der Straße nach links auf die Schotterstraße ab, wo Sie ggf. ein Gatter öffnen (und wieder schließen) müssen. Dieser Straße folgen Sie knapp 5 Min., ehe Sie bei einer Kermeseiche zur Rechten links auf den steinigen Schotterweg abbiegen. Nach 300 m erreichen Sie einen kleinen Holzpfahl mit einem Pfeil ❶ (790 m). Hier beginnt links ein Wanderpfad. Sie gehen vorher aber noch 100 m zur weißen Kapelle mit schöner Aussicht. Wieder zurück folgen Sie dem Wanderweg nun nach rechts.

Der Pfad führt entlang des Randes der Arkadi-Schlucht mit fantastischen Ausblicken. Nach 350 m passieren Sie ein Gatter, wandern zwischen zwei großen Steinen hindurch und folgen dem Pfad weiter entlang des Randes der Schlucht.

Auf der anderen Seite der Schlucht erkennen Sie das Dorf Amnatos, das Sie später durchqueren werden. An manchen Stellen ist der Pfad nur mit Mühe erkennbar; Sie bleiben meistens 10 bis 20 m vom Rand der Schlucht entfernt (gelegentlich hölzerne Pfeile als Wegweiser).

Nehmen Sie nicht den breiteren Weg, der an manchen Stellen beinahe parallel zum Pfad führt!

Nach 1 km erreichen Sie ein Gatter und eine T-Kreuzung mit einer breiten Schotterstraße, der Sie nach links folgen. Nach 150 m abwärts erreichen Sie einen schönen Aussichtspunkt (km 2,4). 300 m weiter macht die Straße bei schönen großen Bäumen (Zypressen und einige Eichen) eine Rechtskurve ❷ (km 2,7).

Etwas weiter geradeaus bietet sich in dem früheren Obstgarten des Arkadi-Klosters mit seiner kleinen Kapelle Astarikia eine Rast an.

Venezianisches Eingangstor von Pikris

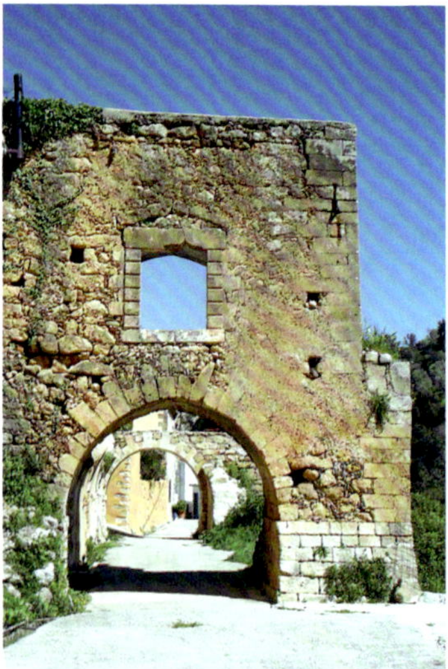

Sie folgen der Schotterstraße abwärts und ignorieren nach 150 m bei einer steilen Felswand zur Rechten die linke Abzweigung (hier werden Sie später zurückkommen). Sie folgen der Schotterstraße 1 km leicht abwärts zur Ruine einer Wassermühle zur Linken (km 3,8). Nach weiteren 600 m queren Sie ein Flussbett und folgen der Schotterstraße auf der anderen Seite dieses grünen Tals. 15 Min. später ignorieren Sie eine scharfe Abzweigung nach rechts und gehen geradeaus weiter. Unten ist das Dorf Pikris erkennbar. Sie erreichen nach 400 m eine Asphaltstraße und folgen ihr rechts abwärts vorbei an einem Friedhof zum venezianischen Eingangstor von **Pikris** ❸ (km 6,2). Weiter geht es geradeaus 100 m in das Dorf zu einem kleinen Platz.

Sie gehen weiter geradeaus und verlassen das Dorf, linke und rechte Abzweigungen nicht beachtend. Sie erreichen eine breiter werdende Asphaltstraße und folgen ihr rund 150 m – eine links steil aufwärtsführende Betonstraße ignorieren Sie. Die Hauptstraße führt hier dann rechts abwärts, Sie aber nehmen die links bzw. in Gehrichtung geradeaus aufwärtsführende Asphaltstraße.

Nach 350 m biegen Sie bei einem hölzernen Strommast zur Linken und einer Steinmauer (rechts steht ein kleines altes Haus) links in den leicht überwucherten Pfad mit einer Trockenmauer zur Linken ab. Der Pfad wird nach 200 m breiter.

Diesem breiteren Weg folgen Sie 300 m zu einer breiten Schotterstraße. Hier gehen Sie links und nach 100 m bei einer Gabelung rechts – die Häuser von Kapsaliana im Blick. Der nach kurzer Zeit asphaltierten Straße folgen Sie 500 m nach **Kapsaliana** ❹ (km 8), ein verlassenes Dorf, das als luxuriöse Unterkunft anspruchsvoll restauriert wurde.

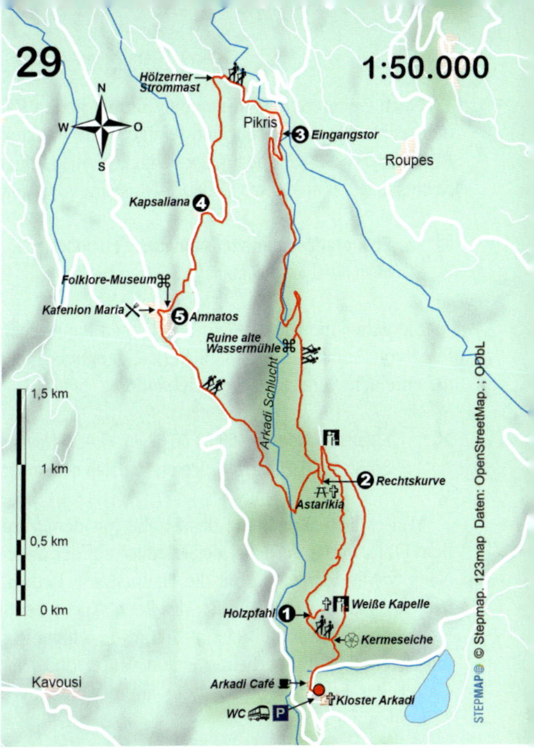

Nach 250 m passieren Sie eine kleine, weiße Kapelle zur Rechten, schön gelegen am Rand eines grünen Tals. Sie wandern 100 m weiter und folgen dem rechts hinunter zum Flussbett führenden Schotterweg. Auf der anderen Seite gehen Sie wieder aufwärts, wobei Sie ggf. ein Gatter öffnen und schließen müssen.

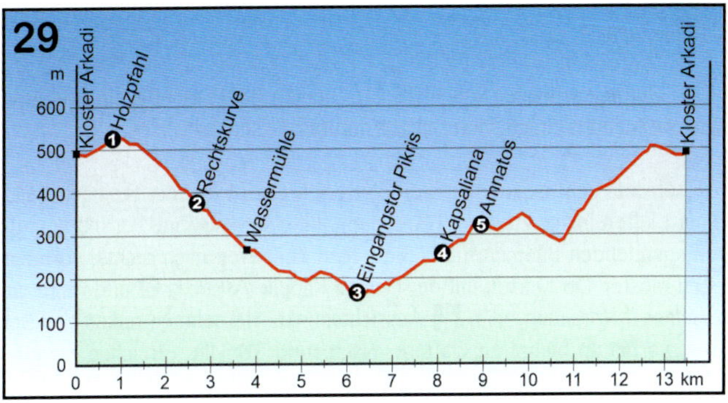

Nach weiteren 100 m nehmen Sie bei hohen Bäumen und vor einem Gatter den rechts abzweigenden Pfad (einige blaue Punkte) zu den ersten Häusern von **Amnatos**, wo Sie geradeaus der schmalen Allee folgen. Die Allee führt nach einer Rechtskurve zum kleinen Folklore-Museum von Amnatos.

⌘ **Folklore-Museum von Amnatos.** unregelmäßig. Falls nicht geöffnet, fragen Sie beim Kafenion von Maria (s. u.).

Sie gehen am Museum vorbei, biegen dann rechts und kurz darauf links zum Platz von Amnatos ab ❺ (km 8,9). Gegenüber gibt es ein gemütliches Kafenion neben einem venezianischen Gebäude.

Kafenion Maria, 69 88 06 89 41, April-November Mo-Fr 6:00-23:00, Sa/So 11:00-23:00, an anderen Monaten nur am Wochenende, mit lokaler Küche

Weiter geht es entlang der Straße mit dem Wegweiser „Arkadi" heraus aus dem Dorf. In der Ferne ist der Friedhof auf der anderen Seite des Tals erkennbar. Nach 5 Min. erreichen Sie die Hauptstraße Rethymno – Arkadi und folgen ihr nach links für etwa 600 m. Bei der Rechtskurve der Straße mit Leitplanke nehmen Sie links den abwärtsführenden Betonweg – anfangs parallel zur Straße. Der Weg führt steil abwärts, vorbei an einem Gatter und nach 600 m zu einem weiteren Gatter bei Feldern sowie einem alten Mercedes und einem plastikbedeckten Schuppen auf einem Feld.

Sie wandern entlang der Terrasse unter dem Feld mit einigen kleinen Olivenbäumen. Sie queren das Feld geradeaus abwärts, halten sich am Ende etwas rechts und erreichen nach 150 m ein Gatter. Sie passieren dieses und folgen dem schmalen Pfad, markiert mit roten Punkten, 150 m zu einem Flussbett (km 10,8), das Sie queren.

Infolge schwerer Regenfälle 2019 endet der Pfad möglicherweise plötzlich und Sie müssen einige Meter kletternd über Felsen zurücklegen.

Aufwärts geht es auf einem erodierten, breiten Weg, der Sie nach 350 m und einer Klettereinlage zu einer T-Kreuzung mit einer Felswand vor Ihnen und Schatten spendenden Bäumen führt. Sie folgen dem Weg nach rechts, vorbei an dem alten Kloster-Obstgarten mit der kleinen Kapelle Astarikia ❷ und weiter aufwärts zu einer T-Kreuzung beim Aussichtspunkt. Sie nehmen rechts den Schotterweg, vorbei an mehreren Gattern. Nach rund 30 Min. erreichen Sie ein Gatter und wandern auf bekanntem Weg zurück zum Parkplatz beim Arkadi-Kloster.

30 Zum Gipfel des Psiloritis

Wanderung für Gipfelstürmer

Diese Wanderung zum höchsten Gipfel der Ida-Bergkette startet an der Migero-Berghütte. Ziel ist der 2.456 m hohe Psiloritis, auch Timios Stavros genannt, der am einfachsten vom Migero-Plateau zu erreichen ist – auf einem stellenweise gepflasterten Weg. Am Gipfel empfängt Sie die Kapelle Timios Stavros – und natürlich ein toller Rundumblick.

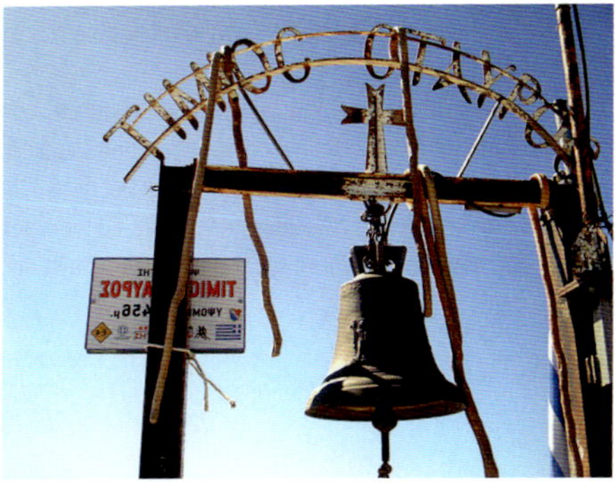

Glocke auf dem Gipfel

- Start/Ziel: Migero-Berghütte des Bergclubs von Rethymno, GPS N 35°14.487' E 024°46.673'
- 8,6 km
- 4 Std. 30 Min.
- 890 m/890 m
- 1.564-2.456 m
- Steinhaufen bis zur T-Kreuzung mit dem E4, im letzten Teil E4-Wegweiser und rote Punkte bis zum Gipfel
- Die ersten (und damit letzten) 2 km sind ein gut angelegter, steingepflasterter Weg. Danach wird es auf einem steinigen Pfad beschwerlicher, gefolgt von stellenweise Schotter. Generell ist der Weg gut gepflegt und markiert. Schatten? Fehlanzeige!
- keine Einkehrgelegenheiten
- Sitzgelegenheiten bei der Kapelle Timios Stavros (km 4,3)
- für Kinder nicht geeignet
- wegen des unwegsamen Geländes und scharfer Steine sowie Mangel an Wasser nicht geeignet für Hunde
- Freies Parken bei der Migero-Berghütte. Falls Sie mit dem Auto von Rethymno kommen, fahren Sie auf der Hauptstraße zunächst Richtung Heraklion und verlassen diese bei der Abzweigung nach Perama. In diesem Dorf folgen Sie den Wegweisern nach Anogia. Gleich nach dem Dorfende ignorieren Sie die Straße nach Anogia und

folgen stattdessen der Straße nach Livadia. Am Anfang von Livadia nehmen Sie die Straße nach rechts (großer gelber Pfeil). Sie passieren einen Fußballplatz und halten sich bei der folgenden T-Kreuzung rechts, um dieser Straße 12 km und rund 1.000 Höhenmeter aufwärts zum Migero-Plateau mit der Berghütte zu folgen – stellenweise sehr steil, aber asphaltiert und in recht gutem Zustand.

keine Anbindung

Da Sie denselben Weg hin- und zurückgehen, können Sie jederzeit umkehren.

Achtung! Wegen der hohen ausgesetzten Lage des Ida-Kammes und besonders des Psiloritis-Gipfels sollte diese Tour nur bei gutem Wetter ohne Gewitterneigung unternommen werden. Auch starke Winde können gefährlich sein. Im Frühjahr müssen Sie mit Schneefeldern rechnen, die oft vereist und entsprechend rutschig sein können!

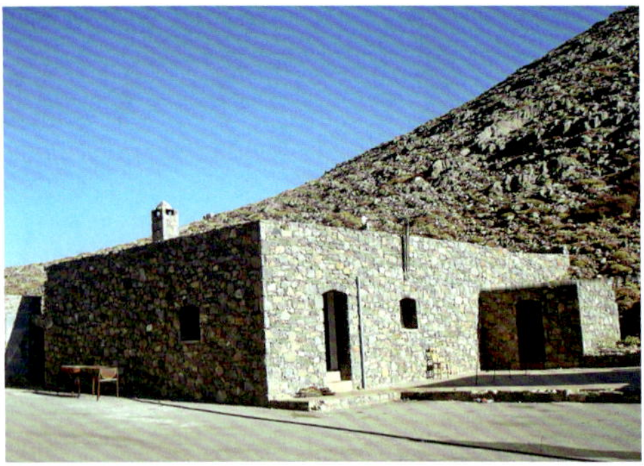

Migero-Berghütte

Vom Parkplatz bei der Migero-Berghütte gehen Sie in Richtung des hölzernen Pfahls, an dem der gepflasterte Pfad startet. Diesem folgen Sie und kommen nach 600 m vorbei an einem weißen Stein mit einer Inschrift (km 0,6), die an einen verstorbenen Bergliebhaber erinnert. Sie folgen dem Pfad weiter aufwärts mit zunehmend besseren Ausblicken. Nach etwa 35 Min. Anstieg erreichen Sie eine kleine, ebene Fläche (km 1,6).

Sie folgen dem gepflasterten Pfad noch etwa 400 m, bis dieser in einen steinigen Pfad übergeht ❶ (km 2), der auf einem breiten Kamm weiter aufwärtsführt. In der Ferne erkennen Sie einen Sattel. Vor diesem Sattel biegt der Pfad südwärts zu einer T-Kreuzung mit dem E4 ab ❷ (km 2,7), der links vom östlich gelegenen Nida-Plateau kommt (Alternative zur Besteigung des Psiloritis). Sie folgen dem gut markierten Pfad nach rechts (gelb-schwarze E4-Wegweiser und rote Punkte).

Vorsicht! Auf der folgenden Strecke liegt im Frühjahr häufig ein steiles Schneefeld. Sollten keine Spuren in den Schnee getreten sein, ist es sicherer, das Schneefeld oberhalb zu umgehen!

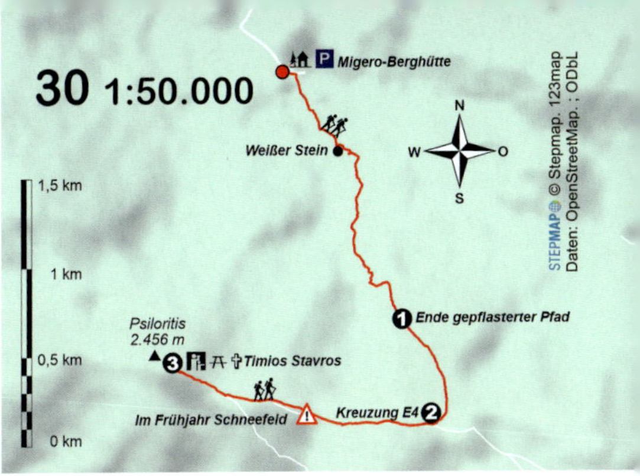

Nach etwa 10-15 Min. erreichen Sie einen breiten Kamm (km 3,2), an dem es sehr windig sein kann! Vor Ihnen erhebt sich der Gipfel des Psiloritis mit der kleinen Steinkapelle des Heiligen Kreuzes. Nach etwa 700 m erreichen Sie erneut einen Sattel (km 3,9) und nehmen die letzten Meter des Anstiegs zum Psiloritis in Angriff. Nach wenigen Minuten erreichen Sie die ✞ Kapelle **Timios Stavros** und die Glocke ❸ (km 4,3). Oben vom Gipfel (⇧ 2.456 m) genießen Sie einen Rundumblick: Im Süden erkennen Sie Matala, im Osten die Dikti-Berge und im Westen die Weißen Berge. An der Nordküste ist die Stadt Heraklion erkennbar.

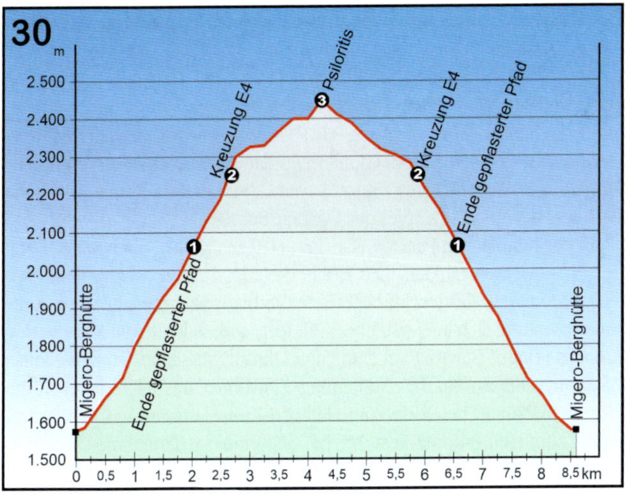

Nach einer wohlverdienten Pause gehen Sie denselben Weg wieder zurück und steigen langsam ab zur Migero-Berghütte.

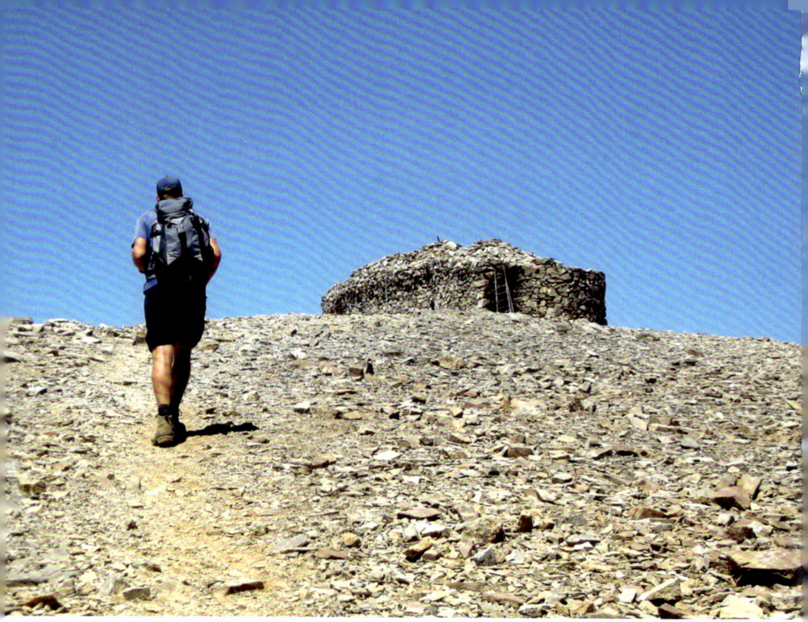

Timios Stavros

Ida-Gebirge – das Dach Kretas

Das Ida-Gebirge, besser bekannt als Psiloritis, erhebt sich in der Mitte von Kreta. Der höchste von seinen fünf Gipfeln und damit der höchste Berg Kretas ist Timios Stavros, wörtlich „Heiliges Kreuz" – mit 2.456 m gerade mal 3 m höher als der Pachnes, der höchste Gipfel der Weißen Berge.

In der minoischen Periode war das „Heiliges Kreuz" ein heiliger Berg, um den sich viele Mythen rankten. Die Höhle des Idean Andron nahe dem Nida-Plateau wurde dem mit Göttervater Zeus in Verbindung gebracht. Der Kult um den Psiloritis setzte sich in christlicher Zeit fort, sodass heute die Kapelle des Heiligen Kreuzes (Timios Stavros) auf dem Gipfel thront, ausschließlich aus Steinen erbaut. Alljährlich pilgern am 13. September Einwohner aus allen Teilen Kretas in 4-5 Std. vom Plateau bei Nida zum Heiligen Kreuz, um am morgendlichen Gottesdienst zum Heilig-Kreuz-Fest am 14. September teilzunehmen.

Der Timios Stavros (Psiloritis) ist von drei Richtungen erreichbar: vom Migero-Plateau (diese Tour), vom Nida-Plateau (E4) und über eine sehr lange Route im Süden von Fourfouras und der Prinos-Hütte (E4).